21世纪高等院校教材

企业管理学

张 卓 蔡启明
钱 焱 张 庆 编著

科学出版社
北京

内 容 简 介

本书依据企业管理学科的发展和实践的要求，由多位企业管理学的教师根据自己的学习、研究和实践经历编写而成，是当前较为系统地介绍企业管理学知识体系和最新实践经验的教材。全书共分为13章，系统地介绍了管理的概念和系统，管理理论及其发展，企业系统环境及其管理，企业计划子系统、组织与人力资源子系统、财务子系统、营销子系统、生产运作子系统、物流供应子系统、技术研发子系统、管理控制子系统，以及企业文化系统及其相应的管理内容、管理方法和管理实践。本书力求理论联系实际，将教材结构与企业实际的职能系统联系起来，注重管理知识的系统性和企业运作的实践性相结合，并运用案例强化企业管理知识的应用。

本书可作为管理类、经济类专业的本科生、研究生的专业基础课程教材，也可作为各类企业管理从业人员的培训教材和有志于从事管理职业的工程技术人员的自学教材。

图书在版编目(CIP)数据

企业管理学/张卓等编著．—北京：科学出版社，2009
(21世纪高等院校教材)
ISBN 978-7-03-025471-9

Ⅰ.企…　Ⅱ.张…　Ⅲ.企业管理-高等学校-教材　Ⅳ.F270
中国版本图书馆CIP数据核字(2009)第155686号

责任编辑：林　建　李　欢／责任校对：刘小梅
责任印制：赵　博／封面设计：耕者设计工作室

科学出版社 出版
北京东黄城根北街16号
邮政编码：100717
http://www.sciencep.com
北京科印技术咨询服务有限公司数码印刷分部印刷
科学出版社发行　各地新华书店经销
*
2010年1月第 一 版　开本：720×1000 1/16
2024年8月第十次印刷　印张：17 1/2
字数：340 000

定价：52.00元

前 言

21世纪，世界经济发生了深刻的变化。随着知识经济时代的到来和经济全球化步伐的加快，全球性的竞争日益加剧，市场变幻莫测。在新的竞争环境中，管理对于企业生存和发展将起到越来越重要的作用。本书的目的就是向有志于了解或从事管理职业的各类人员简明扼要地介绍企业管理学的范畴、内容和方法。

管理学是一门古老的学问。它源于人类实践，同时又用于指导人类改造自然的活动。中国历史上的文明无不体现着先人管理实践的影子。万里长城、都江堰、故宫、孙子兵法、永乐大典等都是中国古人先进管理实践与思想的结晶。然而在企业这种新的社会组织诞生以前，我国的管理思想与实践却鲜有传世著述。这值得中国管理研究者和实践家们深思与发奋。

企业管理学是管理学在企业这样一个特殊社会组织背景下的研究与实践，是管理学的重要分支。鉴于企业在现代社会中的重要地位和作用，企业管理学正在成为造就一个人的职业道路，决定一个企业的成长，影响一个地区的发展，甚至改变一个国家的实力的重要知识体系。因此，学习企业管理学也会在一定程度上改变人的思想力和行动力，并通过对人的改变来影响企业、地区乃至一个国家的发展。

本书是一本以系统观点介绍企业管理学的知识体系及其最新实践的教科书，主要为大学本专科生和研究生学习企业管理之用。那些正在从事企业管理实践的人如果阅读本书，相信也会有相应的收获。本书还可以作为各类组织培训企业管理人员的教科书。

本书吸收国内外最先进的企业管理理论、方法和知识体系，以及企业管理的最新实践成果，在内容上力求做到科学性、先进性和普遍性相结合，理论性和实践性相结合。

全书共分 13 章，全部内容根据企业管理系统的一般构成来编写，同时包含了一般管理学的基本内容，力求向读者展示一个完整的企业管理体系。

本书的特点是理论联系实际。全书的每一章都在介绍企业管理知识体系的同时力求与企业管理实践结合起来，并在每一章都安排了案例。这些案例能帮助读者更加深刻地领会企业管理的知识，并身临企业管理的真实环境之中。

本书由南京航空航天大学经济与管理学院四位从事企业管理研究、教学与实践的教师共同完成。第 1～4 章、第 6 章、第 7 章和第 13 章由张卓编写，第 5 章、第 12 章由钱焱编写，第 8 章、第 11 章由蔡启明编写，第 9 章、第 10 章由张庆编写。全书由张卓主编。

在本书的编写过程中，徐向仪、藏丽、袁晓卉、曹勇、曾诚、冯晋奇、杨华、邢倩倩、沈莲军、钱玮等研究生进行了大量的资料收集和部分初稿的编写工作，在此表示衷心感谢！

企业管理学是一门发展中的学科，可供参考的资料并不丰富，加之作者水平所限，书中难免出现疏漏或不妥之处，敬请广大读者和同仁提出宝贵意见，以便今后改进。

张　卓

2009 年 7 月于南京

目录

第1章

管理及管理系统概述

本章提要

在本章中，您将学习到以下主要内容：

1. 管理的基本含义、基本职能和基本目标；
2. 管理学的基本特点和基本研究方法；
3. 管理系统的基本构成；
4. 管理的基本职能及其主要任务；
5. 管理者的含义、类别和角色；
6. 管理工作的特点和技能要求；
7. 管理工作面临的新挑战。

1.1 管理与管理系统

1.1.1 管理

1. 管理的定义

管理是特定组织的管理者，通过计划、组织、领导和控制等环节，有效利用人力、物力和财力等组织资源，实现组织目标的活动过程。

这个定义包含以下3层含义：

(1)管理的基本活动包括计划、组织、领导和控制。这4项活动又被称为管理的四大基本职能。每个管理者工作时都是在执行这些职能中的一个或几个。

(2)管理的基本手段是有效利用人力、物力和财力等组织资源。一个组织要有效利用资源并达成组织的目标，一方面要合理配置组织中人力、物力和财力等资源；另一方面要促使组织当中的各个部门、各个单位，以及每个员工分工协作，和谐发展。

(3)管理的目的是有效地实现组织既定目标，这是任何管理活动的根本追求。

2. 管理的有效性

管理的有效性可以从效率和效果两方面来判断。

(1)效率。效率是指管理活动输入和输出的关系。管理所追求的效率，就是以最少的投入，获得最大的产出。效率可以用公式表述为：效率＝产出/投入。通俗地说，效率是指“正确地做事”。

(2)效果。效果是达成组织目标的程度。管理所追求的效果，就是最大限度地实现组织目标。对于企业而言，就是通过尽可能地满足顾客需要来实现企业价值的最大化，实现顾客、供应商和社会，企业、员工和投资者的和谐发展。通俗地说，效果指的是“做正确的事”。

因此，管理就是要获取、开发和利用各种资源来确保组织效率和效果的双重目标，实现组织的持续、和谐发展。这是所有管理者所面临的基本任务。

3. 管理的二重性

管理的二重性是由生产过程的二重性决定的。由于生产过程是由生产力和生产关系组成的统一体，因此决定了管理也具有组织生产力和协调生产关系两重功能。因此，管理既具有同生产力、社会化大生产相联系的自然属性，也具有同生产关系、社会制度相联系的社会属性。

管理的自然属性是指管理要处理人与自然的关系，要合理组织生产力，即管理的生产力属性。马克思曾经指出：“一切规模较大的直接社会劳动或共同劳动都或多或少地需要指挥，以协调个人的活动，并执行生产总体的运动——不同于这一总体的独立器官的运动——所产生的各种一般职能。一个单独的提琴手是自己指挥自己，一个乐队就需要一个乐队指挥。”管理的这种自然属性是由生产力发展水平和人类活动的社会化程度决定的，是一种客观存在，与生产方式、社会制度无关。

管理的社会属性是指管理要处理人与人之间的关系，要受一定生产关系、政治制度和意识形态的影响和制约，即管理的生产关系属性。管理的社会属性体现在管理作为一种社会活动，它只能在一定的社会历史条件下和一定的社会关系中进行。管理具有维护和巩固生产关系、实现特定生产关系的功能。

管理的二重性相互联系、相互制约。一方面，管理的自然属性不可能孤立存在，它总是存在于一定的社会制度、生产关系中；同时，管理的社会属性也不可能脱离管理的自然属性而存在，否则管理的社会属性就成为没有内容的形式。另一方面，管理的二重性又是相互制约的。管理的自然属性要求具有一定社会的组织形式和生产关系与其相适应，任何管理方法、管理技术和管理手段，必须结合组织的实际情况，因地制宜，这样才能取得预期的效果。

1.1.2 管理学

1. 管理学的概念

管理学是以一般组织为研究对象，研究管理的基本概念、原理、方法和程序，探讨人、财、物、信息、技术、实践的计划与控制问题，组织的结构设计问题，对组织中人的领导与激励问题等。

2. 管理学的特性

1)管理的科学性

管理的科学性是指管理作为一种人类活动，其中存在着一系列的客观规律。人们从管理实践活动中不断发现规律，总结出一系列管理理论和管理方法，并用这些理论和方法来指导自己的管理实践，又以管理活动的结果来衡量其过程中所使用的理论和方法是否正确，从而使管理的科学理论和方法在实践中得到不断的验证和丰富。我们承认管理的科学性，是要不断发现管理活动的客观规律，以管理理论和方法为指导，形成一套分析问题、解决问题的科学的方法论。

2)管理的艺术性

管理的艺术性强调其实践性，即管理理论作为普遍适用的原理、原则，必须结合实际加以应用才能发挥效用。管理者必须在管理实践中发挥积极性、主动性和创造性，因地制宜地将管理知识与具体管理活动相结合，才能进行有效的管理。因此，管理者除了要掌握一定的管理理论和方法外，还要有灵活运用这些知识的经验、技能和诀窍。

管理的艺术性告诉我们，学习管理一刻都不能脱离管理实践。要真正掌握管理学，仅靠书本知识是行不通的，理论必须联系实际，必须通过大量的管理实践活动去体会和磨炼，才能增长管理技能和才干。

管理的科学性和艺术性并不互相排斥，而是相互补充的。一方面，管理者靠背诵管理原理来进行管理活动，必然脱离实际；另一方面，如果没有掌握管理理论和基本知识，在实践中仅靠主观臆断或经验办事，就很难找到有效解决管理问题的办法。因此，必须将管理的科学性和艺术性进行有效结合，才能成为一个有效的管理者。

3)管理学的非精确性

管理学是一门不精确的学科，即在给定可控的条件下，用同样的管理手段可能得到完全不同的结果，这种不确定性主要是由于组织环境中许多无法预知的复杂因素而引起的。例如，企业在投入资源一定的情况下，由于国家的方针、政策和法令的变化或组织环境的突然变化，都会对企业的经营效果产生严重影响。因此管理学与诸如数学等精确学科具有很大的不同，它具有很强的不精确性。

4)管理学的综合性

管理活动的复杂性必然会导致管理学的综合性。以企业管理为例，内部的管理要素包括技术、产品、工艺、设备、设施、供应、物流、财务、人员、信息等方方面面;外部的环境要素包括政治、经济、社会、技术、需求、供给、竞争和替代品等。企业需要在如此多的影响因素中预测环境变化、评估自身能力、制定管理目标、设计管理策略、处理各方利益,才能确保管理的有效性。这要求作为管理活动主体的管理者在进行管理活动中,需要具有广博的知识才能进行有效的管理。例如,企业的高级管理者在处理企业有关生产、销售、计划和组织等问题时,需要熟悉工程技术、管理学、统计学、数学、政治学、经济学等方面的知识;在处理企业中人员调配、工资、培训和激励等问题时,需要懂得心理学、社会学、人类学、生理学等方面的知识。现代管理者除了懂得管理外,还需要掌握管理的重要工具——计算机和网络,学会利用这些现代技术工具进行管理和决策。另外,随着经济全球化的逐步形成,管理者还需要懂得国际法,了解不同文化的特点并掌握一定的外语技能。

从管理学本身构成看,管理学充分吸收了各学科中对自己有用的内容并加以拓展,因此,它具有很强的综合性。

5)管理的软科学性

若将组织中的人力、财力、物力、技术等看成硬件的话,则可以把管理看成软件。首先,管理的首要任务是充分调动人的积极性,通过人的思想转变引导其行为的转变,以达到充分发挥人员的内在潜力,有效地利用财力、物力和技术,用最少的消耗达到组织的目的。其次,管理者必须借助于被管理者及其他各种条件来创造价值,在这种价值中很难区分出有多少是由管理而得到的。最后,某些管理措施的有效性往往需要很长时间才能识别,很难在事前准确地评价。管理学的这些特性形成了其软科学性。

6)管理学的发展性

全球科学技术的发展,特别是计算机和网络技术的广泛应用,对企业的组织形式、运营方式和管理手段产生了非常巨大的影响。例如,信息高速传递的实现,使企业的许多中间结构失去了存在的必要,因而出现了企业组织的扁平化;网络技术的广泛应用,出现了虚拟企业;企业为了充分发挥自身的优势并增强市场竞争力,由供求关系而形成了企业供应链结构;电子商务的出现,对企业的营销模式产生了巨大的影响。随着这些影响的产生,也带来了许多新的管理问题,需要人们去研究、解决,所产生的新的管理理论和方法将会大大推动管理学理论体系的更新和扩展,因此管理学是一个发展的学科。

1.1.3 管理系统的概念

1. 系统

1)系统的定义

“系统”一词最早出现于古希腊语中,原意是指事物中共性部分和每一事物应占据的位置，也就是部分组成的整体的意思。从文字面看，“系”指关系、联系；“统”指有机统一，“系统”则指有机联系和统一。因此，可以将系统定义为“由相互作用和相互依赖的若干组成部分（要素）结合而成的、具有特定功能的有机整体”。

从上述定义可以看出，系统必须具备3个条件。

(1)系统必须是由两个以上的要素（部分、元素）组成，要素是构成系统的最基本单位，因而也是系统存在的基础和实际载体，系统离开了要素就不称其为系统。

(2)要素与要素之间存在着一定的有机联系，从而在系统的内部和外部形成一定的结构或秩序，任何一个系统又是它所从属的一个更大系统的组成部分（要素）。这样，系统整体与要素、要素与要素、整体与环境之间，存在着相互作用和相互联系的机制。

(3)任何系统都有特定的功能。这是整体具有的不同于各个组成要素的新功能，这种新功能是由系统内部的有机联系和结构所决定的。

2）系统的特性

(1)整体性。系统的整体性主要表现为系统的整体功能。它不是各组成要素功能的简单叠加，而是呈现出各组成要素所没有的新功能，即“系统整体不等于其组成部分之和”，而是“整体大于部分之和”。

系统的整体性对管理者的启示是：第一，依据确定的管理目标，把管理要素组成为一个有机的系统，协调并统一管理诸要素的功能，使系统功能产生放大效应，发挥出管理系统的整体优化功能。第二，把不断提高管理要素的功能作为改善管理系统整体功能的基础。按照系统整体目标的要求，不断提高各构成要素特别是关键要素的功能素质，并强调局部服从整体，从而实现管理系统的最佳整体功能。第三，着重改善和提高管理系统的整体功能。不仅要注重发挥各个组成要素的功能，更重要的是优化要素的组织功能配置，促使管理系统整体功能优化。

(2)相关性。系统内的各要素是相互作用、相互联系的。系统中任何一个要素与存在于该系统中的其他要素是互相关联并互相制约的，某一要素如果发生了变化，则其他相关联的要素也将相应地改变和调整，从而保持系统整体的最佳状态。

系统的相关性对管理者的启示是：第一，在实际管理工作中，必须认真考察管理系统要素之间的相关性，及时预见某一要素变化对其相关要素的影响。通过各要素发展变化的同步性，使各要素之间相互协调与匹配，从而增强协同效应，提高管理系统的整体功能。第二，管理系统内部诸要素之间的相关性是动态变化的。因此，要把握管理要素运动变化的规律，有效地进行组织协调和控制，以实现最佳效益。第三，管理系统的相关性既包括系统内层次间的纵向相关，也包括各组成要素的横向相关。只有协调好各要素的纵向层次相关和要素之间的横向相关，才能实现系统的整体功能最优。

(3)目的性。任何系统的存在都有其目的性。例如,企业经营管理系统,其目的就是在限定的资源和环境条件下,完成或超额完成生产经营计划,实现规定的质量、品种、成本、利润等指标。现实中,由于管理系统多是具有多目标和多方案的,当组织规划这个错综复杂的大系统时,需要将其目标分解为各个具体的小目标,将目标层次化、具体化。

系统的目的性原则要求人们正确地确定系统的目标,从而运用各种调节手段把系统导向预定的目标,达到系统整体最优的目的。

(4)开放性。任何系统与环境之间存在着相互作用的关系。环境是指存在于系统之外事物(物质、能量、信息)的总称。系统时刻处于环境之中,环境是一种更高级的、更复杂的系统,在某些情况下它会限制系统功能的发挥。

系统与环境是相互依存的。任何活着的系统必然要与外部环境产生物质的、能量的和信息的交换。因此,系统也必须适应外部环境的变化。能够经常与外部环境保持最佳适应状态的系统才是理想的系统,而不能适应环境变化的系统则是难以生存的。例如,一个企业必须经常了解宏观政治经济环境、市场供需状况和竞争对手动向等,并从诸多经营方案中选取最佳决策,否则它就不能生存。

2. 管理系统

现代管理处于各个层次的系统之中,是一项复杂的系统工作,其本身就具有整体性、相关性、目的性和环境适应性的特点。它既属于本系统内,又与周围各系统发生各种形式的"输入"与"输出"联系,同时还从属于一个更大的系统范畴之内,因此,为达到最佳的管理效果,必须进行充分的系统分析,遵循管理的系统原理。

以企业管理为例,企业作为一个系统是由生产、财务、人事和研发等子系统构成,主要的资源要素包括人力资源、财务资源、物资资源、信息资源、技术资源等,这些资源需要企业从外部市场中获取。同时,企业所生产的产品和所提供的服务需要通过市场来实现其价值,因此与外部环境存在着密切的作用关系。从目的性看,企业的基本目标是实现价值最大化,包括企业长期利润最大化,同时要兼顾顾客价值、供应商利益、社会责任、员工发展等价值要素。从整体性看,企业是由多个子系统、多种要素所构成的复杂系统,要达到"整体功能大于部分功能之和",必须使系统内部结构合理,使之形成一个有机整体。从相关性看,各子系统、要素之间存在复杂的相互作用关系,因此必须建立子系统、要素之间的协调机制,促使其统一在企业整体系统之下。从环境适应性看,企业存在于一定的社会环境和经济环境之中,必然要与环境进行物质的、能量的和信息的交换,必须要适应外部环境的变化,针对外部需求和竞争变化不断制定和调整经营策略,协调与外部不同利益相关者的关系,才能持续成长,实现企业的目标。

组织管理系统如图 1-1 所示。

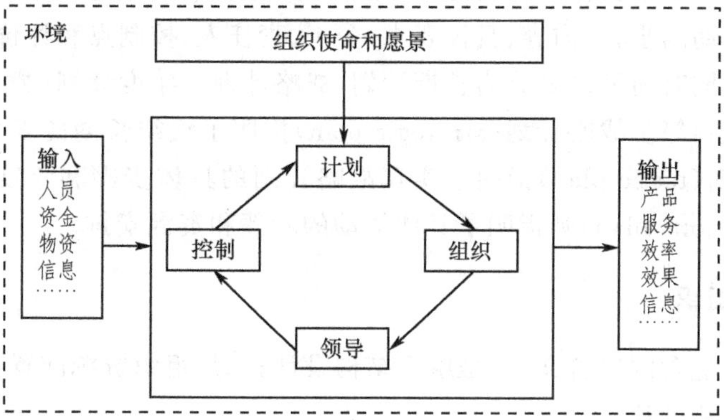

图 1-1　管理系统示意图

1.2　管理的职能

"职能"一词，指的是活动、行为的意思，因此，一项职能就表示一类活动，而管理的职能就是管理工作所包括的几类基本活动内容。从企业的角度看，管理的基本职能包括计划、组织、领导、控制四大职能。

1.2.1　计划

计划是管理的首要职能。"凡事预则立，不预则废"。计划就是对组织未来活动的一种预先筹划。它包括以下内容。

1. 研究组织环境

研究组织环境即分析组织的内外环境及其变化。对内部环境的研究旨在识别组织的优势和劣势；对外部环境的研究旨在识别组织发展所面临的机会和威胁。组织计划的本质在于充分运用自身优势，抓住机会、抵御威胁、弥补劣势，以获得持续的发展。

2. 确立组织目标

目标确立是组织计划的重要组成部分。组织目标是对组织未来期望状态的一种描述，组织目标的确立主要依据组织使命和内外环境分析的结果。组织目标的确立应遵循 SMART 原则，即具体（specific）、可测（measurable）、可实现（achievable）、相关性（relevant）和时间性（timed）原则。

3. 确定计划方案

确定计划方案是一个选优的决策过程。组织需要根据内外部环境和组织目标制定出一系列可行的方案（即实现目标的路径），然后从中选择出最优方案作为组织行动的纲领。在确定计划方案过程中，决策是最主要的内容。

4. 编制行动计划

确定了组织未来目标和行动方案以后,还要分析落实上述决策,明确组织需要采取的具体行动的步骤、内容、具体要求、分工、责任人、控制点和评价标准等。

组织计划按时间可以划分为长期计划(战略计划)、年度计划(战术计划)、运作计划(项目计划)等。战略计划(strategic plan)指明了组织长期的发展方向和基本策略;战术计划(tactic plan)指明了实现战略计划的具体步骤和年度工作安排;运作计划(operations plan)则指明了具体活动的步骤和资源安排。

1.2.2 组织

组织职能包含两层含义:一是组织结构设计;二是组织资源配置与控制。

1. 组织结构设计

组织结构设计的本质是分工。当组织任务无法由一个人、一种技术来完成时,分工就成为必然。组织分工分为纵向分工和横向分工。纵向分工导致层级,横向分工导致部门化。相应地,纵向组织设计确定了组织从最高领导者到普通员工的层次结构;横向分工明确了平级部门岗位的划分、各自职责和工作关系等。

组织结构设计的物化结果之一是形成一个组织的组织机构实体。组织机构是一种建立在专业化分工协作基础上的职务结构,是管理职能实现的载体和物质技术基础。此外,组织结构设计还包括:科学合理地配备人员;制定相应的组织制度使组织结构的各组成部分围绕组织目标高效率地运行;在动态变化的环境中不断变革、创新和发展等。

2. 组织资源配置与控制

组织结构设计从本质上来讲又是一种资源配置与控制方式。例如,横向分工所产生的组织部门不仅明确了任务归属,而且也同时确立了资源的分配与控制方式。职能制的组织结构按专业化分配与控制资源;事业部制的组织结构按业务或产品分配与控制资源;矩阵制组织结构按专业化和业务(或产品)双线分配与控制资源。从组织总体看,不同资源分配与控制方式导致了不同的资源使用效率。

1.2.3 领导

领导职能是指组织的各级管理者利用各自的职位权力和个人影响力去指挥与影响下属,使其为实现组织目标而努力工作的过程。

这个定义告诉我们领导职能包含 3 层含义:一是指引方向,即领导要始终以组织目标为导向,带领下属向着共同的目标而努力;二是激励下属,即领导的工作不单单是自己做好工作,更重要的是影响下属行为,使其按既定的目标而努力工作;三是协调工作,即领导需要在不同工作之间建立起一种协调机制,以使各项工作、各个岗位之间形成合力。

有效的领导要求管理者充分考虑领导者、被领导者和情境3个方面的因素，通过建立合理的制度环境，培养自身优秀的个人素质，学习科学的领导方法，掌握高超的领导艺术，研究和掌握领导的客观规律，来提高和维持组织成员的工作积极性，确保组织任务的完成和组织目标的实现。由此可见，领导职能主要涉及组织中人的问题，它与激励、协调和沟通职能等一起发挥作用。

1.2.4 控制

控制就是监督管理的各项活动是否按既定的计划、标准和方法进行，以保证它们按计划进行并纠正各种偏差的过程。具体地说，控制是指为了确保组织目标与计划能够实现，管理者根据事先确定的标准，对各项工作进行衡量、测量和评价，分析偏差、找出原因、修正偏差、调整标准或计划的过程。通常，控制过程包含以下主要阶段。

1. 制定标准

制定标准是控制过程的第一步。必须依据目标和计划制定相应的标准，作为控制的基础。

2. 测量业绩

测量业绩是指依据目标、计划和业绩标准测量各项工作的实际业绩。

3. 分析偏差

分析偏差是指分析实际业绩与目标、计划、标准之间的差异，以及产生差异的原因。一般，产生偏差的原因可能有：内外环境出现预测外的变化，执行偏差，或者目标、计划和标准的制定的偏差。

4. 修正计划

在控制过程中无论出现何种偏差，组织都需要对下一阶段计划进行调整，以确保目标的实现。对于计划的修正可能包含以下两种：修正目标和标准；修正执行计划。当目标和标准与实际环境和组织能力产生较大偏差时，需要对其进行修正。如果实际业绩与目标、标准之间的差异仅仅是由于执行造成的，则需要调整执行计划。

控制工作涉及组织的方方面面，是每个员工的职责。无论哪一层次的主管人员，都不仅要对自己的工作负责，还必须对整个计划的实施和目标的实现负责。因为他们本人的工作是计划的一部分，他们下级的工作也是计划的一部分。因此各级主管人员都必须承担实施控制的工作。

1.3 管理者

1.3.1 管理者的定义

1. 管理者的传统定义

管理者是管理的主体。管理者是对全部或部分从事管理活动的人的总称，即按照组织目的，指挥他人工作的人。按照传统定义，管理者是“对他人的工作负责”的人。

2. 管理者的现代定义

管理者是掌握特定组织资源，并通过资源的纵向和横向整合完成特定组织任务，实现组织目标的管理主体。

新定义强调管理者要进行资源的“纵向”和“横向”整合。“纵向”整合是指管理者要处理好自身工作同上级工作和下属工作的关系，通过有效配置下属资源和充分利用上级资源，高效地完成组织任务，这正是传统定义所强调的。“横向”整合，是指管理者需要把自己所管辖的资源同相关领域资源结合起来，即同那些他(她)没有管理控制权的资源进行整合，实现管理的协同效应，有效地完成组织的整体目标。

1.3.2 管理者的分类

1. 按组织层次划分

管理者按其所处组织层次可分为高层管理者、中层管理者和基层管理者(图 1-2)。

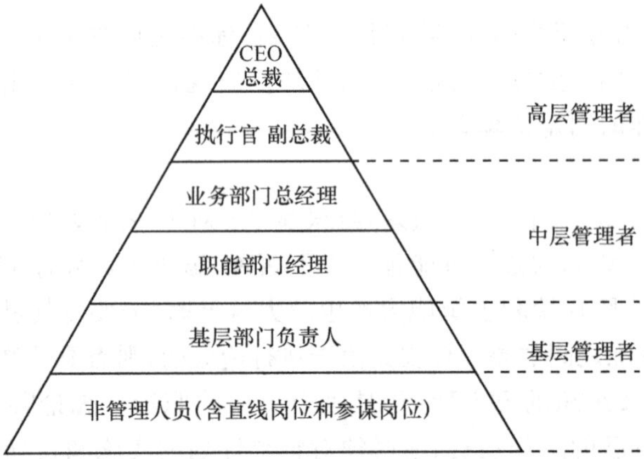

图 1-2 管理的层次

(1)高层管理者。高层管理者是指对整个组织的管理负有全面责任的人。其主要职责是建立组织愿景，制定组织战略、总体目标，评价组织的绩效，代表组织与外界沟通，创建与维持组织文化，分配组织资源等。高层管理者在一个组织中数量很少，在企业中包括首席执行官(CEO)、总裁(president)、副总裁(VP)、总经理(GM)、副总经理(VGM)等。

(2)中层管理者。中层管理者处于组织结构的中间层次，是负责某个业务单位或者职能部门运营的管理人员。其主要职责是执行高层管理者做出的决策，负责制定本业务单位或职能部门具体的计划、政策，行使高层管理者授予的指挥权，监督和协调基层管理者的活动等。中层管理者数量较多，在企业中典型的中层管理者包括业务单位的负责人，如子公司、分公司负责人，财务、计划、生产等职能部门的负责人等。

(3)基层管理者。基层管理者是指组织中处于最低层次的管理者，他们所管辖的仅仅是作业人员和生产运作设备设施，而不涉及其他管理者。其主要职责是将组织的决策在基层落实，给下属人员安排具体任务，协调、激励下属人员努力工作，完成既定的组织目标。这一层次的管理者人数众多，在企业中主要包括生产车间的车间主任、工段长、班组长等。

2. 按工作领域划分

(1)综合管理者。综合管理者是负责管理整个组织或组织中某一部分工作的管理人员。他们是一个组织或部门的主管，对整个组织或部门的目标实现负有全部责任；他们拥有这个组织或部门所必需的权力，有权指挥该组织或部门的全部资源与职能活动。对于大型组织来说，综合管理者包括总经理和各事业部负责人。

(2)专业管理者。专业管理者指其管理活动仅仅涉及组织中某一类职能的管理人员。他们只对组织中本职能或本专业领域的工作目标负责，只在本职能或专业领域内行使职权、指导工作。根据他们所管辖的专业性质不同，可具体划分为生产部门管理者、营销部门管理者、人力资源部门管理者、财务部门管理者及研究开发部门管理者等。

(3)项目管理者。项目管理者是负责某一个或几个项目运行的管理人员。他们是一类特殊的综合管理者，负责与项目有关的跨部门、跨专业的各类资源的管理，并对整个项目业绩负责。但与一般综合管理者的区别是他们不负责某个具体业务单位或部门的整体业绩和行为。与一般专业管理者的区别是他们往往要跨多个专业领域行使职权、开展工作。

1.3.3 管理者的角色

20世纪60年代末期，亨利·明茨伯格创立了管理者角色理论。他认为，管理者扮演着10种角色，这10种角色可以被归入以下三大类。

1. 人际关系类角色

管理者在处理与组织成员和其他利益相关者的关系时，需要扮演人际角色，通过人际沟通和交往展现组织形象，激励下属员工，建立人际关系网络，创造有利于组织发展的内外部环境。管理者的人际关系类角色包含代表人、领导者、联络者三种角色。

2. 信息类角色

管理者要负责与其一起工作的人能及时、准确地得到相关信息，从而顺利完成工作目标。在组织中,管理者需要根据自己的工作范围和权限,收集、掌握和不断更新与其权限范围相对应的信息。同时,还需要将自己掌握的全部或部分信息,传达给需要的员工或部门,促使其有效地完成工作任务。管理者的信息类角色包括3种不同的角色:洞察者、传播者和发言人。

3.决策类角色

在获取信息的基础上,管理者需要对获得的信息进行处理并得出结论,做出决断,明确组织发展的方向、战略和政策,有效配置资源,协调内外部关系,确保员工、部门、外部利益相关者达成共识,为实现共赢而努力。管理者的决策类角色包括企业家、资源分配者、冲突管理者和谈判者等。

管理者的10种角色及其典型活动如表1-1所示。

表1-1 管理者的角色

类别	角色	典型活动
人际关系类角色	代表人	代表一个组织履行法律或礼仪性职责,如出席工程剪彩、社会捐助、宴请宾客及签署法律文件等
	领导者	领导和激励下属为实现组织目标努力工作,培养接班人,与下属进行有效沟通,增加了解,创造和谐的组织环境
	联络人	确保沟通渠道在组织内部的有效连接,同时与外部利益相关者和社会各界保持经常的联系,建立企业良好形象和外部关系网络
信息类角色	洞察者	时刻关注组织内外部环境变化,定期收集对组织有价值的信息,并与相关人员保持密切联系
	传播者	确保信息在组织内外部的有效传播,包括将组织目标、计划、任务和政策等信息清晰地传递给组织成员;将必要的信息向外部发布等
	发言人	通过讲话、报告、信件等定期向董事会、股东说明企业的经营和财务状况,向消费者和政府说明企业的行为和承担的社会义务
决策类角色	企业家	审时度势,抓住机遇,倡导改进与创新,领导组织变革以适应新的环境和组织愿景
	资源分配者	对组织的人、财、物等资源进行合理分配和使用,确定优先顺序和时间进程,确保以最有效的资源配置完成任务,实现组织目标
	冲突管理者	采取正确行动处理冲突事件和突发事件,处理和解决外部纠纷、冲突和危机,协调和处理内部下属之间的冲突和争端等
	谈判者	代表组织与员工,内部其他部门,外部的顾客、供应商、竞争对手或其他经济组织等进行谈判,消除分歧,达成共识,争取组织利益

管理者的角色扮演受到其所处的组织层级、组织规模和管理者个人因素的影响。从层级上看,管理者所处的组织层级越高,其所扮演的角色越多。从组织规模

看,组织规模越小,管理者所扮演的角色可能越多。从管理者个人因素上看,管理者个人的价值观、人生观、工作作风、思维习惯、潜意识及工作经历等都会对管理者的角色扮演产生较大的影响。

1.4 管理工作的特点和技能要求

1.4.1 管理工作的特点

1. 多样性

管理工作的多样性主要表现在资源的多样性、过程多样性和结果多样性等方面。资源多样性是指管理者所控制的资源一般都包含人力资源、物质资源、财务资源、信息资源、组织资源等,每种资源的管理都具有其独特的规律。过程多样性是指管理过程包含了计划、组织、领导、控制4个阶段,每个阶段的管理重点各不相同。结果多样性则是指管理目标具有多样性,有时不同目标之间存在相互矛盾。管理工作的多样性特点要求管理者具有系统思维能力,能够分析并解决不同目标、不同任务、不同资源、不同利益群体之间的结构矛盾。

2. 片断性

管理工作的片断性是指管理工作不像工程技术工作那样能够用较长一段完整的时间完成相对单一的工作,而是多项工作交替进行,甚至是齐头并进。这种工作特点使得管理者面临较大的精神和体力压力,它需要管理者有能力合理地在“重要的事情”和“紧急的事情”面前求得平衡。许多管理者正是因为无法平衡两者的关系,导致其总是忙于“救火”,疲于奔命、效率低下。

3. 时效性

管理工作的时效性是指任何管理问题都有时间上的“有效期”,超过这个期限则可能导致该管理问题无法解决,或者产生较为严重的后果。这就要求管理者具有敏锐的观察力——尽早识别管理问题、较强的判断力——确定哪些管理问题是本质的、必须尽快解决的、高超的时间管理能力——在紧迫的时间压力下,尽量多地解决管理问题。

4. 高效性

管理工作的以上3个特点的综合作用要求管理者高效率、高效果地完成各项工作:不仅要用最少的资源和时间投入解决管理问题,而且要求解决方案对于实现组织目标的作用最大化。这要求管理者工作时必须要有强烈的目的导向,同时要有科学的方法,才能确保管理的有效性。

1.4.2 管理技能要求

罗伯特·卡茨提出了管理者应具备3类技能:技术技能、人际技能和概念技能。

1. 技术技能

技术技能是指使用某一专业领域内有关的程序、技术知识和方法完成组织任务的能力，即完成自己职责范围内的工作所需的专业知识。例如，工程师、会计师等都掌握有相应领域的技术技能，所以被称作专业技术人员。

管理者虽然不一定使自己成为精通某一领域的技术专家，但却需要了解并初步掌握与其管理的专业领域相关的基本技术技能，否则很难与组织中的专业技术人员进行有效沟通，从而不能对其所管辖的业务范围内的各项管理工作进行具体的指导和监控，因而难以使员工有效率地完成相应的目标任务。

2. 人际技能

人际技能是指管理者与他人共同工作，或者通过他人完成任务的能力。这种能力不仅包括一般的人际沟通与交往能力，而且还包括与人相关的管理能力，如激励、协调、领导和解决冲突的能力等。一个具有较强人际技能的管理者总是能积极向上、激发努力、传道解惑、用人育人，善于将自己的思想与内外部相关人员分享，促进相互理解、相互配合，形成相互合作的共赢工作氛围。

人际技能是管理者最常用的技能。相关研究发现，管理者的大部分时间是在处理人际交流与关系问题，尤其是对于中高层管理者而言。

3. 概念技能

概念技能是指对事物的整体和相关关系进行分析、判断、抽象和概括的能力。管理者要能够在混乱复杂的环境中进行有效的管理，洞察事物的发展和变化趋势，去粗取精，去伪存真，抓住问题的关键，找出解决方法。概念技能包括感知和发现环境中的机会与威胁的能力，理解事物相互关联性并找出关键影响因素的能力，以及比较不同方案优劣，及时发现组织中存在风险的能力等。概念技能对于所有管理者都是必要的。但尤其对高层管理者最为重要。

图 1-3 反映了不同管理层级的管理者对管理者技能需求情况。

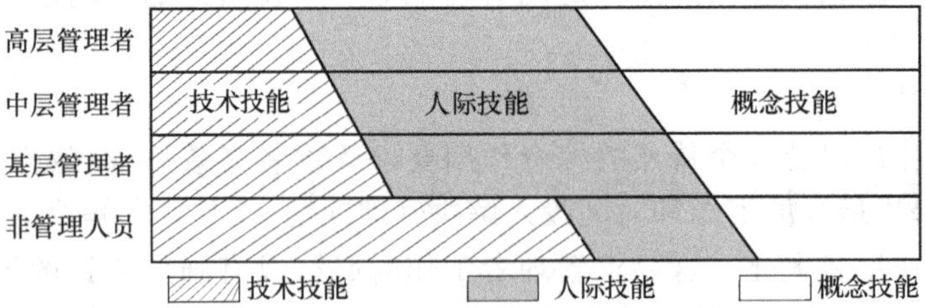

图 1-3 管理者的技能

1.4.3 管理工作的新挑战

1. 全球化的挑战

随着经济全球化进程的加快，当今世界呈现出全球市场、全球竞争、全球组织的态势。全球市场给企业带来了新的发展机会，同时也给企业管理提出了新的课题。它要求企业要根据不同国家的不同需求开发产品、组织营销。全球竞争给企业带来了严峻的形势。对于中国企业而言，既要同规模更大、技术更先进、实力更强的发达国家跨国公司进行竞争，又要同资源成本更低的欠发达国家和地区的企业进行竞争。全球组织所带来的问题是资源配置范围更加广泛，资源构成更加多元化。例如，跨国公司需要聘用不同国家、不同文化背景的员工一道开展工作。

2. 技术日新月异的挑战

21世纪是信息技术的世纪。信息技术的发展一方面给企业提高效率、加强沟通、快速反应、跨区域竞争带来了机会，同时也使企业管理面临新的问题：组织机构分散、员工联系松散、企业忠诚度低、网络安全堪忧等。此外，技术更新速度的加快也可能使得原先的竞争优势随着新技术的产生而在瞬间灰飞烟灭。因此，对于企业而言，如何准确预测新技术带来的机会和挑战，通过不断的技术创新获取和保持竞争优势已经成为企业重要的核心能力。

3. 多样化需求的挑战

当今世界呈现出需求多样化的明显趋势，加上技术发展速度的提高，使得技术和产品的生命周期越来越短，这导致典型的社会化大生产的模式不再适用，取而代之的是大规模定制的模式。由于原先的规模经济难以实现，技术优势也难以持续、专用性资产投资的风险越来越大，企业业务构成与组织形式不断变化。为了适应这种变化，以管理为核心的创新能力、整合能力、变革能力成为企业构筑核心能力的关键。而如何构建这种能力是企业管理者所面临的重大挑战。

复习思考题

1. 管理的含义是什么？如何理解管理的定义？
2. 管理系统的含义是什么？它主要由哪些要素构成？
3. 管理有哪些主要职能？请简述各职能的主要任务。
4. 为什么说管理学既是一门科学，又是一门艺术？
5. 为什么说管理学是一门不精确的科学？“不精确”可能产生怎样的问题？对管理者又提出了怎样的要求？

6. 为什么说管理学是一门软科学？软科学的研究又有哪些特点？

7. 管理者的层次有哪些？不同层次管理者的工作重点又有什么区别？

8. 根据亨利·明茨伯格的理论，管理者扮演着哪些角色？

9. 管理工作的特点有哪些？它要求管理者具备哪些技能来胜任其工作？

10. 21 世纪，管理者面临的新的挑战有哪些？如何应对这些挑战？

案例分析

纸飞机公司

一、背景

您的小组代表纸飞机公司的全体员工。纸飞机公司成立于 2009 年，是纸飞机市场的领导者。现在，纸飞机公司在新的领导班子的带领下，寻求获得中国空军的订单。纸飞机公司必须制定计划并组织生产，在以下条件下完成与空军订立的合同。

1. 中国空军将以每架 20 万元购买纸飞机公司生产的飞机。

2. 生产出的飞机必须接受严格的检验。

3. 如果飞机没有达到质量标准，纸飞机公司将面临每架 25 万元的罚款。

4. 劳动及管理费用为 300 万元。

5. 每架飞机的材料费为 3 万元。如果 10 架飞机的订单却只完成 8 架，纸飞机公司必须支付 10 架飞机的材料成本。未达到质量要求的飞机的材料费也须由纸飞机公司支付。

二、成本与利润估算

依据上述条件可知成本及利润计算表如下：

计划生产架次：______________________________

实际生产架次：______________________________

合 格 架 次：______________________________

实际销售收入：______ ×20 万元 ＝____

减管理费用：　　　　　　300 万元

减原材料费：______ ×3 万元 ＝____

减罚款：______ ×25 万元 ＝ ____

最终利润：______________________________

三、活动内容

1. 每组选定一名经理和一名质量检查员。

2. 经理负责确定计划订单架次，组织和控制生产，计算和报告结果。

3. 质量检查员负责检查本组生产质量，并在每轮结束时，验收其他小组的产品。

4.小组的其余人员在经理的指挥下生产。

5.每轮时间为5分钟,各小组应在听到“开始”信号后方可行动。

四、飞机装配指导图

飞机装配指导图如图1-4所示。

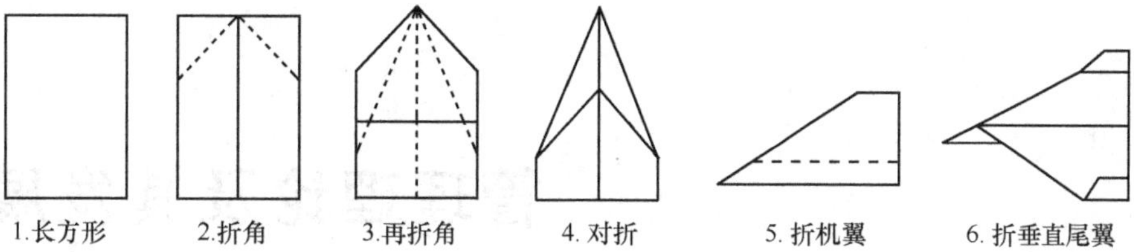

图1-4　飞机装配指导图

思考题

1.您的小组是如何确定计划架次的?组织的计划制定应该考虑哪些因素?

2.您的小组是如何组织生产的?企业的组织设计与分工应遵循哪些规范?

3.您的小组是如何控制过程与结果的?如何才能确保组织目标的实现?

4.您的小组的经理是称职的领导吗?一个称职的领导应该具备什么素质?关注哪些工作?

第2章

管理理论及其发展

本章提要

在本章中，您将学习到以下主要内容：

1. 泰罗的科学管理理论的基本思想、主要贡献和局限性；
2. 法约尔的一般管理理论的基本思想、主要贡献和局限性；
3. 韦伯的行政组织理论的基本思想、主要贡献和局限性；
4. 人际关系学说和行为科学理论的基本思想；
5. 需求理论的主要观点及其对管理者的启示；
6. 现代管理理论的各种学派的主要观点；
7. 当代管理理论的最新进展和发展趋向。

2.1 古典管理理论

19世纪末至20世纪初，西方工业化发展到一定水平，相应地产生了一系列以工业化生产为背景的管理理论。这一阶段所形成的管理理论，被称为古典管理理论或经典管理理论。其代表人物有泰罗、法约尔、韦伯等。他们分别代表着科学管理理论、管理过程理论、行政组织理论三大理论学派。这些理论的产生在当时为提高生产效率、建立有效组织等，提供了管理思想的指导和科学理论方法。它标志着管理学作为一门科学的诞生，对现代管理思想的形成和发展产生了重大的影响。

2.1.1 科学管理理论

科学管理理论主要研究如何提高单个工人的生产率。其主要代表人物是美国的泰罗(Frederick W. Taylor)、吉尔布雷斯夫妇(Frank and Lillian Gilbreth)及甘特(Henry L. Gantt)等人。其中，泰罗的科学管理思想在管理理论发展史上占有极其重要的位置，他使管理从经验主义转向科学发展之路，在管理的发展史上具有划时代的意义，人们因此也将泰罗称为“科学管理之父”。

1. 泰罗的科学管理产生的背景

产业革命后到 19 世纪末，虽然西方资本主义国家的生产力已经有了较大的发展，但在管理方面相对滞后，工厂管理主要依靠资本家个人的经验和主观臆断。在工作方法、人员选拔、任务安排、薪酬激励等方面都是凭个人经验，管理没有统一的标准，缺乏科学的依据，工作效率低下。针对以上问题，泰罗展开了一系列研究与实践，并将其研究与实践成果编写成《科学管理原理》一书，于 1911 年正式出版，这标志着管理科学化时代的开始。

2. 泰罗科学管理的内容

泰罗的“科学管理原理”(principle of scientific management)的核心思想是应用科学方法确定从事一项工作的“最佳方法”。这一思想很快被世界范围的管理者们普遍接受。概括起来，泰罗的主要观点包括以下 6 个方面。

(1)科学管理的中心问题是提高效率。工时利用的科学化和劳动方法的标准化是科学管理的基础，其目的就是建立完成工作的最好方式的标准。为此，泰罗进行了一系列的试验和研究，首创了工时研究和操作方法合理化的研究。泰罗应用这种方法对伯利恒公司高炉上搬运生铁的工人进行试验，使工人每天搬运生铁的数量提高了 4 倍。

(2)挑选员工的标准化。为了提高劳动生产率，必须挑选“第一流的工人”。因为不同人具有不同的能力，管理者的责任就在于为每项工作找出最适合这项工作的人选，对他们进行训练，使他们成为完成“最高级、最有兴趣、也最有利那种工作”的一流工人。

(3)按标准方法对工人进行训练。应改变以往师傅带徒弟的传统培训方法，而把工人多年积累的大量传统知识和经验加以系统的收集和整理，归纳成为一种科学方法来对新一代工人进行培训，使他们习惯使用标准化的工具、机器和材料，适应标准化的作业环境等。

(4)实行差别计件工资制。首先是通过工时研究和分析，制定出一个有科学依据的工作定额或标准。其次是按完成定额的程度采取不同的工资率。例如，如果工人只完成定额的 80%，就按 80%的工资率付酬；如果超过了定额的 120%，则按 120%的工资率付酬。最后是根据工人的实际工作表现来支付工资。

(5)改善组织方式。一是把计划职能和执行职能分开；二是实行“职能工长制”。计划部门主要从事调查研究，制定科学的定额和标准化的操作方法及工具，拟订计划并发布指示和命令，比较“标准”和“实际情况”，进行有效控制等。现场工人则执行计划部门所制定的操作方法和指示，使用规定的标准工具，从事实际的操作，不得自行改变。

所谓职能工长制，是把职能工作予以细分，使所有的管理者只承担一种管理职责。泰罗认为这种制度有3个优点：一是对管理者培训花费的时间少；二是管理者的职责明确，可以提高效率；三是由于职能分工明确，工具与操作方法也已标准化，因此非熟练技术的工人也可以从事较复杂的工作，从而降低企业的生产费用。

(6)在管理工作中实行例外原则。泰罗将管理工作分为两类，即一般事务管理和例外事务管理。企业的高级管理人员应把处理一般事务的权限下放给下级管理人员，自己只负责对下级管理人员的监督和处理例外事务。这种原则的实质是实行分权管理，在当时集权化管理的背景下，它的提出无疑具有非常积极的现实意义。

2.1.2 法约尔的一般管理理论

泰罗的科学管理原理着眼于生产运作领域。亨利·法约尔(Henry Fayol)则着眼于整个组织，从更高的层次研究管理问题。1916年，法约尔根据自己的管理研究撰写了《工业管理与一般管理》一书，为现代管理理论奠定了基础。

1. 企业的六项基本活动

法约尔认为，企业中存在着6项基本活动，管理只是其中的一种。这6项基本活动是：

(1)技术活动——生产、制造和加工；

(2)商业活动——采购、销售和交换；

(3)财务活动——资金的筹措、运用和控制；

(4)会计活动——货物盘点、成本统计及核算；

(5)安全活动——设备的维护和人员的保护；

(6)管理活动——计划、组织、指挥、协调及控制。

法约尔对这6项企业活动分析之后发现，基层工人或其他人员主要要求其具有技术能力。随着员工在组织层次中职位的提高，其技术能力的相对重要性逐步降低，而对其管理能力的要求逐步提高；企业规模越大，管理就显得越重要，而技术能力的重要性相对减少。

2. 管理的五大基本职能

法约尔首次把管理活动划分为计划、组织、指挥、协调与控制五大基本职能，揭示了管理的过程本质，并对这五大管理职能进行了详细的分析和讨论。

法约尔认为，“计划就是探索未来和制定行动方案；组织就是建立企业的物质和社会的双重结构；指挥就是使其人员发挥作用；协调就是连接、联合、调和所有的活动和力量；控制就是注意一切是否按已制定的规章和下达的命令进行”。

他还认为，管理的五大职能并不是企业经理或领导人个人的责任，它同企业其他工作一样，是一种分配于领导人与整个组织成员之间的职能。

3. 管理的 14 项原则

(1)劳动分工。在技术工作和管理工作中进行专业化分工可以提高效率。法约尔认为这不仅是经济学家研究有效使用劳动力的问题,而且也是在各种机构、团体、组织中进行管理活动所必不可少的工作。但要注意,专业化分工要有一定的限度,不能超过这个限度,如不能分得过粗或过细,否则效果不好。

(2)权力与责任。法约尔认为,“权力是指挥他人的权和促使他人服从的力”。管理者的权力包含职位权力和个人权力,前者来自职位,后者则是由个人的品德、智慧和能力等个人特性形成的,一个优秀的管理者必须两者兼备。权力与责任是相互联系的,在行使权力的同时,必须承担相应的责任,有权无责或有责无权都是组织上的缺陷。

(3)纪律。纪律是管理者所必需的、对协定的尊重,是管理者同下属之间在服从、勤勉、积极、举止和尊重等方面达成的一种协定。纪律应包括两个方面,即纪律协定和人们对纪律协定的态度及遵守情况。因此,一个组织要做到公平、有效,一是要有尽可能明确而又公平的纪律协定;二是要严格按照公平协定执行奖惩。

(4)统一指挥。组织内每一个人只能服从一个上级并接受其命令。如果组织中两位领导人向同一个人或同一件事发布不同的命令,将会使得下属无所适从,组织活动就会出现混乱。因此,要避免出现多重指挥的情况。

(5)统一领导。凡是具有同一目标的全部活动,只能由一个人领导,一个计划。

(6)个人利益服从整体利益。个人利益服从整体利益即个人和小集体的利益不能超越组织的利益。因此,组织目标应尽可能多地包含个人的目标,使组织目标实现的同时满足个人的合理需求;主管人员必须以身作则,以集体利益为重;当发生利益冲突时,应以集体利益为重。

(7)报酬合理。报酬制度应当首先考虑能够维持职工最低的生活消费,其次要考虑企业的基本经营状况,在此基础上结合职工的劳动贡献的多少,确定一个公平合理的报酬制度。报酬与支付方式均要公平。但是,任何优良的报酬都无法取代优良的管理效果。

(8)集权与分权。集权与分权主要指权力集中与分散的程度。提高下属重要性的做法是分权,降低这种重要性的做法是集权。要根据各种情况,包括组织的性质、条件、环境和人员的素质等,来决定“产生全面最大收益”的那种集中程度。

(9)等级链与跳板。为了进行有效的管理,需要在组织中建立等级制度。等级链是指组织中“从最高权威到最低级别人员的等级系列”。它既表明了组织中各个环节之间的权力关系,也表明了组织中信息传递的渠道。为了保证命令的统一,不能轻易违背等级链,请示要逐级进行,指令也要逐级下达。为便于横向沟通,需要建立分属不同上级的同级之间的沟通“跳板”,也称“法约尔桥”(Fayol bridge)。在横向沟通前应征求各自上级的意见,并在事后要立即向各自上级汇报,以维护统一指挥的原则。

(10)秩序。秩序即组织中“每一事物、每一个人各有其为;每一事物、每一个人各在其位”。组织中每件物品要排列有序;每个人员也要有自己确定的位置,这个位置是根据每个人的能力、意愿来确定的,每一个人都应被安排在最能适合发挥作用的工作岗位上。要注意审慎选人,同时要消除任人唯亲与无知等问题。

(11)公平。工业企业和其他组织的管理主要是人的管理,人的管理就应该在社会文明的基础上坚持管理的公平与公正,主管人员对下属的公正与公平,才能唤起组织成员对组织的忠诚。

(12)人员稳定。由于一个人要熟练、有效地从事某个岗位的工作,需要相当长的时间,因此除必要的流动外,应该保证人员的相对稳定性,以利于工作的熟悉和效率的提高。

(13)首创精神。首创精神是指在工作中发挥自己的才智,提出具有创造性的想法或发明。它会给人们带来极大的快乐,也是刺激人们努力工作的最大动力之一。管理是一种创造性工作,作为领导者更应当具有首创精神,并要肯定和鼓励员工的首创精神,以提高管理绩效。

(14)团结。组织是一个整体,坚持组织内管理者和操作者的团结,进行有效的组织沟通是实现组织目标的需要,也是组织所有成员的迫切要求。因此,实现组织团结也是管理的一项主要功能和原则要求。

2.1.3 韦伯的行政组织理论

德国著名社会学家马克斯·韦伯(Max Weber)从构建理想的组织出发,在其著作《社会和经济组织的理论》中提出了“理想的行政组织体系”,对后来的管理学家们尤其是组织理论学家产生很大的影响,因此被后人称为“组织理论之父”。

1. 理想的行政组织体系

韦伯认为,理想的行政组织是通过职务或者职位,而不是通过个人或者世袭地位来管理。这种组织包含三项要素:第一,按行政方式控制机构的目标和所要求的日常活动是作为正式职责来分配的;第二,执行这些职责所需要的权力是按一种稳定的方式授予的,并且由管理者能控制的身体的、宗教的或其他强制手段严格加以限制;第三,明确规定正常而持续地履行职责和行使相应权力的方法,只有符合条件的人才被雇用。

2. 理想的行政组织特征

(1)明确分工。明确分工即把组织内的工作分解,对每个职位的权利和责任都应有明确的规定,人员安置也按专业化进行分工。

(2)等级系统。各种职位按照权力等级组织起来,形成自上而下的等级系统。每个下级都处在一个上级的控制和监督下,每个管理者不仅要对自己的决定和行动负责，而且要对下级的决定和行动负责。

(3)人员的任用。组织内的所有职务均由受过专门训练专业人员担任，对他们的选拔和提升均以其技术能力为依据，通过正式考试和教育训练，来挑选组织中所有成员。

(4)职业管理人员。管理人员是职业化的，组织给予其固定的薪金和明确的升迁制度，保障其应得的权益，同时也拥有随时解雇他们的权力。

(5)遵守规则和纪律。管理人员必须遵守组织中规定的规则和纪律，以及办事程序。

(6)组织中人员间的关系。完全以理性为基础，只受职位关系而不受个人情感的影响，保证组织内的人与人之间都是一种非人格化的关系。

(7)所有权与管理权分离。管理者必须完全同该组织的生产资料的所有权分离，这个职务是任职者唯一的或主要的工作，成为一种职业。

(8)职权范围。在合乎理性的组织中，任职者不能滥用其正式的职权。一个机关所拥有的“权力”，只能正当地用于公事，并要受有关准则的指导。

3. 理想的行政组织结构

理想的行政组织结构分为 3 层：

(1)上层是最高领导层，相当于现在组织中的高级管理阶层，其主要职责是有关整个组织的重大决策；

(2)中间层是行政官员，相当于现在组织中的中级管理阶层，其主要职责是贯彻上级领导层的重大决策，并拟定实施方案，将下层的意见和建议反映给上层领导；

(3)基层是一般工作人员，相当于现在组织中的基层管理者和非管理人员，其主要职责是依据上级的指示，从事实际工作。

2.2 行为科学理论

行为科学学派起源于 20 世纪 20 年代末 30 年代初。1924 年，美国照明工程师协会主导了“霍桑工厂实验”。1927 年，哈佛大学的埃尔顿・梅奥(Elton Mayo)加入实验团队，开始了以组织中人的行为和人际关系为主要内容的研究阶段。经过前后近 10 年的研究，开创了人际关系学说。1949 年，在美国芝加哥大学的跨学科会议上，来自各个不同领域的与会者一致认为，围绕行为研究所取得的现有成果已足以证明该类研究具有独立学科的地位，于是 1953 年正式将其命名为“行为科学”。

随着行为科学研究的不断深入，其学科范畴也在不断扩展。早期的研究关注企业员工个体行为的研究，到 20 世纪 60 年代，随着研究者们开始关注组织整体行为的研究，出现了“组织行为学”这一名词。目前，行为科学的研究范围主要包括员工个体行为、员工群体行为和组织行为的研究。

2.2.1 人际关系学说

1.霍桑实验

20 世纪 20～30 年代，美国工厂在泰罗的科学管理条件下，生产率有了很大提高。但是集权强制管理也激起了工人极大的不满和愤恨，纷纷以怠工、离职来表达自己的不满，这就使得曾经提高了的生产率有所下降。为了寻找工效下降的原因，学者们在美国芝加哥郊外的西方电气公司的霍桑工厂进行了著名的霍桑实验(the Hawthorne studies)。霍桑实验分为 4 个阶段。

1)第一阶段：工厂照明实验(1924～1927 年)

工厂照明实验研究照明条件对生产效率的影响。专家们假设，工作的物理环境是影响工作效率的主要因素之一。他们选择两个工作小组，一个为试验组，一个为控制组。试验组的照明度不断变化，控制组的照明度始终不变。结果两个组的产量都持续上升，看不出什么差异。这表明照明度的变化不是生产率变化的唯一决定性因素，还有其他没被掌握的因素在起作用。

2)第二阶段：继电器装配实验(1927～1928 年)

继电器装配实验研究各种工作条件的变动对小组整体生产率的影响。研究人员选择了 5 位女装配工和 1 位画线工，并把他们安置在单独一间工作室内工作，通过改变工间休息时间、缩短工作日、缩短工作周、提供免费午餐等，研究工作环境对生产效率的影响。结果发现，这些改变导致了产量上升；去掉这些变化，产量仍然保持不降。研究人员的结论是，社会条件和督导方式的改变导致了女工们的态度变化和生产率的提高。当人们感到自己受到重视时，士气会得到提高，从而导致生产效率的提高。

3)第三阶段：大规模的访问与调查(1928～1931 年)

大规模的访问与调查的目的是了解员工的态度及其转变。研究小组共花了两年时间对两万名职工进行访问交谈，发现影响生产效率最重要的因素是工作中发展起来的人群关系而不是待遇及工作环境。每个工人工作效率的高低不仅取决于他们自身的情况，而且还和其所在小组中的其他同事有关，任何一个人的工作效率都会受同事们的影响。因此，管理者应该在思想中重视人的因素，善于倾听，改善人际关系，才能促进工人士气的提高及产量的增长。

4)第四阶段：绕线工作室实验(1931～1932 年)

为了进一步研究群体对个人行为的影响，研究小组选择绕线工作室作为研究对象，该室有 9 位接线工、3 位焊接工和 2 位检查员，共计 14 位工人。研究小组以集体计件工资制进行刺激，持续观察其行为和生产效率 6 个月之久，发现了两个事实：一是工人们对“合理日工作量”有自己的“定额”，而且总是低于管理当局的估计和他们的实际水平。他们认为，如果产量高于这个非正式定额，就会在实际上降低工资水平；如果低于该定额，管理当局就会产生不满。所以他们达成默契，运用团体力量要求成员共同遵守。二是在正式组织中存在着非正式组织。工人们在工作中逐步形成相对稳定的非正式小团体，自然形成了自己的领袖和行为规范，并以此约束团体成员的行为。

2. 人际关系学说

根据霍桑实验，梅奥等人撰写了《工业文明中的人的问题》等一系列著作，导致了人际关系学说的诞生。该学说的主要观点如下。

1)工人是“社会人”

古典管理理论都把人看成是仅仅为了追求最大经济利益而进行活动的所谓的“经济人”，认为金钱是刺激积极性的唯一动力，生产效率主要受到工作方法和工作条件的制约。梅奥等人则认为工人是“社会人”，他们既有物质方面的要求，但更重要的是，他们还有社会方面和心理方面的要求。生产效率主要取决于职工的积极性，取决于员工家庭、社会活动及企业中人与人的关系。

2)管理者应重视协调人际关系

生产率的高低主要取决于工人的士气，即工作的积极性、主动性与协作精神，而士气的高低则取决于社会因素特别是人群关系对工人的满足程度，即其工作是否被上级、同伴和社会所承认。满足度越高，士气也越高，生产率也就越高。因此，领导的责任在于提高员工“士气”，增加工人“满意度”，从而达到提高生产率的目的。

3)正式组织中还存在着“非正式组织”

非正式组织是企业成员在共同工作的过程中，由于具有共同的社会情感而形成的非正式团体，它通过不成文的规范左右着成员的感情倾向和行为。新型管理者需要理解非正式组织的存在，寻求正式组织与非正式组织之间的平衡，充分发挥非正式组织的积极作用，抑制其消极作用。

2.2.2　激励理论概述

1. 需要层次理论

1943年，美国人本主义心理学家马斯洛(Abraham Maslow)经过大量的研究，提出了“需要层次理论”，如图2-1所示，它是行为科学重要的理论基础。

(1)人生来固有5个层次的需要，这些需要由低到高分别是：①生理需要，即人类最原始而基本的物质需要，包括对吃、穿、住、行等方面的需要；②安全需要，包括安全的社会环境、安全的住所、稳定的职业、较好的福利、劳动保护、社会保障等人身、职业安全的需要；③社交需要，又称为归属与爱的需要，是指人们希望归属于一定的群体，成为其中的一员，相互关心，相互支持，并希望通过自己付出情感得到别人的友谊和爱；④尊重需要，包括自我尊重和希望受到他人尊重的需要；⑤自我实现需要,指人有充分发挥自己的潜在能力,成为自己所期望的人物,完成与自己能力相称的工作的需要。

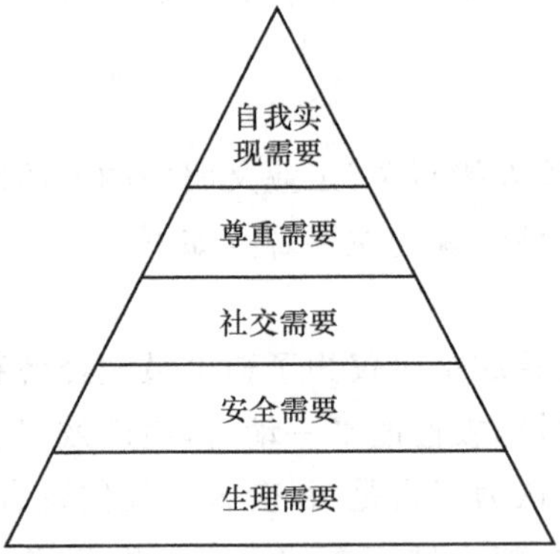

图 2-1　马斯洛需要层次理论示意图

(2)五种需要的发展逐层递进。当较低层次的需要基本得到满足后,就会产生更高一级的需要。

(3)未满足的需要才具有激励作用。

(4)高层次需要和主导需要具有更重要的激励意义。

2. 赫茨伯格的双因素理论

双因素理论,又称激励-保健理论。赫茨伯格(Frederick Herzberg)在《工作中的激励》(*The Motivation to Work*)(1959)和《工作与人性》(*Work and the Nature of Man*)(1966)等著作中提出其观点及相关原理。

赫茨伯格于 20 世纪 50 年代末在匹兹堡地区对一些工厂、企业的 200 位工程师和会计师的访问调查中发现,个人与工作的关系是一种基本关系,个人对工作的态度在很大程度上决定了其成败。带来工作满意的因素和不满意的因素是不相关的。人们觉得不满意的项目大多与工作环境有关,凡与工作本身有关的因素都能对工作满足产生积极影响。据此,赫茨伯格将人的需求分成两类:"保健"因素和"激励"因素。

(1)保健因素。保健因素是导致人们觉得不满意的因素,同时它也能够防止不满因素产生。保健因素包括公司政策、管理和监督、人际关系、工作条件、薪金等。当这些因素恶化到人们接受水平以下时,就会产生对工作的不满意。但是,当人们认为这些因素很好时,它只是消除了不满意,并不会导致积极的态度。

(2)激励因素。激励因素是导致人们感觉满意的因素,包括成就、认可、工作本身、责任和晋升等,这些因素能满足个人自我实现的需要。如果这些因素具备了,就能对人们产生更大的激励。

赫茨伯格认为，保健因素不能直接起到激励员工的作用，但能防止员工产生不满情绪。当保健因素得到改善后，员工的不满情绪会消失，但并不能导致积极的后果；而激励因素得到改善后，却能激励员工的积极性，提高生产率，如同人们锻炼身体，改变身体自身的素质增进身体健康一样。激励因素是影响人们的工作效率，促使人们不断进取的内在因素。

2.2.3 行为科学理论

在哈佛大学和麻省理工学院长期从事心理学教学与科研工作的道格拉斯·麦格雷戈(Douglas M. McGregor, 1906～1964)于1957年发表了《企业的人性面》，提出了“X理论”和“Y理论”，并指出，按“X理论”来进行管理的传统方式，需要向“Y理论”的新模式转变。

1.“X理论”的基本假设

(1)一般人天性好逸恶劳，只要有可能，就会逃避工作；

(2)人生来就是以自我为中心，漠视组织的要求；

(3)一般人缺乏进取心，逃避责任，甘愿听从指挥，安于现状没有创造性；

(4)人们通常容易受骗，易受人煽动。

基于这种判断，持“X理论”观点的管理者就必然在管理工作中对员工采取强制、惩罚、解雇等手段，迫使他们工作。

2.“Y理论”的基本假设

(1)一般人天生并不是好逸恶劳的，工作中体力和智力的消耗就像游戏和休息一样自然，人们对工作的喜恶取决于他们对工作带来的满足和惩罚的理解；

(2)如果让人们参与制定自己的工作目标，则有利于实现自我指挥和控制；

(3)在适当的条件下，一般人是能主动承担责任的，不愿负责、缺乏雄心壮志并不是人的天性；

(4)大多数人都具有一定的想象力、独创性和创造力；

(5)在现代社会中，人的智慧和潜能只部分地得到了发挥。

基于这种认识，持有“Y理论”观点的管理者就倾向于在管理工作中实行以人为中心的、宽容的、民主的管理方式，以使员工个人目标同组织目标很好地结合起来，并为员工发挥其智慧和潜能创造有利的条件。

2.3 现代管理理论

第二次世界大战以后，科技与生产迅速增长，企业规模越来越大，企业管理问题引起了普遍重视，呈现了“百花齐放、百家争鸣”的繁荣景象。美国著名管理学家哈罗德·孔茨(Harold Koontz,1908～1984)将其称为“管理科学的丛林”。

2.3.1 管理过程学派

管理过程学派又称管理职能学派、经营管理学派，其理论观点源于法约尔的一般管理理论，代表人物有美国的管理学家哈罗德·孔茨和西里尔·奥唐纳等人。他们把管理看做是在组织中通过别人或同别人一起完成工作的过程，因此应该分析这一过程，从理论上加以概括，确定一些基础性的原理，并由此形成一种管理理论。管理过程学派的主要观点有以下 3 点。

(1)把管理看成是一个过程，它包含许多相互管理的职能。在该学派的著作中，尽管对管理职能分类的数量有所不同，但都含有计划、组织、领导和控制等职能。

(2)可以将这些基本管理职能逐一地进行分析，归纳出若干原则，即管理原理作为指导，以便于更好地提高组织效率，达到组织目标。

(3)管理原理具有共同性。任何组织，尽管性质不同，但所应遵循的基本管理职能是相同的。

2.3.2 人际关系学派

人际关系学派是从 20 世纪 60 年代的人类行为学派演变来的，这一学派认为管理是通过别人或同别人一起去完成工作，因此对管理学的研究就必须围绕人际关系这个核心来进行。

人际关系学派把社会科学理论、方法和技术用来研究人与人之间和人群内部的各种现象，从个人的品性动态一直到文化关系等。其突出特点是注重管理中“人”的因素，认为在人们为实现其目标而结成团体一起工作时，应该互相了解，建立和谐的人际关系。

2.3.3 群体行为学派

群体行为学派是从人类行为学派中分化出来的，因此同人际关系学派关系密切。但它主要研究群体中人的行为，而不是人际关系。它以社会学、人类学和社会心理学为基础，而不以个人心理学为基础。

群体行为学派着重研究各种群体行为方式。从小群体的文化和行为方式，到大群体的行为特点，都在它的研究之列，因此也常被叫做“组织行为学”。“组织”一词在这里可以表示公司、政府机构、医院或其他任何一种事业中一组群体关系的体系和类型。有时则按切斯特·巴纳德的用法，用来表示人们间的协作关系。而所谓正式组织则指一种有着自觉的精心筹划的共同目的的组织。组织行为则是组织实现共同目标和意志的一种反映。

2.3.4　经验主义学派

经验主义学派又称为案例学派，主张通过分析经验（常常是大企业的案例）来研究管理。这一学派认为，研究管理应从企业实践的实际出发，而不是从“通用准则”出发，管理知识的真正源泉是大公司中“伟大组织者”的经验，主要就是这些“伟大的组织者”的非凡个性和杰出才能。其代表人物有彼得·德鲁克（Peter Drucker）、欧内斯特·戴尔（Ernest Dale）和阿尔弗雷德·P. 斯隆（Alfred P. Sloan）等。

经验主义学派有时也想得出一般性的结论，但往往只不过是把它当成一种向实际管理工作者和管理学者传授经验的手段。典型的情况是，他们把管理学或管理“策略”看成是对案例进行分析研究的手段，或者采用类似欧内斯特·戴尔的“比较法”。

2.3.5　社会协作系统学派

社会系统学派从社会学的观点来研究各种组织和组织理论，认为人和人之间的相互关系就是一个社会系统，它是人们在意见、力量、愿望及思想等方面的一种协作关系。而企业和组织就是一个人们可以有意识地加以协调和影响的社会协作系统，是社会大系统的一部分，受到社会环境各方面因素的影响。

社会系统学派的创始人和代表人物是美国管理学家切斯特·巴纳德（Chester I. Barnard）。他认为，组织是一种人的行为和活动相互作用的社会协作系统，包含共同的目标、协作的意愿和信息沟通，只有依靠管理人员的协调，才能维持一个“努力合作”的系统。因此他认为管理人员有以下 3 个主要职能：

(1)阐明并确定本组织的目标；

(2)制定并维持一套信息传递系统；

(3)促使组织中每个人都能做出重要的贡献，包括职工的选聘和合理的激励方式等。

2.3.6　社会技术系统学派

社会技术系统学派的创始人是特里司特及其在英国塔维斯托克研究所中的同事。他们通过对英国煤矿中长壁采煤法生产问题的研究发现，仅仅分析企业中的社会方面是不够的，还必须注意其技术方面。他们发现，企业中的技术系统（如机器设备和采掘方法等）对社会系统有很大的影响。个人态度和群体行为都受到人们在其中工作的技术系统的重大影响。因此，他们认为，必须把企业中的社会系统同技术系统结合起来考虑，而管理者的一项主要任务就是要确保这两个系统相互协调。

2.3.7 系统学派

系统学派源自生物系统理论，运用系统工程的思想和方法来研究组织管理活动及管理职能。所谓系统，实质上就是由相互联系或相互依存的一组事物或其组合所形成的复杂统一体。而系统工程则是综合应用各有关学科的理论和方法，从不同的角度和方面研究系统各部分的合作与协调，充分发挥数学与计算机的应用，以达到最优规划、最优设计、最优控制和最优管理的目的，实现系统的整体最优。

系统学派的代表人物有美国的卡斯特(F. E. Kast)等人，其代表作是《系统理论和管理》。

2.3.8 决策学派

决策理论学派是在社会系统学派的基础上发展起来的。该学派的代表人物是美国的卡内基梅隆大学教授赫伯特·西蒙(Herbert A. Simon)，他因为在决策理论方面的杰出贡献，曾获得1978年的诺贝尔经济学奖。

决策学派的基本观点是：首先，管理的本质就是决策，决策贯穿于管理的全过程，所以管理理论应围绕决策这个核心来建立。其次，决策遵循“满意准则”。由于在管理决策中所需要的决策信息往往是不完备的，而管理者也难以做到完全理性。因此在决策中不可能产生所谓的最优决策，所得到的只能是满意决策。最后，决策是一个复杂的过程。决策的主要步骤包括：提出决策理由；找出所有可能的行动方案；选出满意方案，对该方案进行评价等。这些步骤中都含有丰富的内容，而且决策各个阶段可能相互交错，因此要求决策者具有很强的分析和决断能力。

目前，决策学派综合了行为科学、系统理论、运筹学、计算机科学等理论与方法，形成了对管理实践进行科学的定量与定性分析相结合的崭新的、独特的管理体系。

2.3.9 管理科学学派

管理科学学派又称数理学派或运筹学派，这一学派是第二次世界大战之后在泰罗科学管理理论的基础上发展起来的，其代表人物是美国的学者伯法(E. S. Buffa)，其代表作是《现代生产管理》。

管理科学学派的特点主要是运用各种数学方法对管理进行定量分析。该学派的信条是，只要管理、组织、计划、决策是一个逻辑过程，就能用数学符号和运算关系来予以表示。主张减少决策的艺术成分和主观性，依靠建立一套决策程序和数学模型来增加决策的客观性和科学性。其内容主要包括以下几个方面。

(1)运筹学。运筹学是管理科学学派的基础，它是一种分析的、实验的和定量的科学方法，专门研究在物质条件一定的情况下，为了达到目的，如何统筹兼顾整个活动所有环节之间的关系,选择一个最好的方案。在现代的管理工作中,形成了运筹学的许多新的分支,包括规划论、库存论、排队论、对策论及网络分析等。

(2)系统分析。系统分析就是运用科学和数学的方法对系统中的事件进行研究和分析。它要求在研究中注意:局部的目标不应与整体的目标相冲突,系统的最优途径不一定是各组成部分的最优途径,应从全局出发,进行研究、分析、决策。

(3)决策科学化。它要求以充分的事实为依据,运用严密的逻辑思考方法,对大量的资料和数据进行计算、分析,做出正确决策。常用数学模型主要有:盈亏平衡点模型、库存模型、线性规划模型、目标规划、整数规划、动态规划、决策模型、对策论等。

2.3.10 权变理论学派

权变理论学派是20世纪70年代在西方形成的一种较新的管理思想学派。权变理论学派认为,在企业管理中没有一成不变的、普遍适用的管理理论和方法,因为环境是复杂而多变的。在管理中只有将理论与实践很好地结合起来、权宜应变地处理管理问题,才是正确的态度和方法。根据权变理论学派的观点,管理技术与方法同环境因素之间存在一种函数关系,管理因变量的选择需要随环境自变量的变化而变化。

权变理论学派的主要理论有莫尔斯(J. Morse)和洛希(Jay W. Lorscn)的“超Y理论”、大内(W. G. Ouchi)的“Z理论”、卡曼(Karman)的“领导生命周期理论”等。

2.3.11 经理角色学派

经理角色学派的代表人物是加拿大麦格吉尔大学的亨利·明茨伯格教授,该学派主要通过观察经理的实际活动来明确经理角色的内容。

明茨伯格根据他自己和别人对经理实际活动的研究,认为经理的工作主要是在人际关系、信息沟通和决策3个方面扮演着10种角色,如表1-1所示。

2.4 当代管理理论的发展

20世纪90年代以来,管理理论蓬勃发展,产生和深化了许多管理理论,其中学习型组织理论、企业再造理论、知识管理理论、企业文化理论、创新理论等对企业实践产生了重大的影响。本节对这些理论进行概述。

2.4.1 学习型组织理论

彼得·圣吉(Peter M. Senge)在他的代表作《第五项修炼:学习型组织的艺术

与实务》中指出，一个组织想要成为学习型组织，必须掌握以下5个核心修炼。

(1)系统思考。系统思考就是要全面地考虑问题，同时要善于抓住问题本质，以求从根本上解决问题。

(2)自我超越。自我超越就是要不断地认清并加深个人的真正愿望，集中精力，培养耐心，并客观地观察现实。

(3)改善心智模式。心智模式是根深蒂固的，它影响着我们如何了解这个世界，以及如何采取行动的许多假设、成见，甚至印象。在管理的许多决策中，决定什么可以做或不可以做也常是一种根深蒂固的心智模式。彼得·圣吉提醒管理者在组织层次进行的思考方式会产生强大力量，而且针对这些方式的本质进行非防御性探索非常重要。

(4)建立共同愿景。共同愿景是组织中人们所共同持有的愿景，它创造出众人是一体的感觉。只有当愿景带来的工作不再被团队成员视为与自己无关时，这一愿景才成为共同愿景。

(5)团队学习。团队学习是发展团队成员整体搭配与实现共同目标的过程。通过深度会谈和讨论可以达到团队学习的目的。

2.4.2 企业再造理论

业务流程再造(business process reengineering, BPR)也称作"企业再造"、"公司再造"、"再造工程"。业务流程再造是对企业的业务流程作根本性的思考和彻底重建，其目的是在成本、质量、服务和速度等方面取得显著的改善，使得企业能最大限度地适应以顾客、竞争、变化为特征的现代企业经营环境。

迈克尔·哈默(2002)在《企业行动纲领》一书中提出了具有实用性并且自成一体的经营关系思路，即企业的九大行动纲领。

(1)让客户觉得与你做生意是件很容易的事情。

(2)为你的客户增加更多的价值。

(3)创建业务流程至上的企业。

(4)用业务流程的强大力量平息混乱无序。

(5)将管理建立在评价工作的基础上。

(6)结束组织图的僵化管理做法。

(7)为最终客户的利益分销，而不是向最终客户推销。

(8)公司之间业务流程的再造与整体化。

(9)强化极具进取型的整体构想。

2.4.3 知识管理理论

知识管理(knowledge management, KM)就是在组织中建构一个量化与质化的知识系统，让组织中的资讯与知识透过获得、创造、分享、整合、记录、存取、更新、创新等过程，不断地回馈到知识系统内，形成永不间断的知识累积，使个人与组织的知识成为组织智慧的循环，在企业组织中成为管理与应用的智慧资本，并有助于企业做出正确的决策，以应对市场的变迁。

知识管理为企业实现显性知识和隐性知识共享提供了新的途径，它利用集体的智慧提高企业的应变和创新能力。知识管理包括 4 个方面工作：建立知识库、促进员工的知识交流、建立尊重知识的内部环境、把知识作为资产来管理。

知识管理在知识资产管理、学习型组织、人力资源管理和信息化 4 个方面进行深化和突破。知识管理是企业在面对非连续的变化所导致的重大变革之际，所建立的一个包含了将资料、资讯技术与整个组织流程、企业精神等加以整合的过程及成果，其中包含了全体员工的创新能力和创造能力。

知识管理诞生于知识经济逐渐兴起，信息技术飞速发展，商业竞争日益加剧的环境中。知识管理与信息技术密不可分，共同构建企业商务智能，并成为企业核心竞争力的源泉。

2.4.4　创新理论

现代创新理论的创始人是约瑟夫·熊彼特。他于 1912 年在《经济发展理论》一书中提出"创新理论"以后，又相继在 1939 年的《经济周期》和 1942 年的《资本主义、社会主义和民主主义》两书中加以运用和发挥，形成了以"创新理论"为基础的独特的理论体系。熊彼特的主要观点是：创新是生产过程中内生的一种"革命性"变化；创新同时意味着毁灭；创新必须能够创造出新的价值；创新是经济发展的本质规定；创新的主体是"企业家"。而社会经济的发展就是不断创新的结果。

学术界在熊彼特创新理论的基础上开展了进一步的研究，使创新理论的研究日益精致和专门化（仅创新模型就先后出现了许多种，其代表性的模型有：技术推动模型、需求拉动模型、相互作用模型、整合模型、系统整合网络模型等），构建起技术创新、机制创新等理论体系。分别形成了以索罗等人为代表的技术创新的新古典学派，以曼斯菲尔德、卡曼、施瓦茨等为代表的新熊彼特学派，以戴维斯和斯诺等为代表的制度创新学派，以弗里曼和纳尔逊等为代表的国家创新系统学派等。

2.4.5　管理理论的发展趋势

随着管理环境的变化及一系列新的管理理论的产生，管理思想呈现出新的发展趋势，即管理理念更加人性化、管理组织虚拟化、组织结构扁平化、管理手段和设施网络化、管理文化全球化，并且在以下方面其趋势更加明显：对企业的业务流程进行重新设计的业务再造流程；使管理更加具有柔性化的文化管理；体现知识经济的灵魂和企业进行知识管理的管理创新；网络经济、全球经济一体化下的管理的国际化。这些新的趋势在管理中将不断地变成现实，这也是 21 世纪对管理提出的挑战。具体看来有以下几点。

1. 管理理念的人性化

管理理念的人性化指的是一种在整个企业管理过程中充分注意人性要素，以充分挖掘人的潜能为己任的管理模式，包括感化管理、主化管理、自我管理、能人管理及文化管理等。

2. 管理形态的知识化

作为企业管理的创新，企业管理将进入知识管理阶段。而知识管理就是利用组织的无形资产创造价值的艺术。这种管理形态更加重视企业知识的共享和创新、重视人才培养和创新，以及企业文化的发展。

3. 管理组织的虚拟化

随着计算机技术、信息技术、网络技术、现代通信技术等技术的发展，以及人工智能理论的日趋完善和广泛应用，虚拟化管理正在迅速崛起。与传统企业运作模式相比，虚拟企业实现了核心功能与部门的分离；由纵向管理转成横向管理；信息流支配物流；从命令控制到集中协调。

4. 管理手段和设施的网络化

网络化管理要求在管理中要实现人力资源管理过程的柔性化和科学化，要建立数字管理应用系统和扁平化管理结构，要强化管理者的创新意识，建立有效的管理机制。

5. 管理文化的全球化

世界经济的全球化，要求企业尤其是企业的领导人必须加强企业文化层面的沟通和交流，以企业共同价值来凝聚员工的士气，构建真正的全球化企业。

复习思考题

1. 泰罗的科学管理主要包括哪些内容，应该如何看待科学管理理论在当代的意义？

2. 法约尔的管理过程理论包括哪些内容？其主要贡献是什么？

3. 科学管理与行为科学理论对人性假设的异同点是什么？你认为在管理实践中，应该如何看待被管理者？

4. 请评述马斯洛的需求层次理论。你认为它对管理者的启示有哪些？

5. 根据双因素理论，激励员工的终点应该在哪些方面？应如何看待薪酬对员工的作用？

6. 简述现代管理理论各流派的主要思想和研究方法。

7. 在新的环境中，企业为什么要建立学习型组织？企业如何建立学习型组织？

8. 你认为在21世纪，管理理论发展的主要方向有哪些？它们和时代特征有哪些联系？

案例分析

UPS的科学管理

联合邮包服务公司(UPS)在全球拥有15万员工,平均每天将900万个包裹发送到美国各地和180个国家。UPS的宗旨是"在邮运业中办理最快捷的运送"。为了实现这一宗旨,UPS的管理者们首先系统而深入地研究邮件投递的工作规律,并将这些规律转变成为工作标准,然后依据这些工作标准系统地培训员工,使他们以尽可能高的效率从事工作。

UPS的工业工程师们对每一位投递员的投递路线进行了时间研究,并对每种送货、暂停和取货活动都设立了标准。工程师们记录了红灯、通行、按门铃、穿院子、上楼梯、中间休息时间,甚至上厕所的时间,并将这些数据输入计算机中,通过数学模拟和优化模型,给出了每一位投递员每天工作的详细时间标准。

为了完成每天取送130件包裹的目标,投递员们必须严格遵循工作程序和时间标准。当他们接近投送地点时,他们会依次松开安全带,按喇叭,关闭发动机,拉起紧急制动,把变速器推到1挡上,为送货车下一个启动离开做好准备。然后,投递员从驾驶室出来,右臂夹着文件夹,左手拿着包裹,右手拿着车钥匙。他们看一眼包裹上的地址,然后把它记在脑子里;以每秒3英尺的速度快步跑到顾客的门前,先敲一下门,然后再找门铃、按门铃。送完货后,他们回到卡车上,在路途中完成登录工作。

借助于这样的管理方式,UPS成为世界上效率最高的公司之一。举例来说,联邦捷运公司(FedEx)平均每人每天投送80件包裹,而UPS却是130件。在提高效率方面的不懈努力,对UPS的净利润产生了积极的影响。人们普遍认为UPS是一家获利丰厚的公司。

思考题

1. 联合邮包服务公司的投送业务采用的是什么样的管理方法?其核心是什么?
2. 在企业的实践中,要做到UPS这样的管理模式,需要满足怎样的条件?
3. 在21世纪,科学管理的方法最可能面临怎样的挑战?
4. UPS的成功,对于其他企业的启示是什么?

第3章

企业系统环境及其管理

本章提要

在本章中，您将学习到以下主要内容：

1. 企业的概念；
2. 企业系统的构成；
3. 企业的组织方式；
4. 企业内部系统的一般构成；
5. 宏观环境系统的构成与分析；
6. 行业环境的构成与分析；
7. 企业资源、能力、核心能力的识别与分析。

企业是一种特殊的社会经济组织，它是商品生产和交换的产物。在市场经济条件下，人们通过商品交换获得满足生活需要的物品。而专门为市场生产和提供这类商品或服务的社会经济单位便是企业。

以企业本身为边界，企业系统分为内部系统和外部环境系统。内部系统主要指企业系统边界以内的部分，包含企业内部组织结构、制度和政策，各类资源、各种能力，特别是核心能力等。外部环境系统是企业系统边界以外的更大的系统，包含宏观环境系统、行业环境系统等，它是企业生存和发展必须依赖的外部作用系统。以下将对企业系统的这两个方面作详细阐述。

3.1 企业系统概述

3.1.1 企业的概念

1. 企业的基本定义

企业是根据市场所反映的社会需要来提供某种商品(包括物质产品和非物质的服务)的生产和交换的社会经济单位。

2. 企业的基本任务

作为市场经济的微观组织,企业的基本任务包含以下几个方面。

1)满足社会需要

企业存在的理由是满足社会需要。特定的社会之所以允许企业存在,是因为企业能够为之提供满足人们某种需要的物品。因此,从外部看,企业的首要任务是满足社会需要。

企业除了通过提供产品和服务来满足社会需要之外,还通过纳税或上缴利润(主要是国有企业)向国家提供资金,以满足国家提供公共物品的资金需要。此外,企业的运营也创造了就业机会,使得社会成员能够共同参与社会和国家的建设,减少了社会动荡的可能性。

2)获取利润

企业是一个以赢利为目的的特殊的微观经济组织。它是由一群人(投资者)为了获取利润而建立起来的经济组织。这些人之所以将自己的金钱用来创办企业,是希望通过企业的持续经营获取利润。从短期看,企业的投资者总是希望企业利润最大化;从长期看,企业的投资者总是希望自己的企业不断壮大,持续经营,实现其价值的最大化。这是企业存在的第二个根本的理由。

企业获取利润和满足社会需求是相辅相成的。不应过分强调其中一个方面,而偏废另一个方面。企业经营管理者要以服务社会、满足需求为己任,通过提供更有价值的产品和服务来获取利润,实现企业价值的最大化。

3.1.2 企业系统

如前所述企业系统可以划分为内部系统和外部环境系统两个组成部分,其中,企业内部系统是指由企业内部结构所形成的、可控的组织系统;外部环境系统是指企业以外的、与企业经营相关的环境系统,对企业而言,外部环境系统是不可控但可知的系统。

1. 企业内部系统

从企业内部看,企业自身也是一个复杂系统,由构成元素、结构和子系统组成。典型的企业构成元素是人力、物资、资金、信息、产品、技术等。构成元素的不同组合形成了不同的组织结构,同样也形成了一个一个的子系统,例如,计划子系统、人力资源子系统、研发子系统、供应子系统、财务子系统、营销子系统等。这些子系统在组织结构框架中，按照组织制度的规定运行，以便完成共同的目标。

1）企业组织结构

组织结构是企业系统的外在表现形式，它包含企业的纵向层次结构和横向的部门关系。在现代企业中，常见的组织结构形式有：直线职能制、事业部制、矩阵制、项目制、子公司制、网络制等多种形式。从本质上看，不同的组织结构代表了不同的分工方式和不同的资源配置方式，从而产生了不同的组织绩效。

通常，组织结构(structure)形式的选择同企业战略(strategy)、体制(system)、规模(size)、技术(skill)、领导方式(style)和共同价值观(shared value)有关。

2）企业职能系统

按照职能划分，企业子系统主要包括人力资源、财务、供应、技术研发、生产、营销、售后服务等子系统。表现在职能结构中，企业一般有人力资源部门、财务会计部门、供应物流部门、技术研发部门、生产运作部门、营销部门等。但是，各部门仅仅是各职能子系统的主管部门，并不代表各子系统的全部。例如，财务部门主要负责融资、资金使用、投资等职能。以投资为例，投资活动的开始可能是战略规划部门的工作，其具体实施可能是研发部门、生产部门等，而投资活动的监控与评价则是财务部门的本职。企业内部各子系统之间相互作用共同完成整体任务和目标。

企业内部系统如图 3-1 所示，其中实线部分为行政系统，虚线部分为党群系统。在一些企业中，党群系统对于企业决策和经营发挥着极其重要的作用。而在另一些企业(如外资企业、民营企业等)中，党群系统的作用相对弱化。本书将仅讨论普遍存在的企业行政系统，而不讨论党群系统。

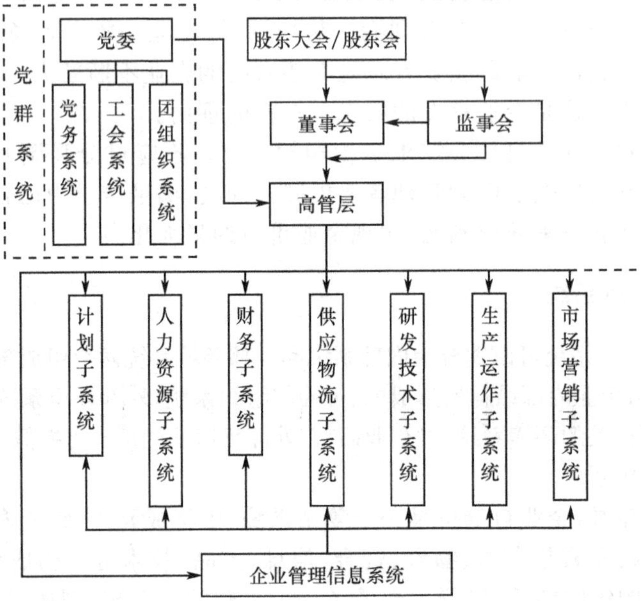

图 3-1 企业内部系统

2. 企业外部环境系统

外部环境系统是企业内部系统生存的环境。企业在其整个生命期内，无时无刻不在与其所在的环境进行着各种交流，并随环境的变化而变化。企业内部系统与环境之间的相互作用主要体现在以下几个方面。

(1)实物交换。一方面，企业要能够正常生产经营，需要从外部环境中获得生产资料，如劳动力、原材料、机器设备等；另一方面，企业所生产的产品也要通过市场交换来获取价值。企业就是这样通过不停顿的物质输入和输出循环实现企业生命的维持和成长。实物交换和生产过程形成了实物资产的流动，称为物流。

(2)货币交换。一方面，企业需要从资本市场获得必要的资金以购买生产资料；另一方面，企业生产出的产品也需要通过市场交换成货币，以便分配或者投入到下一个生产周期。可见，货币交换是依附于实物交换的，它是企业的血液，当货币交换停止时，企业的生命就会终结。货币交换过程和生产过程构成了企业的资金流。

(3)信息交换。一方面，企业需要根据环境所提供的对企业产出物的需要信息，决定并调整企业的内部活动，从而确立企业在环境中的位置；另一方面，企业可以通过产出物所反映的信息影响环境中的某些方面，改变其对企业的认识和态度，从而改变企业在环境中的位置。信息交换和生产过程共同构成了企业的信息流。

由以上三方面可以看出，企业是一个由物流、资金流、信息流所构成的开放系统。企业内部系统与外部环境系统存在着相互作用的关系。首先，企业的生产资料来自于外部市场。因此，外部市场中生产资料的供给会在很大程度上影响企业运营。其次，企业的产出(产品和服务)需要通过外部市场获得其价值。企业的产出必须满足外部市场的需要才能获得交换的机会，实现其价值。最后，企业的产出会在一定程度上影响外部市场的供给关系，从而使得外部市场处于变化之中。由此可见，企业与外部环境存在着相互依存、相互作用的关系。图3-2显示了企业内外系统的相互关系。

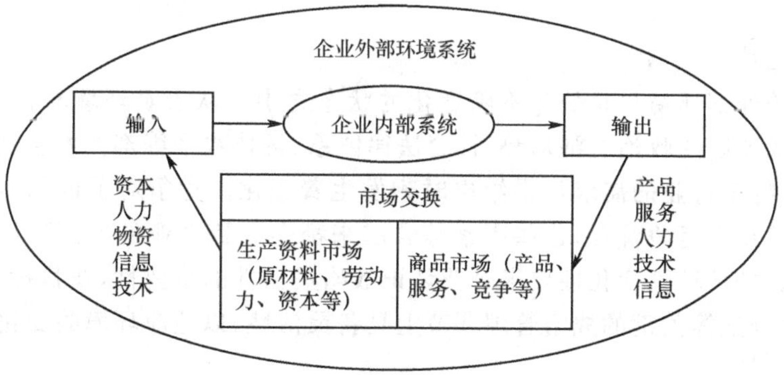

图3-2 企业内外系统的相互关系

3.2 企业外部环境分析

企业与其外部环境之间处于一个相互作用、相互联系、不断变化的动态过程之中。外部环境影响企业的成败,但又在企业外部,不受企业的控制而客观存在。企业外部环境分析的目的就是找出外部环境为企业所提供的可以利用的发展机会,以及企业外部环境对企业发展所构成的威胁,并以此作为制定战略目标和战略方案的出发点、依据和限制的条件。

3.2.1 企业外部环境分类及特点

1. 企业外部环境的类别

一般来说,企业外部环境分为两大类:一类是间接地、潜在地对企业发展作用和影响的环境因素,称之为宏观环境或一般环境。宏观环境与产业无关,对所有企业均发生作用。另一类是某个特定行业内的企业在取得其必需的资源、营销产品或服务以获取收益时所面临的各种直接的因素,称之为行业环境,或者直接环境。它是某个行业所特有的,一般仅对本行业企业发生作用。宏观环境往往通过行业环境对企业产生影响。

2. 企业外部环境的特点

1)客观性

虽然每个企业在其经营活动中都处于同企业外部环境的动态作用之中,但是对每个企业来说,它面对着自己唯一客观的外部条件。外部环境客观性的特点要求企业在进行外部环境分析时要尽力做到实事求是,切忌受主观因素的干扰。

2)不可控性

不可控性是指在正常情况下,单个企业对外部环境是难以产生根本性影响的,尤其是对宏观环境。企业是宏观环境的被动接受体,因此,企业在制定战略时需要尽可能准确地估计一般环境的特点和变化规律,从而使制定的战略能适应环境的要求。

3)变化性

企业的外部环境总是处于不断变化的状态之中。从宏观环境看,一个企业所在的国家或地区的政治经济形势、社会法律体系、科技水平等都在发生变化。从行业环境看,特定行业的需求与供给也时刻发生着变化。竞争对手也总是在采取各种措施力求获得竞争优势,这些因素综合起来都会导致企业的外部环境处于不断变化之中。外部环境变化性要求企业认识战略灵活性的重要性,在目标设计、结构安排、资源分配等关键的战略管理环节上具备灵活性,以适应环境的变化。

4)规律性

不管是自然环境还是由政治、经济、技术和社会文化环境构成的人造环境,都具有自身的发展规律性，这些规律性提示了企业环境的特征和发展变化趋势、各类环境之间的相互关系、从不同角度着眼所显示的环境机会和威胁等，并由此构成了企业的生态环境，决定了企业可供选择的战略方案。规律性为企业认识和运用外部环境创造了必要条件。

3.2.2 宏观环境分析

企业的宏观环境分析主要包括6个方面，即政治法律环境、经济环境、社会文化环境、技术环境、自然环境和国际环境。

1.政治法律环境分析

政治法律环境指政府和公众对各种行业的态度、利益相关群体的影响力、监管状况、政治制度和政党制度、法律制度等。具体来说，政治法律因素主要包括：政治制度、政党和政党制度、政治性团体、国家的方针政策、政治气氛、国家的法律法规、国家司法、执法机关、企业的法律意识等。其中，国家方针政策和法律体系的影响最为直接。一般，政府通过产业政策、税收政策、政府订单和补贴政策等来影响经济增长。

政府行为对企业的影响是比较复杂的。有些政府行为对企业的活动有限制性作用，但有些政府行为确对企业的活动有着指导和积极的影响。市场化国家的政府主要是通过制定一些法律和法规来间接地影响企业的活动，包括企业法、经济合同法、企业破产法、商标法、质量法、专利法和中外合资企业法等法律。还有对工业污染程度的规定、卫生要求、产品安全要求、对某些产品定价的规定等，而这类法律和法规对企业的活动有着限制性的影响。

2.经济环境分析

经济环境是指构成企业生存和发展的社会经济状况及国家经济政策，包括经济发展水平、社会经济结构、经济体制、宏观经济政策等要素。与政治法律环境相比，经济环境对企业生产经营的影响更加直接和具体。

(1)经济发展水平。经济发展水平是指一个国家经济发展的规模、速度和所达到的水准。反映一个国家经济发展水平常用的主要指标有国民生产总值、国民收入、人均国民收入、经济增长速度等。

(2)社会经济结构。社会经济结构又称“国民经济结构”，是指国民经济中不同经济成分、不同产业部门，以及社会再生产各个方面在组成国民经济整体时相互间质的适应性、量的比例性及排列关联的状况。它主要包括产业结构、分配结构、交换结构、消费结构和技术结构等，其中产业结构对企业的影响尤为重要。

(3)经济体制。经济体制指国家组织经济的形式。经济体制规定了国家与企业、企业与企业、企业与各经济部门之间的关系，并通过一定的管理手段和方法，调控或影响社会经济流动的范围、内容和方式等。

(4)经济政策。经济政策指国家在一定时期内为达到其经济发展目标而制定的战略与策略，主要包括综合性的国家经济发展战略和产业政策、国民收入分配政策、价格政策、物资流通政策、金融货币政策、劳动工资政策、对外贸易政策等。

3. 社会文化环境分析

社会文化环境是指企业所处的社会结构、社会风俗习惯、信仰和价值观念、行为规范、生活方式、文化传统、人口规模与地理分布等因素的形成和变动。它是企业赖以生存的社会的结构特征。社会因素影响社会对企业产品或劳务的需求，也能改变企业的战略选择。

4. 技术环境分析

技术环境是指企业所处的环境中的科技要素及与该要素直接相关的各种社会现象的集合，包括国家科技体制、科技政策、科技水平和科技发展趋势等。特别是与企业生产有关的新技术、新工艺、新材料的出现、发展趋势及应用前景等，会对企业发展起到极其重要的作用。技术变革与创新在为企业提供机遇的同时，也对它构成了威胁。

5. 自然生态环境分析

自然生态环境是指企业所处的自然资源与生态环境，包括土地、森林、河流、海洋、生物、矿产、能源、水源、环境保护、生态平衡等方面的发展变化。

在当前全世界积极倡导保护环境、实现可持续发展的潮流中，企业一方面要调节自己的生产活动方式，尽量减少对自然环境的负面影响；另一方面又要积极开展绿色产品、环保产品、节能产品等的研制与生产，寻找广阔的市场空间。同时，对时空资源、地理气候资源、基础设施建设的再认识又对企业在新的形势下树立竞争优势起到关键作用。

6. 国际环境分析

与国内经营环境相比，国际经营环境更加复杂。一方面国际经营的构成要素繁多，不仅有政治、经济、文化、地理等宏观环境因素，还有竞争者、供应者、需求者等行业环境因素，以及企业自身的生产能力、销售能力、财务状况等。另一方面，国际经营环境范围更广，不仅有企业所在国的环境，还有目标市场国家的环境乃至全球的环境。再就是国际经营环境内容更加丰富，不同的国家处于不同的地域，有不同的地理环境、不同的历史、不同的文化习俗、不同的经济发展阶段等。

对国际经营环境的分析和评估一是分析东道国的环境，即以单个国家为对象分析该国的具体环境；二是分析国与国之间的联系，以多个国家为对象分析区域环境乃至全球环境；三是分析特殊国际政治经济联盟的影响，例如，石油输出国组织(OPEC)、欧洲联盟、北美自由贸易区、国际货币基金组织等。

3.2.3　行业环境分析

行业是指具有某种同一属性的企业的集合，是国民经济以某一标准划分的部分，例如，汽车行业、家电行业。行业是介于微观经济细胞（企业）与宏观经济（国民经济）之间的一个集合概念，又称为中观经济层次。行业环境分析就是通过对这一集合发展阶段和构成的分析，得到对企业战略有价值的信息，以更好地指导企业战略管理过程。

1. 行业的生命周期分析

行业生命周期分析旨在弄清一个行业的发展阶段，以便于企业针对特定生命周期阶段的特点制定其发展战略和竞争战略。

研究表明，行业生命周期可以划分为初创阶段、成长阶段、成熟阶段和衰退阶段。各阶段的特点如表 3-1 所示。

表 3-1　行业生命周期的阶段及其特点

项目＼阶段	初创	成长	成熟	衰退
市场特性	需求和销量很小且缓慢增加	需求和销量迅速增加	需求和销量达到最大	需求和销量迅速下降
技术特性	技术壁垒高，不成熟	技术壁垒降低，技术扩散加快	产品技术成熟，生产技术重要性大	产品技术、生产技术完全成熟
市场竞争	零乱，强度很低	竞争对手增多	竞争激烈，降价	形成寡头或垄断
产品特性	种类繁多，无标准化	种类减少，标准化程度增加	产品种类大幅度减少，标准化	产品差异很小，替代品出现
生产特性	单件小批生产，未能形成规模	批量生产，成本下降，质量提高	规模经济，产能扩张快	产能严重过剩
财务特性	启动成本高，回本无保障	增长带来利润，但大部分用于再投资	利润增大，再投资减少，现金流主要来源	利润急剧减少，采取措施保障短期收益

2. 行业竞争力量分析

行业竞争力量分析是研究构成行业竞争状态的基本作用力，如图 3-3 所示。这些竞争力量汇集起来决定着该行业的最终利润潜力。一个企业的竞争战略的目的在于在行业内恰当定位，以最有效的方式同行业竞争力量相互作用，使其朝着有利于本企业发展的方向变化。

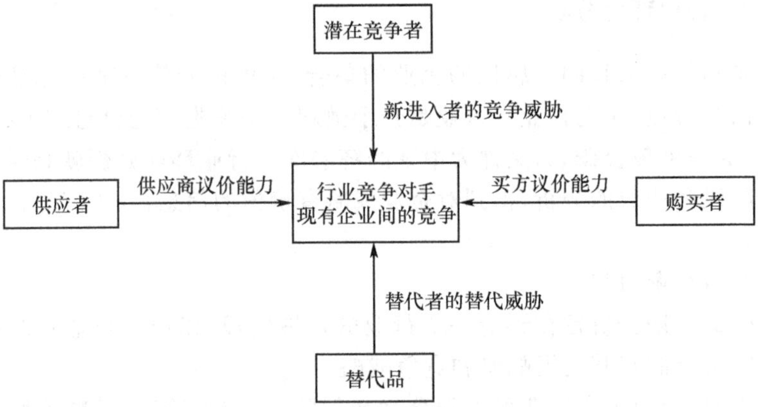

图 3-3 行业竞争力量

1)现有企业间的竞争

行业内的盈利水平很大程度上取决于企业之间的竞争。竞争的主要手段包括价格、广告、服务、产品创新及其他非价格因素。行业内现有企业的竞争激烈程度取决于行业集中度、行业增长速度、固定费用和库存成本、产品差异及转换成本、行业内生产能力增长幅度、退出行业的壁垒等。

波特在其《竞争战略》一书中提出了竞争对手分析的模型,从企业的未来目标、自我假设、现行战略和竞争实力 4 个方面分析竞争对手的行为和反应模式。

(1)未来目标。通过对未来目标的分析,可以看出是什么驱使竞争对手投入到竞争之中。分析竞争对手的目标不仅要了解其财务目标,同时要了解它的其他方面的目标,比如技术领先目标、市场占有率目标、效率成本目标等。

(2)自我假设。分析竞争对手对自身和产业的假设,可以很清楚地看到竞争对手对自身的战略定位,以及它对行业未来发展前景的预测。通过掌握这些假设,可以从中发现战略的契机,从而使本企业在竞争中处于有利的地位。

(3)现行战略。通过现行战略的分析,可以了解竞争对手目前正在做什么和将来可能做什么。列出竞争对手所采取的战略,对其进行分析,以便本企业做出有效及时的回应。

(4)企业实力。通过竞争实力的分析,可以找出本企业与竞争对手的差距,找出企业在市场竞争中的优势和劣势,一方面可以寻求利用自身优势攻击对方的劣势;另一方面也可以更好地改进自身、弥补劣势。

2)潜在竞争者的威胁

新进入者可能是一个新办的企业或者是一个多元化企业开展的新业务,它给产业带来了新的生产能力,并力求获得一定的市场份额。新进入者会从两个方面减少现有厂商的利润:一方面它会挤占原有企业的一部分市场份额,另一方面进入者的增加会加剧企业之间的竞争，造成产品价格的下降。

对于一个行业而言，潜在竞争者进入的威胁大小，主要取决于本行业的进入壁垒和原有企业反击的强烈程度，两者统称为“进入障碍”。决定进入障碍大小的因素有规模经济性、资本需求、产品差异化、转移成本、供销渠道、政府政策、原有企业的反击、其他因素(例如，长期合同壁垒、专利和专有技术壁垒)等。

3)供应商的议价能力

供应商可以通过提高供应物资的价格、减少供应量或降低质量等手段影响企业的经营。供应者的议价能力主要取决于供应者的集中度和行业集中度、供应品的可替代性、本企业对于供应商的重要性、供应品对本企业的重要性、转换成本、供应者向前一体化的倾向、本企业向后一体化的倾向、信息掌握等因素。

4)买方的议价能力

购买者可以通过要求降价、降低采购量或周旋于多家企业来影响企业的经营。购买者的议价能力主要取决于购买者的集中度、行业产品的标准化程度、用户购买的材料在其产品中的重要程度、购买者的转换成本、用户自身的其他因素、本行业企业向前一体化的倾向、用户向后一体化的倾向、信息掌握等因素。

5)替代品的威胁

替代品是指那些与本企业产品具有相同或者相似功能的产品，如钢笔和圆珠笔，矿泉水和纯净水，航空运输、铁路运输和高速公路运输等。在行业中造成替代的原因一般有：科技进步造成的技术换代，如电子表代替机械表、计算机替代算盘、电子邮件替代传统通信方式等；经济因素造成的材料替换，如产品外壳为了节省成本从金属替换为塑料、制衣时用人造材料替换天然织料；资源短缺造成的资源替换，例如塑料材料逐渐替代木质材料、电力资源逐渐替代石油资源等。

替代品的威胁大小主要受到替代品与现有产品的相对价值和价格比(relative value/price，RVP)、用户的转换成本、用户对替代品的欲望等因素的影响。

3. 战略群体分析

战略群体(strategic group)，又称战略集团、战略组，是指在一个行业内执行相同或相似战略的一组企业，属于次行业(sub-industry)范畴。种种研究表明，在一个行业内战略群体之间的竞争强度远远小于战略群体内各企业之间的竞争强度。因此，研究战略群体的结构和特性对于企业战略研究具有重要意义。

为了识别战略群体，必须选择两至三项战略特征进行识别，并且将该行业内的企业在“战略群体分析图”上标注出来。选择划分产业战略群体的特征时要避免选择同一行业中所有企业都具有的相同特征。例如，在政府统一定价的行业的战略群体分析时，就应避免选择“价格水平”的特征，因为行业内所有企业的价格水平都是一样的。

3.3 企业内部环境分析

企业内部环境分析的目的是了解企业自身的各种条件和组织状态，识别企业自身的优势与劣势，在战略的制定与实施过程充分发挥优势，不断弥补劣势。企业内部环境是企业进行生产经营活动的基础，企业战略的制定和实施必须建立在这个基础上。

3.3.1 内部资源分析

所谓资源是指企业所控制或拥有的有效生产要素的总和，包括设备、厂房、人员、土地、资金、商标、公司形象、技术、专利、文化等。20 世纪 80 年代兴起的资源基础理论认为，最重要的超额利润源泉是企业长期积累形成的、稀有的、独特的资源及其不可模仿和难以替代的能力。

1. 资源的分类

(1)有形资源。主要是指企业的物质资产和金融资产。物质资产主要包括企业的厂房、土地、设备等固定资产，金融资产主要是指企业的筹资和借款。

(2)无形资源。主要是指企业的知识产权、技术诀窍、企业形象、品牌、专利权、商标权、交易秘诀、专用知识、商誉、企业文化等。

(3)人力资源。主要是指能够推动企业发展的全体员工及其能力和素养等。

2. 资源分析的内容

企业的资源分析主要包含以下 4 个方面。

(1)资源质量分析。对企业目前拥有的资源量及有可能获得的资源量进行分析，列出资源清单，评价资源优势和劣势，为制定战略提供可靠依据。

(2)资源利用情况分析。对资源投入产出效率进行分析，计算企业现有资源的利用效率，将资源实际利用情况与计划目标、行业平均水平、竞争对手和标杆企业进行比较，找出改进的机会和途径。

(3)资源平衡性分析。主要分析现有资源在各项业务之间、当期和未来之间的分配是否合理，以及各项资源与未来战略需求之间是否平衡。

(4)资源适应性分析。着重分析当内外部环境发生变化，或者战略调整时，企业及时对资源进行重新组合和开发新资源的可能性。其分析的重点是那些对环境变化特别敏感的资源类别。

3.3.2 企业能力分析

企业能力是指整合企业资源，有效利用资源使其价值不断增加的技能。企业能力分析的基本内容包括：企业基本能力分析和企业核心能力分析。

1. 企业基本能力分析

企业基本能力主要指企业的职能能力。企业是由多个职能部门组成的，不同职能部门有着不同的能力，这些能力的组合形成了企业的整体能力。

1)财务能力分析

分析企业财务状况广泛使用的方法是财务比率分析。一是计算本企业有关财务比率，并与同行业中的竞争对手进行比较或与同行业的平均财务比率进行比较，借以了解本企业同竞争对手或同行业的一般水平相比的财务状况和运营成果；二是将计算得到的财务比率同本企业过去的财务比率和预测未来的财务比率相比较，借以测定企业财务状况和经营成果在一个较长时间内的变动趋势。

财务能力分析主要包含5类指标：收益性、安全性、流动性、成长性和生产性指标。

(1)收益性指标。目的在于观察企业一定时期的收益及获利能力，包括资产报酬率、所有者权益报酬率、每股利润、股利发放率、市盈率、销售利税率、销售毛利率、销售净利率、成本费用利润率等9个方面。

(2)安全性指标。安全性指的是企业经营的安全程度，也即资金调度的安全性。分析安全性指标的目的在于观察企业一定时期内的偿债能力，它包括流动比率、速动比率、资产负债率、所有者(股东)权益比率、利息保障倍数等5个方面。

(3)流动性指标。目的在于考察企业在一定时期内的资金周转状况，是对企业资金使用效率的分析，它包括存货周转率、应收账款周转率、流动资产周转率、固定资产周转率、总资产周转率等5个方面。

(4)成长性指标。目的在于考察企业在一定时期内经营能力的发展变化趋势。一个企业即使收益性高，但如果成长不好也就表明其发展的后劲不足，未来盈利能力可能比较差。因此分析企业的成长性对战略的选择至关重要，它包括销售收入增长率、税前利润增长率、固定资产增长率、人员增长率、产品成本降低率等5个方面。

(5)生产性指标。目的在于判断企业在一定时期内的生产经营能力、生产经营水平和生产成果的分配等，它包括人均销售收入、人均净利润、人均资产总额、人均工资等4个方面。

2)营销能力分析

企业营销能力的强弱主要体现在其产品竞争力、销售活动能力、新产品开发能力和市场决策能力之上。

(1)产品竞争力。产品竞争力分析是对企业当前销售的各种产品的市场地位、收益性、成长性、竞争力和结构性等方面进行分析。分析结果将为改进产品组合和开发新产品指明方向。它包括产品市场地位分析、产品收益性分析、产品成长性分析、产品竞争力分析、产品结构性分析等5个方面。

(2)销售活动能力。销售活动能力分析指在产品竞争力分析基础上，以重点发展产品和销路不畅产品为对象，对其销售组织、销售绩效、销售渠道、促销活动等方面进行分析，以判断企业销售活动的能力、存在问题、问题成因，进而为制定战略提供依据。它包括销售组织分析、销售业绩分析、销售渠道分析、促销活动分析。

(3)新产品开发能力。新产品开发能力分析着重从新产品开发计划、新产品开发组织、新产品开发过程和新产品开发效果4个方面进行分析，并将分析结果与主要竞争对手比较，进而判断企业此项能力的强弱，为企业战略的选择提供依据。

(4)市场决策能力。市场决策能力分析指以前述产品市场竞争力分析、销售活动能力分析、新产品开发能力分析的结果为依据，对照企业当前实施的经营方针和经营战略，发现企业在市场决策中的不当之处，评估判断企业领导者的市场决策能力，并探讨企业中、长期所应采取的经营战略，以提高企业领导者的决策能力和水平，使企业获得持续的成长和发展。

3)生产管理能力分析

在绝大多数行业，企业产生经营的大部分成本发生于生产过程中，因此生产管理能力的高低决定公司战略的成败。生产管理能力分析应从生产过程分析、生产能力分析、库存分析、劳动力分析、质量分析5个方面展开。

4)组织能力分析

组织能力分析着重分析组织效能，发现制约企业长远发展的组织管理问题并加以改进，为企业战略的正确制定和成功实施奠定坚实的组织基础。主要包含以下6个方面。

(1)组织任务分解。对组织任务的分解过程和分解结果进行逻辑分析，进而对组织任务分解的合理性做出判断。

(2)岗位责任制。在企业组织的等级链上，每一个环节即职位上都要贯彻责权对等原则。

(3)管理体制。对企业集权与分权的有效性进行分析。

(4)组织结构。确定现有组织结构是否适应未来战略方向。

(5)管理层次和管理幅度。发现新增或合并管理职能部门的可能性。

(6)人员构成。根据组织任务分解、职位标准和职务手册等对企业所有现职管理者承担现职工作的能力和职业前景进行分析判断，确定现职管理者的胜任能力和改进机会。

5)企业文化分析

企业文化是基于共同价值观之上，企业全体职工共同遵循的目标、行为规范和思维方式的总称。

对企业文化进行分析应从企业文化现状分析、企业文化建设过程分析、企业文化特色分析、企业文化与战略目标、战略和内外环境的一致性分析、企业文化形成机制分析等6个方面考虑。

2. 企业核心能力分析

1)企业核心能力的特征

企业核心能力(core competence)也称核心竞争力,是C. K. 普拉哈拉德和盖瑞·哈默于1990年提出的。核心能力是指"组织中的积累性学识,特别是关于如何协调不同生产技能和有机结合多种技术流派的学识"。企业核心能力是某一组织内部一系列互补的技能和知识的组合,它具有使一项或多项关键业务达到行业一流水平的能力。

普遍认为,企业核心能力具有以下5个方面的基本特征。

(1)价值优异性。这是核心能力的本质属性,即核心能力应能够为顾客和厂商带来优异的价值。例如,戴尔计算机公司的制造专利和直销方式给顾客带来的低价,给企业带来了销售量和利润的增加。

(2)异质性。异质性指这种能力必须是为某企业所独有的、稀缺的,没有被当前或潜在竞争对手所拥有或者很难拥有,导致其难以获得竞争对等。例如,某企业占据了稀缺性资源后,其他的企业由于很难获取相同的资源而失去了对等竞争的机会。

(3)难以模仿性。难以模仿性指由于其模仿的壁垒很高,竞争对手无法通过模仿经济地获得同样的能力。例如,某企业独特的企业文化往往是其他企业所难以模仿的。

(4)难以替代性。难以替代性指这种能力没有战略等价物,无法用其他能力来取代。例如,独特的人际关系会形成两个企业的紧密合作。而其他因素往往难以取而代之。

(5)延展性。从企业总体来看,核心竞争能力必须是整个企业业务的基础,能够产生一系列其他产品和服务,能够在创新和多元化战略中实现范围经济。

2)企业核心能力理论的主要观点

(1)企业本质上是一种能力集合体。企业绩效与竞争优势的决定性因素是能够有效利用开发企业内部资源的能力。能力是企业生存和长寿的基因,如果企业缺乏能力基因,企业很难续存。而核心竞争能力具有基础性、功能性、根本件和长期性,能使企业获得稳定持续的竞争力和超额利润。

(2)积累、保持和增强能力是企业维持长久竞争优势的关键。企业要想获得持久的竞争优势,就必须准确把握未来市场的发展趋势和技术发展的方向,在建立、强化和发展核心能力方面不懈努力。

(3)持续学习是企业获得核心能力的最有效途径。企业获得核心能力最根本、最有效的途径是持续学习。学习是企业得以扩展创造未来的能量,只有持续学习能力才会成为永不衰退的成功之源。

3)企业核心能力的识别技术

a. VRIO 分析框架

VRIO是价值(value)、稀缺性(rarity)、难以模仿性(inimitability)和组织(organization)的4个英文单词的缩写,它是由资源基础学派代表人物巴尼(Jay B. Barney)提出的分析企业资源和核心能力的模型,即企业核心能力可以从价值、稀缺性、难以模仿性和组织适应性4个方面来分析。

(1)价值问题。有价值的资源或能力必须使企业收入增长,或者成本降低,抑或是减小风险和时间因素对成本和收入的影响。

(2)稀缺性问题。有价值的、但是并不稀缺的资源和能力不太可能成为企业的竞争优势,而仅能够使企业获得竞争对等。所谓稀缺性是指在一个行业中拥有特定的资源和能力的企业数目小于能够产生完全竞争的企业数目。

(3)难以模仿性问题。难以模仿性与竞争优势的持久性相关。有价值的、稀缺的资源或能力只有难以模仿,其所产生的竞争优势才可能持久。

(4)组织问题。企业的竞争优势潜力取决于其资源和能力的价值、稀缺性和可模仿性。然而,要使得这种潜力变成为现实的竞争优势则必须依靠有效的组织,即企业是否能够围绕充分利用其资源和能力的竞争优势潜力来进行组织。

b. 价值链分析

企业价值链理论是迈克尔·波特教授在1985年提出的,如图3-4所示。企业的生产经营活动分为基本活动和辅助活动两大类,基本活动是指生产经营中价值创造的实质性活动,这些活动直接与产品或商品的价格流转有关,是企业的基本增值活动,基本活动包括:

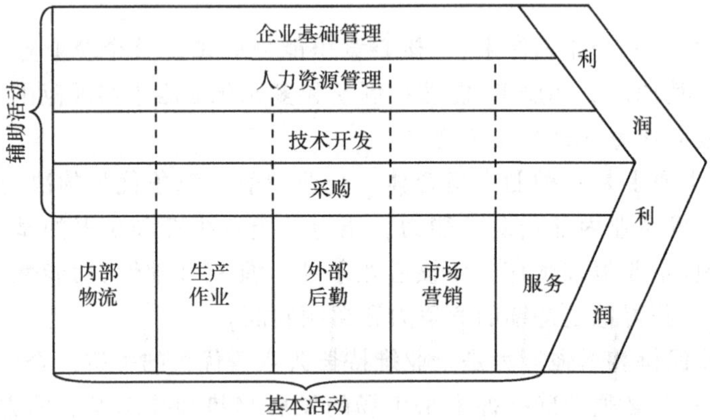

图 3-4 价值链

(1)内部物流。包括资源接收、储存和分配活动,如原材料搬运、仓储、库存控制、车辆调度等;

(2)生产作业。将各种投入转化为最终产品,如加工制造、检测、包装、设备维护等;

(3)外部物流。包括产品发送、储存、运输等;

(4)市场营销。包括市场营销各种活动,如广告促销、销售队伍、定价、销售渠道等;

(5)售后服务。包括安装、维修、培训和提供备件等。

辅助活动是为基本活动提供服务和支持并且之间也互有联系的活动,它们是企业竞争优势的重要来源,辅助活动包括:

(1)采购。这是指企业整个价值链各项活动中的投入,而不仅是内部物流的采购活动,包括各项活动所需原材料、易耗品、机器设备、办公设备及建筑物等。

(2)研究开发。这里的研究开发不是仅指产品的研究开发,而是指可以改进产品和工艺的一系列技术活动。它发生在企业的很多部门,一个企业的技术水平直接关系到企业产品的功能、质量、资源利用效率及企业运行效率。

(3)人力资源管理。是指企业员工招聘、雇用、培训、提拔和退休等各项管理活动。它支持着企业中的各项活动和整个价值链,对企业生产经营起着重要的作用。

(4)企业基础设施与管理。是指企业的基础设施建设、战略管理活动、财务活动、法律活动、质量管理、公共关系活动等。

价值链分析主要包括两项内容:一是构成分析,分析企业价值链的构成,即价值形成过程,判断每段链条上的价值增加;二是对比分析,将本企业价值链与竞争对手或标杆价值链进行比较,以发现本企业的优势和劣势。

对于价值链中的薄弱环节,企业通常采取两种策略:一是增加投入弥补劣势;二是实施外包战略,即将自身薄弱的环节转移到外部,利用外部优势资源获得更大收益。

当前,企业与对手的竞争不但表现在自身价值链与对手价值链功能的竞争上,还表现为双方在与供应商和客户价值链连接的效果上,即供需链整体效率和效果上。企业只有实现了价值链系统整体价值高于竞争对手,才能在市场上表现出更高的竞争力。

3.核心能力的培育和发展

核心能力的培育和发展,是通过企业各个层次的重组和积累实现的,其培育过程主要有3个阶段。一是开发构成核心竞争力的专长和技能;二是整合核心竞争力各要素;三是开发核心产品市场。企业的竞争优势是在市场上实现的,但与最终产品的市场份额相比,企业核心产品的市场份额更有意义。

核心竞争力的培育方法主要有演化法、孕育法和兼并法3种。演化法是指经营者选定一个目标,由全体员工在原有岗位上一起努力,设法在合理期限内建立特定核心能力。孕育法要求企业成立一个专门小组,针对企业选定的目标全力开发,负责在2～3年内培育出一种核心能力。兼并法则是先挑选心目中的理想能力，然后采取并购拥有这一技能的公司的策略。

核心能力的培养是一个系统的组织过程，它涉及技术、管理、制度等多方面的因素。因此，培育、发展企业核心能力的关键是创新，包括技术创新、管理创新和制度创新3个方面，其中，技术创新是提升企业核心能力的重要途径；管理创新是强化企业核心能力的重要手段；制度创新是支撑企业核心能力的重要保障。这3个方面是相互依存、相互渗透、相互促进的。只有三者有机地结合，才能不断提升企业核心竞争力，使企业获得持久的竞争优势。

复习思考题

1. 企业的性质和企业的基本目标是什么？
2. 企业系统是由哪些部分构成的？
3. 企业内部系统的构成要素有哪些？所形成的组织结构有哪些类型？主要包含哪些子系统？
4. 简述企业内外部系统相互作用的“三流”，并说明其流动过程。
5. 企业外部环境系统包含哪些层次？各层次包含哪些构成要素？
6. 宏观环境的构成要素有哪些？如何进行宏观环境分析？
7. 构成行业竞争力量的五种要素是什么？各自的分析要点是什么？
8. 企业资源包括哪些，如何进行企业资源分析？
9. 简述资源与能力的区别与联系。
10. 简述核心能力的特征。如何识别和培育核心能力？
11. 价值链是如何分类企业的各项活动的？如何运用价值链分析企业的优劣势？
12. 简述VRIO分析框架的内容和作用。

案例分析

格兰仕的竞争战略

回顾格兰仕迅速扩大市场份额的过程中，不断的降价促销策略一直是格兰仕最强大也最有效的武器，一轮又一轮的降价波令业界闻之胆寒，最终格兰仕硬是将微波炉这种几千块钱的产品拉到了几百块钱，格兰仕也因此获得了“价格屠夫”这一毁誉参半的称号。然而在空调大战之时，以“减式营销”称霸微波炉市场的格兰仕，却改投了山门，变换了招数，大练“加法”功、策动“体系战”。

正像格兰仕少帅梁昭贤所说：“微波炉时代靠价格‘一剑封喉’击垮竞争对手的情景不太可能在空调行业重现，因此，变革和归零是格兰仕眼下的两件大事。”以

2005年度空调国内销售突破100万套的成绩为佐证，格兰仕正在演绎营销从量变到质变的翻天覆地的变化，“动态竞争，体系制胜”已成为格兰仕营销的全新“关键词”。

2000年，当格兰仕已占据全球40%的微波炉市场份额时，似乎已经摸到了成长的天花板。空调成为格兰仕接班人梁昭贤锁定的新突破口。而2000年中国的空调行业产量已经达到了1800万台，空调行业首次爆发了大规模的价格战，空调暴利时代也从这一年开始终结。“别人的冬天”来了，属于格兰仕的春天的故事才刚刚开始。

2005年5月，格兰仕在广东中山的空调基地一期工程竣工，这标志着格兰仕已经具备年产650万台空调的能力，而二期工程建成后将使产能扩大到1500万台，成为世界之最。格兰仕空调的规模优势正在逐渐建立。然而微波炉时代靠规模进而低价的营销法则已经无法完全适应空调战局。

2005年8月2日，铺天盖地的“为你而变”的广告语充斥了格兰仕空调2006冷冻年度经销商大会的会场。格兰仕空调市场总监赵为民对“为你而变”的解释是，格兰仕的“变”，是包含公司组织、决策机制、渠道架构、营销政策、品牌传播、产品体系、价格策略等全方位的“变”。

这意味着，体系战已经从格兰仕空调自内而外地打响。赵为民认为：“目前空调行业竞争已进入最后的决战阶段，如今的市场是体系者的天下，谁的体系更完善，谁就能将市场占据更持久。”

为此，格兰仕空调特意启动了“龙腾中国”计划。该计划将今后三年定义为“中国市场营销年”，全方位地调整国内市场布局，深度拓展营销渠道，加强品牌和终端的推广力度，探索新的营销模式。

梁昭贤对于已经初见成效的这些尝试性的“加法”练习如数家珍：将销售额的3%～5%投入于研发和创新；用“三优原则”抢切政府采购大蛋糕、推动渠道扁平化建设、发动空调“颜色革命”等。

很显然，梁昭贤希望用万箭齐发来证实格兰仕做营销加法的决心和能力，目标也已明确为三年时间冲刺国内空调前三甲。然而格兰仕这场春天的故事能获得圆满的结局吗？

思考题

1. 格兰仕在微波炉和空调这两种产品中采用的是怎样的竞争战略？为什么？

2. 格兰仕在竞争战略的选择中考虑了哪些内部环境因素和外部环境因素？

3. 企业获取持续竞争优势的基本条件有哪些？格兰仕的“体系战”的本质是什么？它可以为企业带来持续的竞争优势吗？

第4章

企业计划子系统及其管理

本章提要

在本章中,您将学习到以下主要内容:

1. 计划的定义、内涵、内容和作用;
2. 计划的工作过程、编制工具及方法;
3. 企业计划管理体系的构成;
4. 企业计划的层次及各自的特点;
5. 预测、决策同计划的差异和联系;
6. 预测的主要方法及其应用;
7. 决策的主要方法及其应用;
8. 滚动计划法的基本思想和基本步骤;
9. 目标管理的基本思想和实施过程。

4.1 企业计划概述

计划工作是管理的首要职能,是统领其他职能的基础。计划工作就是要确定组织的目标及实现这些目标的途径。管理人员围绕着计划所确立的目标和任务,组织协调企业内外各方资源,带领企业全体员工共同努力,并有效控制计划实施过程,以达到预定的目标。可见,企业管理工作从计划开始。

4.1.1 计划的概念

1. 计划的定义

管理学中计划的含义有动词和名词的区分。动词的"计划"是指确立组织目标,制定行动方案的管理过程。名词的"计划"是指关于组织目标和实现目标的行动方案的管理文件,它是企业行动的法律文件,有时用"计划书"来表示名词意义上"计划"。在企业计划工作中,动词的"计划"是过程,名词的"计划"是结果。

2. 计划的作用

1)明确组织目标和任务

计划首先是确定目标,为组织和组织成员的活动确定目标和任务,使大家了解组织的目标和期望他们完成什么,必须做出的贡献是什么,从而协调一致,相互合作,共同完成组织目标和任务。

2)增强组织对环境的适应能力

组织目标和行动方案的确立需要建立在对内外环境正确认识的基础上。因此,计划工作需要密切关注组织内外环境的变化,系统地研究环境、监控环境、预见和应对环境变化,从而提高组织对环境的适应能力。

3)优化资源配置和效率

计划工作的一项重要任务就是根据未来可能的情况,采取相对应的措施,使未来的组织活动均衡发展。它需要对各种方案进行技术经济分析,选择最适当的、最有效的方案来达成组织目标。其中,优化资源配置,提高资源使用效率是其核心工作。此外,计划也有利于组织成员形成一种整合效应,从而大大提高工作效率和经济效益。

4)形成控制基线和标准

计划工作的结果既是未来组织行动的依据,又是对组织成员进行绩效考核的基本标准。它使得组织在其后的控制职能中,将实现的绩效与目标进行比较,发现偏差,并采取行动予以纠正。

4.1.2　计划的过程

企业计划工作的过程包括计划制定、计划实施和和计划评价3个阶段。

1. 计划制定

1)分析问题和机会

问题和机会的分析建立在企业内外环境评价的基础上。问题主要代表企业现存的劣势,或者与理想的差距;机会主要代表外部环境中有利的一面,或者解决问题的可能性。分析问题和机会是计划工作的起点。因为只有存在问题需要去解决或者存在解决的机会时,才需要制定新的计划。

2)确定计划目标

目标就是企业在特定时期内期望达到的最终结果指标,一般的目标都应该包括业绩领域、关键指标及其水平(期望达到的数量)和时间期限(完成指标的时间限制)。

确定计划目标一要以企业使命为指导;二要以内外环境分析结果为依据。其基本原则是沿着企业使命指引的方向，抓住外部机遇，充分发挥内部优势，达到可实现的更高状态。

3）拟定备选计划方案

备选计划方案在本质上是实现计划目标的途径。在多数情况下，这个途径可能不止一条。拟定备选计划方案的过程，就是仔细甄别所有可行方案的过程，以便企业在下一阶段选择出一个最佳方案。

4）确定计划方案

按照计划目标、约束与假设前提条件、决策准则等比较各个方案的利弊，从而对各个方案进行评价，最终选定一个最佳的计划方案。

5）制定应急预案

多数计划工作都存在不确定性。不管计划多么周密，内外部环境的发展变化都可能会使原定的计划无法顺利实施。这就需要企业在制定常规计划方案的同时，还应该制定应急计划预备方案，简称应急预案，或称计划变更方案。

制定应急预案的关键是事先估计在计划实施过程中可能出现的各种情况，并根据这些情况预先制定好应急的计划方案。这样就可以加大计划工作的弹性，使计划能更好地适应未来情况的发展变化。

6）编制计划所需的预算

预算是保障计划方案执行，以及完成的资源安排和资金计划。它一方面是实施计划的根本保障；另一方面也是检验计划方案可行性的手段。如果一个计划方案包含无法满足的预算，则至少可以说这个方案是不可行的。

在企业计划工作实践中，还存在预先设定预算安排，然后去综合平衡计划目标和计划方案的计划方法。这种方法的好处是“量入为出”，有利于计划的可行性。但是，这种方法可能会带来过于保守的倾向，即人们难以突破原有的“预算”框架去寻求更多的资源来获得更大的收益。

2. 计划实施

计划实施阶段工作的关键在于监控计划是否被严格地执行了。同时，实施与控制也是计划工作的一个组成部分。因为在计划实施过程中，计划管理者需要随时根据实际情况调整和变更计划。

在计划实施过程中，可能会存在以下状态。

（1）严格执行计划，这是理想状态，说明计划制定科学，执行能力强，继续执行计划。

（2）执行发生偏差，这是执行方面的问题，应该予以纠正，按原计划执行。

（3）结果发生偏差，排除执行偏差的问题，结果上的偏差可能来源于两个方面：一是内外部环境发生改变，致使无法按照原先计划完成既定目标；二是计划制定不科学，即存在无法完成的目标或达成的标准。对于第一种情况，应及时调整计划内容;对于第二种情况,应及时调整计划指标或评价标准。两者都属于计划变更的范畴。

3. 计划评价

在计划实施完成或者阶段性结束之后,要对计划执行和完成情况进行评价,并安排下一期的工作。其中,评价工作的重点在于:一是对执行情况的评价;二是对目标达成情况的评价。前者是对计划执行过程的检查;后者是对计划执行结果的检查。当执行过程发生偏差时应纠正执行者的行为;当结果发生偏差时则要对原有计划进行修正。任何计划工作都是在上一阶段计划的基础上不断修正、完善的结果。

4.1.3　计划的结果

计划工作的结果是产生可实施的计划方案。通常,企业的计划方案包含以下要素:

(1)做什么(what to do),即明确所进行活动的内容和要求。

(2)为什么做(why to do),即确定计划工作的原因和目的。

(3)谁去做(who to do),即规定由哪些部门和人员负责实施计划。

(4)何地做(where to do),即规定计划的实施地点。

(5)何时做(when to do),即规定计划中各项工作的起始和完成时间。

(6)如何做(how to do),即制定实现计划的手段和措施。

所有工作计划和方案都必须具备上述 6 个要素,并且要避免"大概"、"也许"、"差不多"等模糊词语的使用,使所有工作可衡量、可操作和可执行。

4.1.4　企业计划管理体系

综合前面内容,企业计划管理体系如图 4-1 所示。

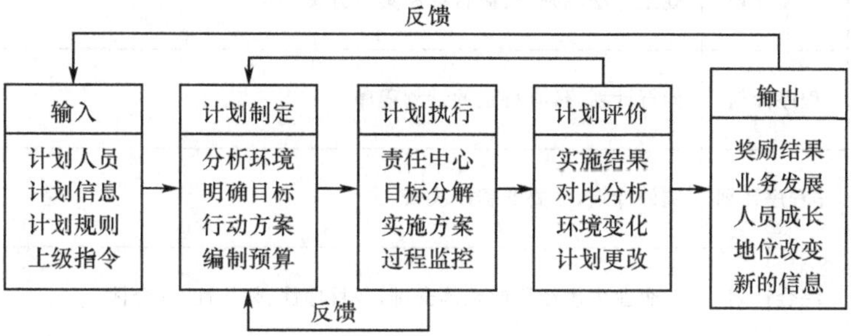

图 4-1　企业计划管理体系

4.2 企业计划类别与层次

4.2.1 企业计划类别

计划是对未来行动的事先安排,是对决策实施所需完成的任务进行时间和空间的分解。计划的种类很多,可以按不同依据进行分类,如表 4-1 所示。

表 4-1 计划的分类

分类依据	类型	特点
时间期限	长期计划	期限在 5 年以上
	中期计划	期限在 1 年到 5 年之间
	短期计划	期限在 1 年以内
综合程度	战略规划	基础性、长期性、全面性、高层主导性
	战术计划	专门性、短期性、具体性、中层主导性
	作业计划	特定性、临时性、细节性、基层主导性
明确程度	指导性计划	规定一般方针、行动原则和最终目标,但不确定具体方案
	具体计划	规定行动原则、最终目标和具体方案
例行程度	程序计划	例行计划,具有特定的计划程序
	非程序计划	例外计划,需要非程序决策
计划对象	综合计划	对企业生产经营的整体安排,多目标性、整体性、综合性
	专项计划	综合计划在特定范围内的子计划,单一性、具体性

4.2.2　计划的层次

企业计划体系的层次如图4-2所示。

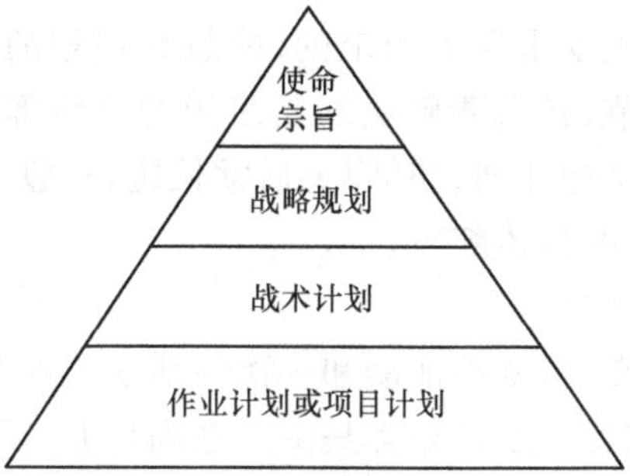

图4-2　计划的层次体系

1.使命宗旨

宗旨是社会赋予组织的基本职能和基本使命。它指明了组织在社会上应起的作用和所处的地位,决定了组织的性质,是组织之间相互区别的标志。例如,大学的宗旨是培养专业人才,企业的宗旨是向社会提供有经济价值的商品或服务等。

2.战略规划

战略规划由高层管理者制定,它的作用是决定或变动一个组织的基本目的及基本政策。它应用于整体组织、为组织未来较长时期设立总体目标和寻求组织在环境中的地位。战略规划性的特点是长期性,通常为3～5年甚至更长。它的涉及面很广,相关因素较多,这些因素的关系既复杂又不明确,因此战略计划要有更大的弹性。

战略规划的主要任务如下:

(1)确定企业的战略目标。战略目标是关于企业发展的长远目标。企业战略目标的确定一是以企业使命和愿景为依据,二是依据内外环境分析的结果。

(2)确定企业的战略态势。在特定的战略规划期,企业需要选择成长,还是稳定,或者是紧缩。这种大的趋势称为战略态势。

(3)确定企业的发展模式。企业的发展模式主要有密集成长、一体化和多元化。密集成长是指通过增加在特定市场中本企业产品的密度寻求发展,具体包括市场渗透、市场开发和产品开发等策略。一体化是指通过沿产业链条纵向延伸,或者横向扩展来寻求企业发展。多元化则是指通过投资于与现有产业相关的或者是不相关的新的产业寻求经济增长。

(4)确定企业的竞争模式。对于特定业务而言,企业需要选择适合的竞争战略来寻求竞争优势,主要包括成本领先、差异化和集中化战略等。随着市场竞争的不断加剧,低成本差异化战略正在被越来越多的企业所使用。

(5)建立企业的战略支撑体系。无论是发展战略，还是竞争战略的选择，都离不开职能系统的支持。因此，企业需要将其总体发展战略和业务竞争战略分解为各职能领域的战略，以支撑总体战略和竞争战略的实现。

3. 战术计划

战术计划是在战略规划指导下制定的，是战略规划的落实。战术计划规定了总体目标如何实现的细节，其需要解决的是组织的具体部门或职能在未来各个较短时期内的行动方案。这种计划在时间上通常较短，一般在一年以下，针对某一特定领域，详细规定出活动的具体细节。

4. 作业计划或项目计划

人类的活动分为两类：重复性活动和一次性活动。前者称为作业，后者称为项目。企业的战术计划，或者年度计划都是由一系列作业，或者项目所构成的。作业计划是企业中某项重复性劳动的具体资源安排和时间安排。例如，生产型企业中批量生产的生产作业计划等。项目计划是企业中某个项目的资源和时间安排，包括时间、人力资源、费用、质量、安全等方面。作业计划或项目计划需要明确规定出各项作业或者任务的具体细节。

总之，计划是由目标和行动方案所构成。上述不同计划层次的基本特点如表4-2所示。

表 4-2 计划的层次及其特点

计划层次	目标	行动方案
使命和宗旨	长远性、原则性、抽象性	原则性、抽象性、政策性
战略规划	长远性、定量与定性相结合	具体性、指导性
战术计划	短期性、具体性、定量性	具体性、指令性
作业/项目计划	时间性、具体性、定量性	指令性、程序性、细节性

4.3 计划与决策方法

预测、决策和计划是3个相互区别、又相互联系的概念。预测是人们根据事物之间的相互联系和事物发展的历史资料，利用一定手段对客观事物的未来发展状况或趋势进行事前分析和推断。决策是指组织或个人为了实现某种目标而对未来一定时期内有关活动的方向、内容及方式的选择或调整。而计划则是指对未来行动的事先安排。可见，预测是决策的基础；决策是计划的方向选择；而计划则是对决策所选定的行动方案的具体安排。在实际工作中，三者之间相互渗透，相互作用，共同组成了组织的计划内容与方法。

4.3.1 预测

1.预测的概念

1)预测的定义

预测是人们对未来要发生的事物进行的估计和推测,是根据过去的历史数据和现实的客观条件,运用科学知识和手段探求人们所关心的客观事物的发展趋势,即根据过去和现在判断未来,根据已知推测未知。

2)预测的分类

(1)按预测的方法分类,可分为定性预测和定量预测。定性预测是用定性的方法,研究、分析和确定未来事物发展的性质和发展规律。定性预测的数据或结果,往往不是依据历史统计数据直接计算获取的,而是充分发挥人的智慧、经验的作用,依据直观材料、人的实践和主观判断得到的预测结果。定量预测是用定量的方法,研究、分析和推测未来事物发展的方向、程度及其结果。定量预测是建立在历史数据和资料及目前的信息基础上的预测,它往往不是主观判断,而是充分发挥历史数据的作用,借以推断未来。一般,定量预测的结果比定性预测更具科学性和精确性。

(2)按预测的时间分类,可分为长期预测、中期预测和短期预测。不同的预测目的决定着不同的预测期限。长期预测一般为10～15年;中期预测一般为5～10年;短期预测一般为1～5年或更短。由于时间越长,不确定性因素的影响越大,因而通常预测的期限越长,其预测的精度越差。短期预测较中期预测精确,中期预测较长期预测精确。在预测之前,根据预测对象和要求正确选择预测期限是十分重要的。

2.预测方法

1)定性预测方法

(1)经理人员意见法。由企业负责人把与市场有关或者熟悉市场情况的各种负责人员和中层管理部门的负责人召集起来,对未来的市场发展形势或某一市场问题进行研讨,充分发表意见,然后将各种意见汇总起来,进行分析研究和综合处理,最后得出市场预测结论。

(2)专家调查法。通过征询专家意见并以此作为预测分析的依据。专家运用自己的知识和经验,通过对过去和现在事物的分析,找出规律,然后对发展的趋势做出判断。最后,对专家的意见进行整理、归纳、综合后得出预测结果。该方法又分为专家个人调查法和专家会议调查法两种形式。①专家个人调查法的优点是专家可以不受外界的影响,没有心理和其他压力,使专家最大限度地发挥个人的主动性和创造性,真实地反映专家的意见。其局限性在于调查的结果在很大程度上受专家知识、经验、观念及占有资料等因素的影响,带有一定的片面性。②专家会议调查法就是组织一定数量的专家，采用会议座谈、集体讨论等形式，搜集相关信息，然后通过汇总、分析和归纳形成比较一致的专家意见。其优点是：提供的信息量大；考虑的因素全面；通过交流思想，相互启发，有利于集思广益，预测的准确性高。其不足之处是参加会议的专家易受各种心理因素的影响。

(3)德尔菲法。由美国兰德公司首先提出的一种多轮匿名的专家调查法，是专家会议调查法的一种发展。其要点是：通过多轮匿名函询来征求专家的意见，然后在每一轮将他们的意见综合、整理、归纳，再反馈给各位专家，供他们提出新论证时参考。反复多次逐步使意见趋向一致。

德尔菲法预测的步骤是：确定预测目标；制定调查表；搜集专家资料；确定专家人选及人数；确定调查时间及主持人；开展书面调查；整理专家意见；重复调查3～5次；最后综合专家意见，得出预测结论。

2)定量预测方法

定量预测方法主要可分为两类：时间序列预测法和因果关系预测法。

a.时间序列预测法

时间序列预测法是把客观事物发展自身的内在动力或惯性趋势，转换成一种数学语言，用不同时期或时点上的变量间变化关系表示出来，考察变量随时间的发展变化规律，用变量以往的纵向统计资料建立数学模型(时序模型)进行外推预测的方法。

时间序列预测法主要有简单平均法、移动平均法、加权移动平均法等。此外，还有指数平滑预测法、趋势线预测法、博克斯-詹尼斯法等。

(1)简单平均法。利用历史资料的平均数来预测未来值。主要适用于经营业务简单，生产经营较正常，趋势发展较有规律的短期预测。其计算公式为

$$\bar{x} = \frac{x_1 + x_2 + x_3 + \cdots + x_n}{n} = \frac{\sum_{t=1}^{n} x_t}{n} \tag{4-1}$$

式中，$\bar{x}$——平均数，即预测值；

x——观察值，即各期实际发生值；

n——期间数。

(2)移动平均法。利用过去实际发生的数据求其平均值，但与简单平均法的区别是在时间上往后移动一个周期，将此时求得的结果作为下个周期的预测值。其计算公式为

$$M_{t+1} = \frac{x_t + x_{t-1} + \cdots + x_{t-n+1}}{n} = \frac{\sum_{i=1}^{n} x_{t-i+1}}{n} \tag{4-2}$$

式中，M_{t+1}——移动平均值，即预测值；

x_t——第t期的观测值；

t——期间数；

n ——分段数据点数。

(3)加权移动平均法。由于数据越接近预测时点,其值对预测值的影响越大,因此可以用权数来反映不同时点上的数据对预测值的影响,使预测值的准确性提高,这种方法即为加权移动平均法。其计算公式为

$$M_{t+1}=\frac{x_1w_1+x_2w_2+\cdots+x_nw_n}{w_1+w_2+\cdots+w_n}=\frac{\sum_{t=1}^{n}x_tw_t}{\sum_{t=1}^{n}w_t} \tag{4-3}$$

式中,M_{t+1}——加权平均数,即预测值;

x_t——第 t 期的观测值;

w_t——第 t 期观测值的权重。

(4)指数平滑法:对近期资料及远期资料给予递减的加权数。其公式为

$$\begin{aligned}M_t&=M_{t-1}+\alpha(D_{t-1}-M_{t-1})\\&=\alpha D_{t-1}+(1-\alpha)M_{t-1}\end{aligned} \tag{4-4}$$

式中,M_t——第 t 期的预测值;

M_{t-1}—— 第 $t-1$ 期的预测值;

D_{t-1}—— 第 $t-1$ 期的实际值;

α—— 平滑系数($0\leqslant\alpha\leqslant1$)。

一般情况下,观察值呈较稳定的水平发展时,α 值取 0.1～0.3;观察值波动较大时,α 值取 0.3～0.5;观察值波动很大时,α 值取 0.5～0.8。当时间序列期数在 20 个以上时,初始值对预测结果的影响很小,可用第一期的观察值代替;当时间序列期数在 20 个以下时,初始值对预测结果有一定影响,可取前 3～5 个观察值的平均值代替。

b. 因果关系预测法

把客观事物之间内在的因果关系,转换成一种数学语言,找出自变量和因变量,用一种近似的函数关系表示出来,并依靠历史统计数据,建立相应的数学模型(因果模型),然后根据自变量的数量变化预测因变量变化的预测方法。因果关系预测比较适用于事物之间因果关系清晰,而且又具备比较全面的横向统计数据资料的情况。根据反映因果关系的方程多少不同,因果关系预测主要有一元回归方程、多元回归方程、投入产出分析等。

回归分析法是把预测目标与有关影响因素联系起来进行分析的一种预测方法,研究的也是时间序列变化的规律和趋势,但回归法研究的是两个或者更多的时间序列之间相关关系的规律性。在变量与预测对象是线性关系时,一般用一元线性回归法进行预测。

$$\hat{Y}=a+bX \tag{4-5}$$

式中，$\hat{Y}$——预测值；

a、b——回归系数；

X——变量。

首先根据实际数据，把 X、$\hat{Y}$ 作为已知数，再用最小二乘法求出回归系数 a、b 的值；然后利用 a、b 通过公式求预测值；最后用相关系数 r 检验其可靠程度。最小二乘法的公式为

$$a = \hat{Y} - bX \tag{4-6}$$

$$b = \frac{\sum X_i Y_i - \bar{X} \sum Y_i}{\sum X_i^2 - \bar{X} \sum X_i} \tag{4-7}$$

$$r = \sqrt{1 - \frac{S^2}{\delta^2}} \tag{4-8}$$

式中，r—— 相关系数；

δ—— 标准差。

4.3.2 决策方法

1. 决策概述

1)决策的定义

所谓决策就是为了实现某个目标进行资料和信息搜集，并以此为基础，根据人们的经验和客观实际，通过一系列的分析和计算，从两个以上方案中选择一个行动方案的过程。

决策的定义包括两个含义：狭义理解，决策就是对行动方案的最后选择和决定，即根据确定的目标，依据某种标准，从各种不同的可行方案中选择最佳方案；广义理解，决策是一个过程，是由提出问题、搜集资料、确定目标、拟订方案、分析评价、最终选择等环节组成的全过程。

2)决策的步骤

科学的决策包括如下 3 个步骤。

(1)确定决策目标。决策目标满足 SMART 原则，即具体(specific)、可测(measurable)、可实现(achievable)、相关(relevant)和限定时间(timed)。这些原则应转化成为对目标的具体要求或指标，以及判定目标实现的具体标准。

(2)拟订待选方案。拟定的可行方案是决策的基础。应尽量列出实现目标的所有可行方案，以便取得较优的决策结论。

(3)比较选择方案。对所有待选方案进行比较，最终选择出最优的方案。

有时，由于决策问题的复杂性、信息的不完备性和人的有限理性等限制，人们难以列出所有待选方案，也难以找出唯一的评价标准。此时选择满意方案就成为

一种必然的替代。

3)决策的类型

根据决策问题的性质,决策可分为确定型、风险型和非确定型。

(1)确定型决策,指不同方案在各种自然状态发生时的结果为已知情况下的决策。常见的确定型决策方法有线性规划法等。

(2)风险型决策,也称随机型决策,或统计型决策。风险型决策必须具备以下条件:明确的决策目标;两个或两个以上的待选方案;两种或两种以上的自然状态;不同方案在不同自然状态下的损益值是已知或者可计算;各种自然状态发生的概率已知或可预测。

(3)非确定型决策。在风险型决策必备的条件中,各种自然状态出现的概率无法预知,则这种决策就称为非确定型决策。此时,决策在很大程度上取决于决策者的主观判断和经验。

2. 决策方法

1)确定型决策

(1)盈亏平衡分析,又称为量本利法。它通过分析企业产品产销量、生产成本和利润之间的关系,掌握盈亏平衡的规律,指导企业选择以最小成本获得最大利润的经营方案。

产销量、成本和利润之间的关系如图 4-3 所示。其中,横坐标代表产销量,纵坐标代表销售收入和成本。把产品成本分为固定成本(fixed cost, FC)和变动成本(variable cost, VC)两大部分。固定成本是指不随产销量变化而变化的成本;变动成本是指随着产销量呈线性变化的成本,则产品总成本(total cost, TC)为固定成本和变动成本之和,即

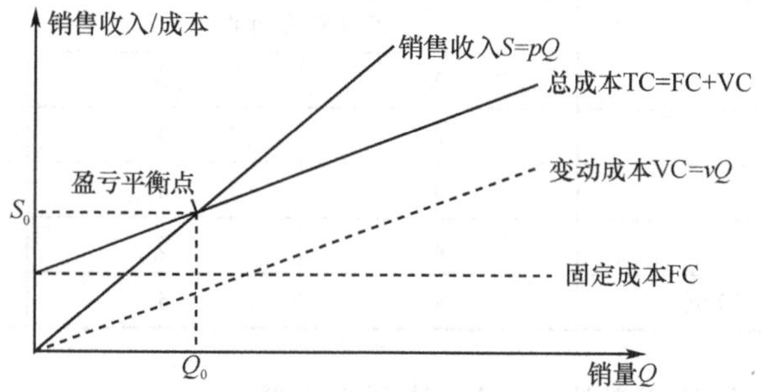

图 4-3　盈亏平衡分析图

$$TC = FC + VC = FC + vQ \tag{4-9}$$

式中,v——单位变动成本。

另一方面,销售收入为

$$S = pQ \tag{4-10}$$

式中，p——单价，则利润为

$$P = S - TC = pQ - (FC + vQ) = (p - v)Q - FC \tag{4-11}$$

盈亏平衡点指利润为零的点（即图中销售收入线和总成本线的交点），即

$$Q_0 = \frac{FC}{p-v}, S_0 = \frac{pFC}{p-v} \tag{4-12}$$

【例 4-1】某项目总产能为 5 万吨，产品单价为 830.56 元/吨，固定成本为 168.34 万元，单位可变成本为 670.26 元/吨，求：①项目投产后的盈亏平衡产量；②利润为 500 万元时的产量。

【解】(1) $Q_0 = \frac{FC}{p-v} = \frac{168.34}{830.56-670.26} = 1.05$（万吨）

$S_0 = pQ_0 = 830.56 \times 1.05 = 872.25$（万元）

(2) $P = (p-v)Q - FC = (830.56-670.26)Q - 168.34 = 500$，得 $Q = 4.17$（万吨）

(2)线性规划法。线性规划是在一些线性等式或不等式的约束条件下，求解线性目标函数的最大值或最小值的方法。线性规划主要解决两类问题：一类是最大化问题，即在现在资源条件下，如何使效果最好或完成的任务最多；另一类是最小化问题，即在工作任务明确的情况下，怎样使各种消耗减至最小。

运用线性规划建立数学模型的步骤是：首先，确定影响目标大小的变量；其次，列出目标函数方程；再次，找出实现目标的约束条件；最后，找出使目标函数达到最优的可行解，即为该线性规划的最优解。

【例 4-2】某厂生产 A、B 两种产品，各自的零部件分别在甲、乙车间生产，最后都需在丙车间装配，相关数据如表 4-3 所示。

表 4-3 产品工时消耗表

项目	工时单耗/小时		生产能力/工时
	A	B	
甲	2	0	8
乙	0	2	12
丙	3	5	36
单位产品获利/千元	4	6	

问如何安排甲、乙两产品的产量，使利润为最大。

【解】设 x_1 为 A 产品产量，x_2 为 B 产品产量。生产 A、B 两种产品受到各车间现有生产能力的制约。其中，甲车间的能力总量为 8 工时，则甲车间能力约束条件表述为

$$2x_1 \leqslant 8$$

同理，乙和丙车间能力约束条件为

$$2x_2 \leqslant 12$$

$$3x_1 + 5x_2 \leqslant 36$$

决策目标是利润最大化，用 Z 表示利润，则

$$\max Z = 4x_1 + 6x_2$$

由于甲乙产品的产量不应是负数，即

$$x_1 \geqslant 0, x_2 \geqslant 0$$

综上所述，该问题的数学模型表示为

$$\begin{cases} \max Z = 4x_1 + 6x_2 \\ 2x_1 \leqslant 8 \\ 2x_2 \leqslant 12 \\ 3x_1 + 5x_2 \leqslant 36 \\ x_1 \geqslant 0, x_2 \geqslant 0 \end{cases}$$

由上面的数学模型可以利用图 4-4 求解。

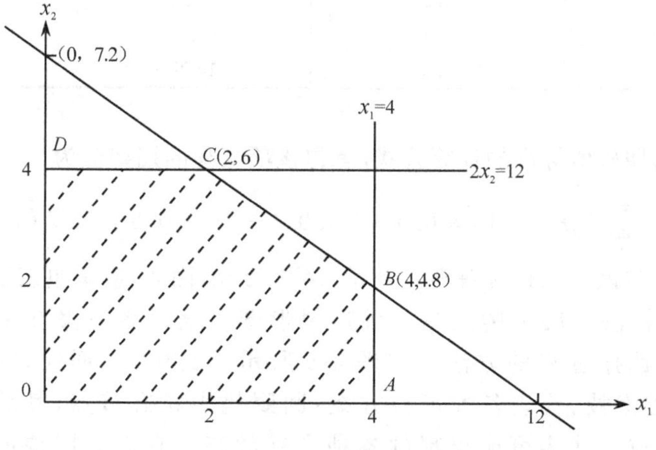

图 4-4　盈亏平衡图

五边形 $OABCD$ 内（含边界）的任意一点 (x_1, x_2) 都是满足所有约束条件的一个解，称之可行解。

通常，以上线性规划问题可以用单纯形法进行求解。本书在此从略。最后，求出最优解为 $x_1 = 4, x_2 = 4.8, z = 44.8$（千元）。

2)风险型决策

(1)期望值法。计算每个方案的期望值，然后选择收益最大或损失最小的方案作为最优方案。期望值的计算公式为

$$E = \sum_{i=1}^{n} Y_i P_i \tag{4-13}$$

式中，E——某方案的期望值；

Y_i——该方案出现第 i 种自然状态时的损益值；

P_i——该方案第 i 种自然状态出现的概率；

n——该方案可能出现的自然状态数。

【例 4-3】某施工队正在研究是否承包某项工程的问题。在该工程施工期间，天气状况可能有 3 种情况：天气好、天气一般、天气不好。根据当地气象资料，上述 3 种状况出现的概率如表 4-4 所示。根据资料计算，在承包该项工程期间如果天气好，则可获利 15 万元；若天气一般，则可获利 8 万元；若天气不好，则将亏损 12 万元。若此期间不承包该项工程，而做其他工作，则可获利 4 万元(表 4-4)。试用期望值标准决定是否承包该项工程。

表 4-4 天气状况表

自然状态	概率	可供选择的方案	
		承包该项工程	不承包该项工程
天气好	0.3	15 万元	4 万元
天气一般	0.4	8 万元	4 万元
天气坏	0.3	−10 万元	4 万元

【解】根据期望值标准的计算公式，承包该项工程的期望值为

$$E=\sum_{i=1}^{n}Y_iP_i=15\times0.3+8\times0.4-10\times0.3=4.7\,(\text{万元})$$

由于不承包该项工程时获利 4 万元<4.7 万元，因此，应承包该项工程。

(2)决策树法。决策树法是一种用树形图来表示各方案在未来收益值的计算、比较和选择过程的方法。如图 4-5 所示。其中，方框代表决策节点，其后的线条为方案枝，代表各种可行方案；圆圈代表状态节点，其后的线条为状态枝(或概率枝)，代表可能出现的各种自然状态。它们共同构成了决策问题的树状图。

【例 4-4】某公司开发了一种新产品，现面临 3 种选择：①卖给大公司，可获利 20 万元；②进行试销，费用 10 万元；③直接进行市场开发。进行试销可能面临两种情况：市场有利和市场不利(各占 50%)。在这两种情况下公司仍可以选择卖掉产品或进行市场开发。在有利的情况下，卖掉产品可获利 40 万元，进行市场开发的成功率为 40%；在不利的情况下，卖掉产品可获利 12 万元，市场开发的成功率为 10%。直接进行市场开发的成功率为 25%。以上各种情况，市场开发成功则获利 500 万元，失败则损失 100 万元。试用决策树进行决策。

【解】画决策树如图 4-5 所示。

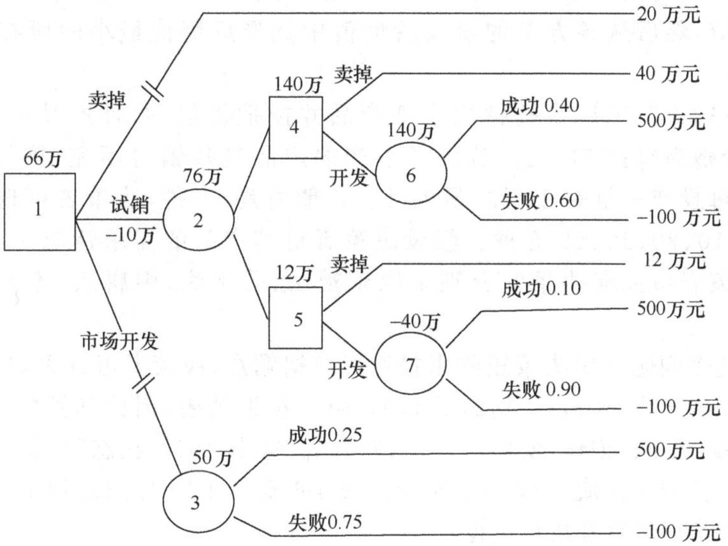

图 4-5　决策树

结论：选择试销，如果市场有利则进行市场开发；如果市场不利就卖掉产品。

3)非确定型决策

非确定性决策的主要方法有乐观法、悲观法、中庸法、等可能法和遗憾法等。

(1)乐观法。又称为最大最大收益值法，或大中取大法，即从每个方案中选择一个最大的收益值；然后再从中选择一个最大收益值，其对应的方案就是最优方案。

(2)悲观法。又称为最小最大收益值法，或小中取大法，即先找出各方案的最小收益值，然后再从这些最小收益值中选择一个最大收益值，其对应的方案就是最优方案。

(3)中庸法。中庸法认为，乐观法过于冒进，悲观法过于保守。因此可以将两者综合，即取一个乐观系数，然后求每个方案收益的最大值和最小值的期望值，比较各方案的期望值，收益期望值最大的方案为最优方案。

(4)等可能法。数学家拉普拉斯认为，当未来各自然状态出现的概率无法预知时，应该假设其发生概率相同，就成为比较各方案在不同自然状态下的结果的平均值大小的问题，收益平均值最大的方案为最优方案。

(5)遗憾法。遗憾法认为，当未来自然状态确定时，最优方案也随之确定。如果当初未选择最优方案，就会感到后悔。后悔的程度可以用所选方案收益值同最优方案收益的差值，即后悔值来度量。为了避免将来后悔，在决策时就应选择最大后悔值最小的方案。其做法是：先求出各个方案在各种自然状态下的后悔值，然后从各方案的最大后悔值中选择后悔值最小的所在方案为最优方案。

【例 4-5】设某工厂是按批生产某产品并按批销售，每件产品的成本为 40 元，批发价格为每件 50 元。若每月生产的产品当月销售不完，则每件损失 2 元。工厂每投产一批是 10 件，最大月生产能力是 40 件，决策者可选择的生产方案为 0、10、20、30、40 五种。假设决策者对其产品的需求情况一无所知，试问这时决策者应如何决策？分别采取乐观法、悲观法、中庸法、等可能法和遗憾法计算。

【解】这个问题可用决策矩阵来描述。根据题意，决策者可选策略有 5 种：0，10，20，30，40，记作$\{S_i\}$，$i=1,2,3,4,5$。由于按批销售，因此其销售状态也有 5 种：0，10，20，30，40，记作$\{E_j\}$，$j=1,2,3,4,5$。每个“策略-状态”对都可以计算出相应的收益值或损失值，如表 4-5 所示。表 4-6 至表 4-10 分别表示了非确定型决策的 5 种方法的计算和决策过程。

表 4-5 策略-事件表

S_i \ E_j		自然状态				
		0	10	20	30	40
策略	0	0	0	0	0	0
	10	−20	100	100	100	100
	20	−40	80	200	200	200
	30	−60	60	180	300	300
	40	−80	40	160	280	400

(1)乐观法(表 4-6)。

表 4-6

S_i \ E_j		自然状态					方案最大值
		0	10	20	30	40	
1	0	0	0	0	0	0	0
2	10	−20	100	100	100	100	100
3	20	−40	80	200	200	200	200
4	30	−60	60	180	300	300	300
5	40	−80	40	160	280	400	400

根据“大中取大”准则，有 $\max(0,100,200,300,400)=400$，对应策略为“5”：生

产 40 件。

(2)悲观法(表 4-7)。

表 4-7

E_j / S_i		自然状态					方案最小值
		0	10	20	30	40	
1	0	0	0	0	0	0	0
2	10	−20	100	100	100	100	−20
3	20	−40	80	200	200	200	−40
4	30	−60	60	180	300	300	−60
5	40	−80	40	160	280	400	−80

根据"小中取大"准则,有 max(0,−20,−40,−60,−80)=0,对应策略为"1"。

(3)中庸法。设乐观系数为 1/3(表 4-8)。

表 4-8

E_j / S_i		事件					期望值
		0	10	20	30	40	
1	0	0	0	0	0	0	0
2	10	−20	100	100	100	100	20
3	20	−40	80	200	200	200	40
4	30	−60	60	180	300	300	60
5	40	−80	40	160	280	400	80

根据最大期望值准则,有 max(0,20,40,60,80)=80,对应策略为"5"。

(4)等可能法(表 4-9)。

表 4-9

E_j / S_i		自然状态					E
		0	10	20	30	40	
1	0	0	0	0	0	0	0
2	10	−20	100	100	100	100	76
3	20	−40	80	200	200	200	128
4	30	−60	60	180	300	300	156
5	40	−80	40	160	280	400	160

根据最大期望值准则,本例中,$p=1/5$,$\max(E)=160$,对应策略为"5"。

(5)遗憾法。各种方案在不同自然状态中的最大机会损失值,即后悔值,如表4-10所示。

表 4-10

S_i \ E_j		自然状态					最大机会损失值
		0	10	20	30	40	
1	0	0	100	200	300	400	400
2	10	−20	0	100	200	300	300
3	20	−40	20	0	100	200	200
4	30	−60	40	20	0	100	100
5	40	−80	60	40	20	0	60

根据从所有最大机会损失值最小的准则,本例的最优策略为“5”。

4.3.3 计划编制与实施方法

1. 滚动计划法

滚动计划法是用来编制计划并组织实施的一种有效的方法。其基本思想是:根据计划执行情况和环境变化定期修订未来的计划,并逐期向前推移,使短期计划、中长期计划有机地结合起来。由于这种方法是在每次编制和修订时都要根据前期计划执行情况和客观条件的变化,将计划向前延伸一段时间,使计划不断向前滚动、延伸,所以称为滚动计划法。

图4-6为5年计划滚动编制的程序示意图,由图可以看出,在计划期的第一阶段结束时,要根据该阶段计划的实际执行情况和外部与内部有关因素的变化情况,对原计划进行修订,并根据同样的原则逐期滚动。每次修订都使整个计划向前滚动一个阶段。

滚动计划方法使长期计划、中期计划与短期计划相互衔接,各期计划内部各阶段相互衔接。这就保证了即使由于环境变化出现某些不平衡时,也能及时地进行调节,使各计划基本保持一致。滚动计划方法大大加强了计划的弹性,这对环境剧烈变化的时代尤为重要,它提高了组织的应变能力。

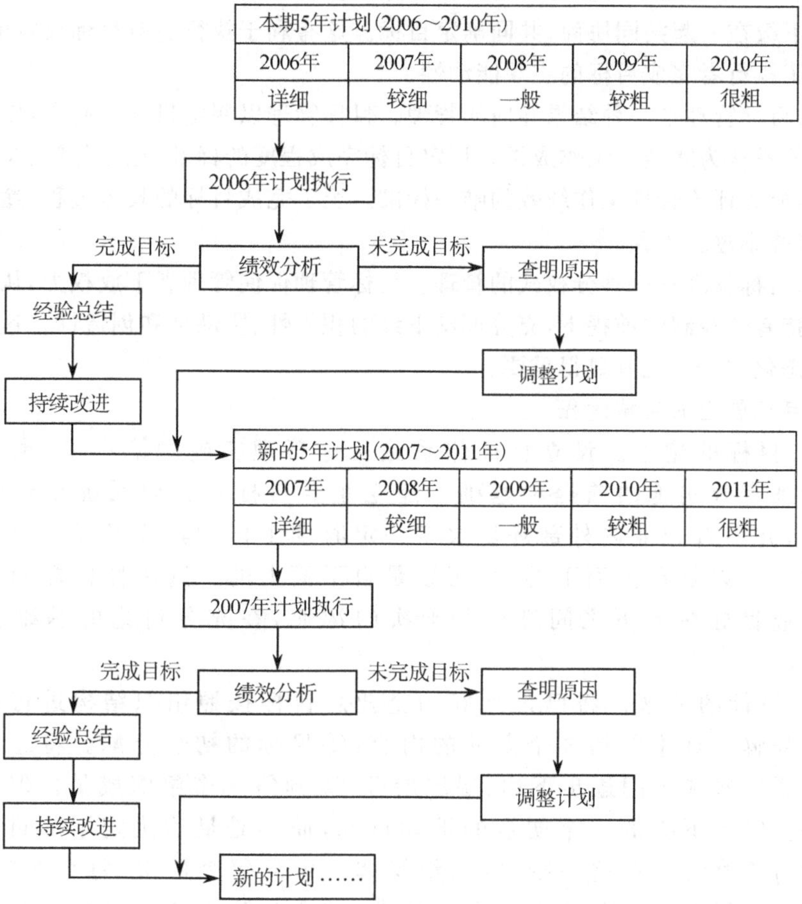

图 4-6　5 年计划滚动编制的程序示意图

2. 目标管理方法

1)目标管理的概念

目标管理(management by objectives,MBO)是以泰罗的科学管理和行为科学理论为基础,强调让企业管理者和员工共同参加目标的制定,在工作中实现"自我控制"并努力完成工作目标,并根据目标完成情况奖励员工的一种管理制度或管理方法。

2)目标管理的特点

(1)目标管理是一种基于目标分解的管理。目标管理将企业整体任务转化为每一个岗位的具体工作目标,管理者通过这些工作目标对下级进行领导并以此来保证企业总目标的实现。因此,目标管理的基础是对企业整体任务和目标进行分解,以形成每个人的任务和目标。

(2)目标管理是一种参与式管理。目标的执行者同时也是目标的制定者,即由上级与下级在一起共同协商,共同确定目标。这有利于执行者对目标设定的理解,也激发了执行者完成目标的主观能动性。

(3)目标管理是一种结果导向的管理。目标管理以制定目标为起点,以目标完成情况的考核为终结。工作成果是评定目标完成程度的标准,也是部门、岗位考评的依据,成为评价管理工作绩效的唯一标准。至于完成目标的具体过程、途径和方法,上级并不过多干预。

(4)目标管理是一种分权式的管理。目标管理促使管理者下放权力,从而有助于在保持有效控制的前提下,充分调动下级的积极性、主动性和创造性。这在环境日益动态化的今天尤其显得重要。

3)目标管理的实施过程

(1)目标的建立。设立目标体系是目标管理实施的第一步,也是保证目标管理有效实施的前提和基础。建立企业目标首先要明确企业的使命和宗旨,并结合企业内外部环境决定一定时期工作的具体目标。企业总目标的建立可以是自上而下的,也可以是自下而上的。这两种目标制定法都需要企业目标在上下之间进行若干次的沟通,在充分讨论的基础上最后确定。

(2)目标的分解。将已设计好的企业总目标按照组织结构进行纵向和横向的分解。具体包括 3 个方面的内容:①目标的初步分配。将总目标按组织体系层次和部门逐步下达、层层展开,直到每一个组织成员。但这个过程只是上级给下级的一个初步的推荐目标,而不是最后决定了的目标。②目标的讨论修订。在这一阶段中,组织体系中的每个层次,每个部门、每个成员均可以根据自身分工和职责的要求,结合初步下达的目标进行分析和修订,并逐级上报。③目标的最终确定。组织对各级上报的目标和组织总体目标进行比较,分析差异,征询下级意见,再进行修订,然后再下达,反复进行,直到上下意见达成一致。这样,最终将组织总目标分解成为一个目标体系。

组织目标的分解过程如图 4-7 所示。

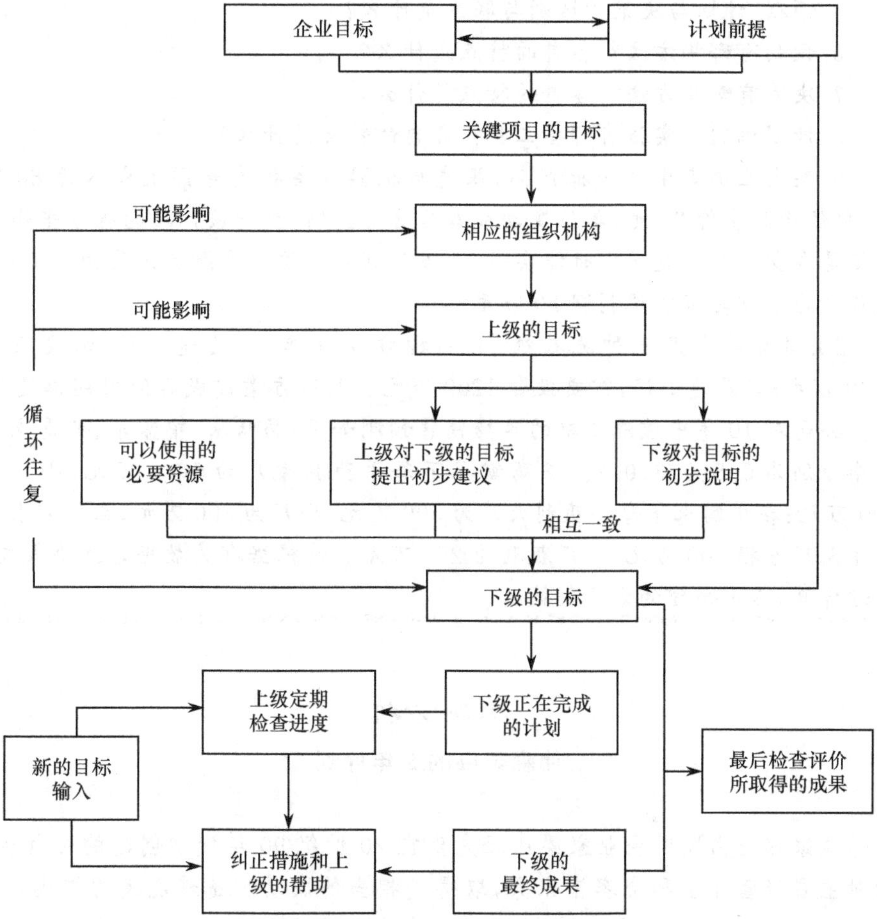

图 4-7　组织目标的分解过程图

复习思考题

1. 什么是计划？它包括哪些内容？具有怎样的作用？

2. 计划的过程包含哪些阶段？每个阶段的工作重点是什么？

3. 计划的结果是什么？怎样确保计划的可执行性？

4. 企业的计划有哪些层次？各层次计划的特点是什么？

5. 预测、计划与决策的区别与联系是什么？

6. 预测有哪些方法？各自的特点是什么？

7. 决策有哪些方法？各自的特点是什么？

8. 计划编制与实施有哪些工具？各自的特点是什么？

9. 某企业决定生产一批产品，基建与机器设备投资等固定成本为80万元，单位产品售价35元，单位变动成本为25元，则：生产该产品的盈亏平衡点产量是多少？产量是多少时能实现10万元利润？盈亏平衡点销售额是多少？销售额为多少时可实现利润20万元？

10. 某公司生产一种洗衣机，有两种方案可选：一是建大厂，需要投资2500万元；二是建小厂，需要投资1200万元。两种方案建成后使用期都是10年。公司对10年中该洗衣机的市场销售预测如下：高需求、中需求、低需求的概率分别为0.5、0.3、0.2。在高需求下每年获利大厂为1000万元，小厂为600万元；在中需求下每年获利大厂为500万元，小厂为300万元；在低需求下每年大厂亏损200万元，小厂获利为250万元。请根据有关数据建立决策树，通过计算，作出合理的方案决策。

案例分析

伟森家俬的5年计划

伟森家俬是由民营企业家梁伟森先生在20世纪90年代初创建的民营企业，开始时主要经营卧室和会客室家具，取得了相当的成功。随着规模的扩大，自20世纪90年代末开始，公司又进一步经营餐桌和儿童家具。2002年，梁伟森把其产业移交给了他的儿子梁宏业继承。梁宏业是一位具有MBA学位的新型商人。他不断拓展公司业务，扩大市场占有率，使公司产品深受顾客欢迎。到2005年，公司卧室家具方面的销售量比2002年增长了两倍多。但公司在餐桌和儿童家具的经营方面一直不得法，面临着严重的困难。

一、梁宏业的构想

2005年底，董事长兼总经理梁宏业先生主持召开公司董事和高管层会议。会议的内容有3个：一是总结2005年的经营；二是分析公司存在的问题；三是提出

2006～2010 年的发展规划。大家一致认为，随着国民经济高速增长和房市的日益火爆，2005 年公司出现了令人鼓舞的成就。但梁宏业先生也指出公司在餐桌和儿童家具经营方面的问题，认为公司存在着员工思想懒散、生产效率不高的问题，并对此进行了严厉的批评，要求迅速扭转这种局面。最后，他还为公司制定了今后 5 年的发展目标。具体包括：卧室和会客室家具销售量年均增加 5%；餐桌和儿童家具销售量年均增长 20%；总生产费用降低 10%；每年减少临时工人数 10%；两年内建立一条庭院金属桌椅生产线，争取 5 年内达到年销售额 500 万元。

这些目标无疑是令人鼓舞的，但也引起了与会者的不同思考。其中公司分管经营的副总经理杨凯反响最大。因为，这些指标大多与他有关。

二、杨凯的疑惑

杨凯是公司的元老，也是梁宏业先生的父亲打天下的战友。杨凯认为，梁宏业先生提出的 5 年计划表面上看是想增加公司收入，降低成本，获取更大的利润。但凭着本人在伟森公司工作多年，以及对这对老板父子的了解，他猜测，董事长制定这些目标的真实意图可能是要套现转移。尽管梁宏业开始承接父业时，对家具经营颇感兴趣，近年来的业绩也发展很快，但后来，他的兴趣开始转移，试图经营炙手可热的房地产业。为此，他努力寻找机会想以一个好价钱将公司卖掉。为了能提高公司的声望和价值，他准备在近几年狠抓一下经营，改善公司的绩效。

杨凯副总经理意识到自己历来与董事长的意见不一致，因此在会议上没有发表什么意见。会议很快就结束了，大部分与会者都带着反应冷淡的表情离开了会场。杨凯有些垂头丧气，但他仍想会后先研究一下公司发展目标问题，然后再找梁宏业先生谈谈自己的看法。

三、对公司发展目标的研究

杨凯先生会后在自己的办公室里仔细分析了一下公司的发展目标，觉得董事长根本就不了解公司的具体情况，不知道他所制定的目标意味着什么。这些目标听起来很好，但并不适合本公司的情况。他心里这样分析道：

第一项目标太容易了——这是本公司最强的业务，用不着花什么力气就可以使销售量年均增加 5%。

第二项目标则很不现实——在这领域的市场上，本公司本来就不如竞争对手，决不可能实现预期的增长目标。

第三项目标亦难以实现——由于要扩大生产，又要降低成本，这无疑会对工人施加更大的压力，从而也就迫使更多的工人离开公司，这样空缺的岗位就会越来越多，在这种情况下，怎么可能降低临时工人数 10%呢？可见，第四项目标也难以实现。

第五项目标倒有些意义，可改变本公司现有产品线都是以木材为主的经营格局。但未经市场调查和预测，怎么能确定 5 年内公司的年销售额达到 500 万元呢？

四、未来的行动

经过这样的分析后，杨凯认为他有足够的理由对董事长所制定的目标提出异议。除此之外，还有另外一些问题使他困扰不解：一段时期以来，董事长似乎对这家公司已失去了兴趣。另外，董事长的妻儿都已移居国外。因此，杨凯有理由怀疑，梁宏业先生似乎要把这家公司卖掉。5年计划的真实目标不过是想通过扩大销售量，开辟新的生产线，增加利润收入，使公司具有更大的吸引力，以便在出卖中捞个好价钱。

面对这样的情况，杨凯应该如何同董事长交谈呢？他们的交谈会有怎样的结果呢？

思考题

1. 你认为梁宏业先生为公司制定的发展目标合理吗？为什么？你能否从本案例中概括制定目标需注意哪些基本要求吗？

2. 梁宏业先生的目标制定体现了何种决策和领导方式？其利弊如何？

3. 假如你是杨凯，如果董事长在听取了你的意见后同意重新考虑公司目标的制定，并责成你提出更合理的公司发展目标，你将怎么做？

第5章

组织与人力资源子系统及其管理

本章提要

在本章中,您将学习到以下主要内容:

1. 组织与人力资源子系统概述;
2. 组织与人力资源规划;
3. 组织结构设计与变革;
4. 工作分析与岗位设计;
5. 人力资源招聘与配置;
6. 人力资源培训与发展;
7. 人力资源绩效管理;
8. 人力资源薪酬与激励。

5.1 组织与人力资源子系统概述

5.1.1 企业组织概述

组织一词,按希腊文原意是和谐、协调的意思。组织作为企业管理的基本职能,是提供实施计划、策略、实现目标的具体手段。组织的任务就是将分散的个人结合成一个有机整体。

组织活动的结果就是形成一定的体制。体制是机构和运行制度的总称。凡是正式组织都包括“体”和“制”两个方面的内容。“体”是指组织实体,即由人构成的机构。例如企业的研究所、生产车间、销售部等组织机构。“制”是指组织制度,它规定了组织机构之间、人员之间的相互责任、权力关系以及协作方式等,以使人们在工作中形成协同动作的集体力量。“体”与“制”的结合就形成了组织设计的主要内容。

5.1.2 人力资源管理概述

1. 人力资源的含义

人力资源是指一定范围内的人口总体所具有的劳动能力的总和，或者说是能够推动生产力发展、创造社会财富的能进行智力劳动和体力劳动的人们的总称。一般认为，人力由体质、智力、知识、技能等 4 部分组成，这四者的不同配比组合，形成了丰富的人力资源。

2. 人力资源管理

企业人力资源管理是指企业为实现其战略目标，利用现代科学技术和管理理论，通过不断地获得人力资源，并对其进行整合、调控、开发、激励，以有效地利用人力资源的管理活动。

5.1.3 组织与人力资源管理子系统

组织与人力资源管理子系统是企业系统的重要组成部分，其核心任务是有效配置人力资源，最大限度地提高人的生产力及发挥人的创造性，使组织绩效最大化。

企业组织与人力资源管理子系统如图 5-1 所示。

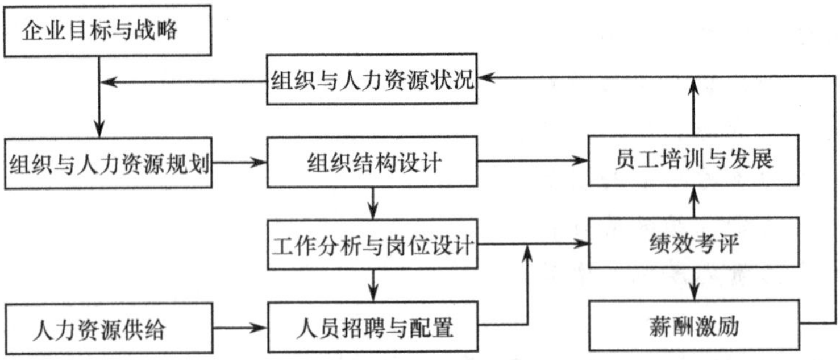

图 5-1 企业组织与人力资源子系统

5.2 组织与人力资源发展规划

组织与人力资源规划（organizational human resource programming）是管理者为确保在适当的时候，为适当的职位配备适当数量和类型的工作人员，并使他们能够有效地完成所分派的任务的一个过程。

5.2.1 核查现有人力资源

核查现有人力资源关键在于人力资源的数量、质量、结构及分布状况。这一部分工作需要结合人力资源管理信息系统和职务分析的有关信息来进行。人力资源信息应包括个人自然情况、录用资料、教育资料、工资资料、工资执行评价、工作经历、服务与离职资料、工作态度、安全与事故资料、工作或职务情况、工作环境、工作或职务的历史资料等。

现有人力资源状况代表了企业人力资源的存量部分。对存量的准确描述有助于企业判断未来人力资源的需求,为人力资源规划奠定基础。

5.2.2 人力需求预测

人力需求预测(manpower demand forecasting)主要是根据企业发展战略规划和本企业的内外部条件选择预测技术,然后对人力需求的结构和数量、质量进行预测。在预测人员需求时,应充分考虑企业外部因素,如经济、社会、政治法律、技术以及竞争者;企业内部因素,如企业的战略计划、预算、生产和销售预测、企业扩张和岗位重新设计;人力资源自身因素,如退休、辞职、解聘、死亡、休假等对人员需求的数量和质量,以及构成上的影响。

5.2.3 人力供给预测

人力供给预测(manpower supply forecasting)也称为人员拥有量预测,包括两部分:一是内部拥有量预测;二是外部人力资源供给预测。

1. 内部拥有量预测

内部拥有量预测是根据现有人力资源及其未来变动情况,预测出规划各时间点上的人员拥有量。

影响企业内部人力资源供给的因素包括:企业职工的自然流失(伤残、退休、死亡等),内部流通(晋升、降职、平调等),跳槽(停薪留职、合同到期解聘)等。

2. 外部人力资源供给预测

外部人力资源供给预测是确定外部人力资源市场在规划各时间点上的各类人员的可供给量。

影响企业外部人力资源供给的因素主要有人口政策及人口状况、劳动力市场发育程度、社会就业意识及择业心理偏好、严格的户籍制度等。

5.2.4 制定人力资源规划

人力资源规划的核心是匹配供需,包括确定组织需要增员还是减员;制定匹配政策以确定人力供需的一致;制定具体行动方案等。

在以往实践中,企业对内部人力资源过剩的典型做法就是裁员。而企业对于人力资源短缺的通常反应则是雇用临时工或将业务外包出去。表5-1、表5-2分别展示了减少预期出现的人员过剩的方法和避免预期出现的人员短缺的方法。

表 5-1 企业减少预期出现的人员过剩的方法和影响

方法	速度	员工受伤害程度
裁员	快	高
减薪	快	高
降级	快	高
劳动力转移	快	中等
工作分享	快	中等
退休	慢	低
自然减少	慢	低
再培训	慢	低

表 5-2 企业避免预期出现的人员短缺的方法和影响

方法	速度	可回撤性
加班	快	高
临时雇用	快	高
业务外包	快	高
再培训后换岗	慢	高
减少流动数量	慢	中等
外部雇用新人	慢	低
技术转让	慢	低
重新设计工作	慢	低

人力资源规划还应包括目标和标准设置、预算、承担执行的责任人、报告制度等。

5.2.5 人力资源规划的实施监控计划

为确保人力资源规划有效实施，应明确执行的责任人，并为其设置具体、可测量的目标和标准，给予其执行的预算，同时需要建立一套实施监控体系，确保人力资源规划目标和任务的实现。通常实施监控主要依靠报告程序和监控制度来实现的。

企业需要设置控制时间点，达到该时间点时，要求责任人不仅要报告全公司的雇用数量(确认那些在岗的和正在上岗前期的)和为达到招聘目标而招聘人员数量，同时应报告与预算相比雇用费用情况如何，损耗量和雇用量的比率变化趋势如何。企业还需要有相关机构核实报告的真实性，并对实施的结果进行奖惩。

5.2.6 评估人力资源规划

虽然人力需求的结果只有过了预测期限才能得到最终检验，但为了给企业人力规划能够做出正确决策提供可靠的依据，有必要事先对预测结果进行初步评估，由专家、用户及有关部门主管人员组成评估组来完成评估工作。评估要客观、公正和准确；并要进行成本-效益分析，并要审核规划的有效性。

5.3　组织结构设计与变革

5.3.1　组织结构设计

组织结构设计可分为纵向组织结构设计和横向组织结构设计两个方面。纵向组织结构设计的基本任务是要确定企业应当设置多少个管理层次，以及这些层次之间的相互关系等。横向组织结构设计又称为部门结构设计，主要是确立企业在横向上要设置多少个管理部门以及这些部门之间的相互协作关系等。现代企业组织所采用的结构模式主要有以下几种。

1. 直线职能制（U 型结构，unity form）

直线职能制组织结构的基本特征在于：将企业按照职能的不同划分成若干个部分，每一部门均由企业最高层领导直接进行管理，主要适用于中小型企业及产品品种比较单一、市场销售情况比较稳定的企业。典型的直线职能制组织结构如图 5-2 所示。

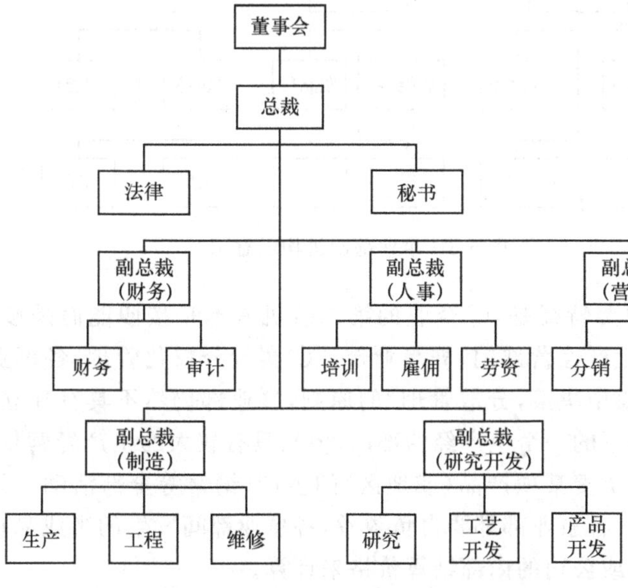

图 5-2　直线职能制组织结构示意图

直线职能制的优点：①分工严密，各个职能部门的职责容易明确规定。②每个部门实行专业分工，可以有较高的工作效率。

直线职能制缺点：①由于实行高度集权，企业中层管理人员既不是政策的制定者，也不是政策的执行者，只起一种"上传下达"的作用，难以发挥其积极性，也影响企业决策的灵活性与敏感性。②高层领导的协调工作量很大，容易陷入日常事务。③高级主管作为各种专家，几乎总是从其自身的专业和部门的立场来评价总公司的政策，因此公司政策的制定或计划的编制通常是有利益关系的各方协商的结果，而不是根据公司全盘需要而做出的反应。④各部门主管只属于专业职能人员，不易从内部培养出全面的管理人才。

2. 事业部制(M 型结构，multidivisional form)

20 世纪 20 年代初，美国通用汽车公司副总经理斯隆(后任董事长)参考了杜邦化学公司的经验。为了应付 1920～1921 年的经济危机，设计出了事业部制，取得很大成功，如图 5-3 所示。

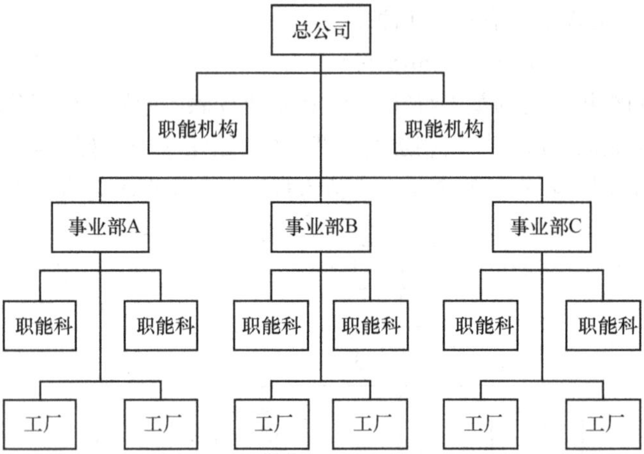

图 5-3 事业部制机构示意图

事业部制的主要特征是：①企业的第二级机构不是按职能而是按产品(或地区)成立专业化的生产经营部门，即事业部。②实行分权化管理，各事业部同公司总部的关系实行"集中决策，分散管理"的原则，事业部仍然不具有独立法人资格，而是公司直接领导下的一个生产经营部门，但它具有较大的生产经营权限，在总部统一政策的领导下负责某项产品(或地区)的生产、销售等全部活动。③事业部是一个利润责任中心，各事业部都要自负盈亏，各事业部间发生的半成品供应或业务往来要按市场价格或公司的内部结算价格来计算。

同 U 型结构相比，分权的 M 型结构具有以下优点：①既有较高的稳定性，又有较高的适应性。②能充分发挥各事业部对经营管理的积极性、主动性，又有利于公司总部摆脱具体事务。③有利于培养出全面的管理人才。④按产品划分部门，便于建立考核部门绩效的标准。⑤对于经理阶层的职业化及随之出现的管理权与所有权的分离具有重要的推动作用。

事业部制的主要缺点是：①由于各事业部利益的独立性，它们较易产生本位主义，忽视长远的整体利益，影响各部门间的协调。②在公司上层及事业部内部都要设置职能机构，可能造成机构重叠、管理人员增多、管理费用增加。③集权与分权“度”的把握，即管理权限的分配上复杂且难度高。

分权的事业部制主要适用于品种多样及市场变化较快的大型企业。

3. 子公司制分权型(简称 H 型，holding company form)

子公司制具有以下特征：①母公司和子公司不是行政上的隶属关系，而是资产上的联结关系。母公司对子公司的控制主要是凭借股权，在股东会和董事会的决策中发挥作用，并通过任免董事长和总经理来贯彻实施母公司的战略意图。②子公司在法律上是具有法人地位的独立企业。它自主经营、独立核算、自负盈亏、独立承担民事责任。子公司是母公司属下的一个投资责任中心，对所投入资产具有保值、增值的责任。

同事业部制相比，子公司制的优点是：①由于母公司与子公司在法律上各为独立法人，母公司无法承担子公司的债务责任，相对降低了责任风险。②子公司无法吃母公司的“大锅饭”，使子公司有较强的责任感和经营积极性。

子公司制的主要缺点是：①母公司对子公司不能直接发挥其影响力。②母子公司各为独立纳税单位，相互间的经营往来及子公司的盈利所得需双重纳税。

实行跨行业多种经营的大型集团公司，由于规模巨大，而且各行业之间在生产技术和管理经营上差别巨大，必须保证从事不同行业生产经营的各单位具有足够的独立性，能够根据行业特点开展业务活动，发挥子公司的创造性，提高各项事业的成功率。

4. U 型结构与 M 型结构的演变

1) 矩阵制结构

矩阵制组织结构是由纵向和横向两套组织系统构成的复合式组织结构，其中纵向是职能系统，横向是为完成某项特殊任务所设置的产品系统或项目系统。矩阵制组织结构是为了改进职能制组织结构横向联系差，缺乏弹性的缺点，同时解决事业部制组织结构资源冗余的问题，在职能制垂直形态组织系统的基础上，再增加一种横向的领导系统而形成的一种组织形式。其组织结构如图 5-4 所示。

矩阵结构的突出优点是结合了职能制组织专业、高效和事业部组织整体合作、对外部变化反应速度快的优点，其资源利用效率高于事业部组织，其横向合作有效性高于职能制组织，同时增加了组织柔性和对外界的反应速度。因而广泛用于大型和特大型企业之中。其主要缺点是拥有双重指挥链，这无论对于管理人员，还是一般员工都提出了更高的要求，同时也产生了职能系统和产品或项目系统权力平衡的困难等问题。

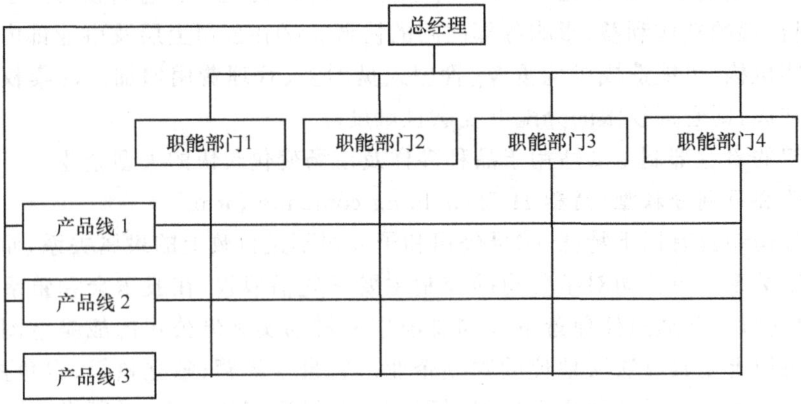

图 5-4 矩阵制结构

矩阵制主要适用于超大型企业的组织设计,以及新产品开发试制、投资项目规划、订货生产型企业的合同管理等方面。

2)项目制结构

项目制组织结构是指以项目为核心设计企业组织结构。在项目型企业里,每个项目就如同一个公司,完成某一个项目的所有的必需的资源,包括人、财、物都被完全分配给这个项目,专门为这个项目服务,项目经理对他所负责的项目拥有完全的权力。由于领导统一,任务专一,目标明确,所以它可以迅速、有效地对市场和客户需求做出快速反应。项目制组织结构的主要缺点是资源的利用率低。

典型的项目制组织结构中的部门以项目为核心,如图 5-5 所示。非典型的项目制组织结构类似于图 5-3 所示的矩阵结构,不同的是其横向组织形式是项目。

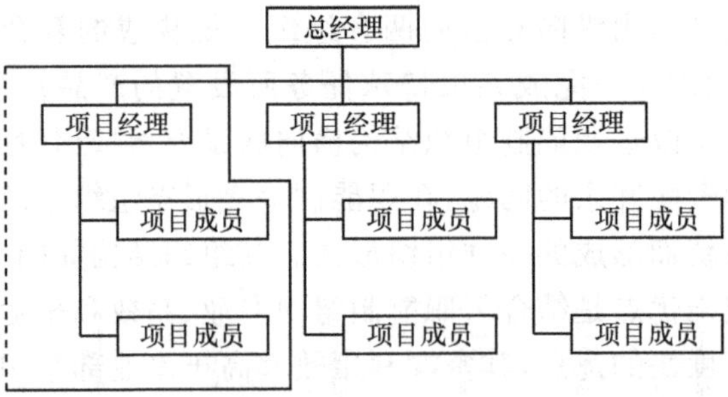

图 5-5 项目制组织结构

项目制组织结构适用于同时进行多个项目,但不生产标准产品的企业。常见于一些涉及大型项目的公司,如建筑业、航空航天业等。

3)超事业部

超事业部制结构也称执行部制结构,或者战略业务单位(strategic business

units，SBU）。在企业规模超大型化的情况下，总公司要对下属数目众多的事业部进行直接领导显得十分困难，因此在事业部与总公司之间增设一级机构，对关系较密切的几个事业部进行统一领导，以搞好共同性的产品开发、市场开发、售后服务等，避免过于分权带来低效率与浪费现象。

4）模拟分散管理制结构

模拟分散管理制结构的典型形式是区域部门化。某些企业一方面规模很大，不宜采用 U 型结构，另一方面又因其本身的生产过程具有很强的整体性或连续性而不能采用真正的 M 型结构，于是按生产区域或其他标准把企业划分成若干个“组织单位”，并把它们视为相对独立的自主经营单位，给予较大的自治权，并进行模拟的独立核算与自负盈亏，以改善经营管理。这种组织结构一般适用于一些大型的化工企业、钢铁联合企业、铝业公司、水泥企业、造纸业等。

5）网络制结构

网络制组织结构是利用现代信息技术手段构建的一种新型的组织结构，是目前正在流行的一种新形式的组织设计，它使企业对于多样性需求、新技术发展和快速变换的市场具有更大的适应性和应变能力。通常，在网络型组织结构中有一个很小的中心组织，负责企业运行的核心职能，而其他的大部分职能从组织外“购买”，这给网络中的各个节点企业提供了高度的灵活性，并使其各自集中精力做它们最擅长的事。

网络型组织结构以契约关系为基础结成的企业联盟。被联结在这一结构中的各企业之间并没有正式的资本所有关系和行政隶属关系，只是通过相对松散的契约（正式的协议契约书）纽带，透过一种互惠互利、相互协作、相互信任和支持的机制来进行密切的合作。

网络型组织结构的突出优点一是降低管理成本、提高管理效益；二是实现了企业全世界范围内供应链与销售环节的整合；三是简化了机构和管理层次，实现了企业充分授权式的管理。其主要局限性是需要科技与外部环境的支持；组织结构的稳定性差、动态性强。网络型组织结构如图 5-6 所示。

图 5-6　网络制组织结构

5.3.2 组织变革

企业的组织结构经过合理的设计并实施以后,并不是一成不变的,都必须随着客观环境和内部条件的变化而不断地进行调整和改革,从而提高组织的效能。

1.组织变革的原因

推动组织变革的根本原因在于组织的外部环境因素和内部环境因素两方面。

1)外部环境因素

(1)宏观环境的影响。企业作为一个开放系统,时刻受到宏观社会经济环境的影响。国家每一次政治与经济政策的调整、计划的改变及市场需求的变化等,都影响着企业的结构与机能的变化。例如,我国进行经济体制改革,建立现代企业制度,企业的组织机构为了适应市场经济的发展需要,都做了相应的改革与调整。

(2)激烈竞争的影响。随着市场经济的发展,组织之间的竞争将愈加激烈。这对每一个组织都形成了一定的压力,为了适应竞争、力争取胜、增强活力,不得不对组织进行变革。

(3)科技进步的影响。当代科技发展日新月异,新产品、新工艺、新技术对组织形成了强大的冲击。组织如不适时地加以改革,就会落后于时代的发展,就可能被飞速发展的形势淘汰。

(4)价值观转变的影响。在经济发展的过程中,企业与人的价值观都发生了重大的变化,认为不断生产满足社会所需要的产品、不断提高经济效益才是最有价值的。为了实现这一价值观,在组织不适应现实发展时,也会引起组织的变革。

2)内部环境因素

组织目标、人员素质、技术水平、个人价值观、权力结构系统、管理水平、管理方法、人际关系、产品方向、企业的生产与销售现状、员工的精神面貌等因素的变化,都会促使组织进行变革。当一个组织出现以下一些征兆时,就表明该组织需要变革:

(1)决策的形成过于缓慢或时常做出错误的决策;

(2)组织沟通不良,造成不协调,人事纠纷严重,职工士气低落,不满情绪增加等;

(3)组织缺少创新,当现状发生变化,没有新的办法来适应,致使组织停滞不前;

(4)组织的主要功能已无效率或得不到正常的发挥,如计划不能按时完成、成本过高、产品质量下降、销售下降、员工工作绩效下降等。

2.组织变革的程序

完整的组织变革程序包括8个步骤:

(1)确定问题,提出组织结构需要改革的目标和问题;

(2)组织诊断,收集资料和情况,进行组织结构分析,尤其是抓住那些带根本性的问题;

(3)制定变革方针,确定变革的指导原则、方式和策略;

(4)提出变革方案,制定几个可供选择的变革方案;

(5)制定改革计划,制定具体的变革步骤、组织、试点和推行;

(6)实施计划,实施具体变革计划;

(7)评论计划实施效果,检查、分析、评论变革的效果和存在的问题;

(8)信息反馈,及时反馈,对原定改革方案和计划作修正。

3.组织变革内容

组织变革的内容一般有以下3种情况。

(1)以组织结构为重点的变革,即通过改革组织结构来实现组织的变革。所谓改革组织结构,一般包括划分或合并新的部门、改变职位及其权责范围、协调各部门之间的关系、调整管理幅度和管理层次、下放部分自主权等。

(2)以任务和技术为重点的变革,主要是指对组织各部门、各层次工作任务进行重新组合。改革原有的工作流程,更新企业的生产设备,启用新工艺、新方法,进行技术革新挖潜,实行控制技术和生产进度等一套新的管理技术,从而提高生产效率和产品质量,实现组织变革的目的。

(3)以人为重点的变革,这是实现所有变革的基础。无论是组织结构的变革,还是任务和技术的变革,都离不开人的重要作用,都是通过改革职工的观念和态度而实现的。以人为重点的变革主要包括知识的变革、态度的变革、个人行为的变革以至整个群体行为的变革。

4.组织变革的方式

1)改良式

采取逐渐演变、过渡的办法,即在原有的框架内作些小改革。这是企业中经常采用的一种方式。它的优点是能够根据企业当前的实际需要,局部地进行改革,阻力较小。其主要缺点是缺乏总体规划,头痛医头,脚痛医脚,带有权宜性措施的性质。

2)爆破式

采取革命性措施,一举打破原状,抛弃旧的一套而断然采取新的办法。这种变革方式往往涉及企业组织重大的以至根本性的变更。爆破式的变革方式在采取时,应持谨慎的态度。它容易使员工丧失安全感,造成士气低落,影响生产和经营,甚至引起对变革的强烈反对。

3)计划式

计划式是采取系统研究、统筹解决的方式,制定出理想的改革方案,然后结合各个时期的工作重点,有计划、有步骤地加以实施。这种方式的特点是:有战略眼光，适合组织长期发展的要求；组织的变革可以同人员培训、管理方法改进同步进行；员工有较长的思想准备，阻力较小。因此，这是一种比较理想的变革方式。

5.4 工作分析与岗位设计

5.4.1 工作分析基本概念和意义

工作分析指对某特定的工作做出明确规定，并确定完成这一工作需要有什么样的行为的过程。它通过了解与分析构成工作职务的各项工作内容、性质、特点和责任，从而确定从职者在履行职务时所应具备的各项条件。

企业由各种各样的工作岗位构成，通过工作分析可以从整体上协调这些工作岗位的任务、相互关系，从而奠定组织结构和组织设计的基础。通过工作分析，也可以详细说明各级人员的职责，从而避免工作重叠、劳动重复，提高个人和部门的工作效率及和谐性。

5.4.2 工作分析方法

常用的工作分析方法有以下几种。

1. 工作日志法

工作日志法指由从事某一工作的员工按照时间顺序详细记下在一定期间内所从事的各项工作活动或者任务及消耗的时间，有时还包括自己的工作感受，然后在此基础上进行综合分析已实现工作的一种方法。

工作日志法的优点在于逐日实时记录所完成的工作任务，全面完整，避免疏漏。其缺点在于由工作人员自行记录工作过程，其客观性无法保证，结果会影响工作分析结果的准确性。同时，记录者自身的文字表达能力也会对工作日记法的结果和应用产生影响。

工作日记法主要应用在工作内容比较多样化或者工作时空变化较大的工作当中，并且在工作分析时常常辅以他法，较少单一使用。

2. 观察法

观察法指通过观察工作人员在某一段时间内的工作内容、形式和方法，并且记录下有关项目、时间(有时还包括表现)等资料来进行工作分析的方法。观察法常常与面谈法结合使用，即在观察完全部工作过程之后，再与工作人员面谈，以澄清疑点或者补遗。

观察法适用于短期内的外显行为特征的分析，而不适用于长时间内的心理活动特征的分析。实践中，观察法在动作分析中应用最为广泛，在工作分析中较常用在工作内容包括了很多可以具体观察的实际活动场合。

3. 问卷调查法

问卷调查法是工作分析中最常用的一种方法。其基本过程就是首先设计并分发问卷给事先选定的员工，要求其在一定的时间内填写，以获取有关工作分析的相关信息。

在工作分析中应用的调查问卷可以分为很多种。首先，问卷可以分为普遍性问卷与特定性问卷。前者所涉及的内容具有普遍性，适合于各种职位内容；后者则是针对特定工作职位而设计的。其次，问卷还可以区分为职位定向和人员定向两种。职位定向问卷主要强调的是工作本身的条件结果；人员定向问卷则侧重于了解员工的工作行为。此外，问卷调查法还可以分为通信问卷与非通信的集体问卷、检核表问卷与非检核表问卷、标准化问卷与非标准化问卷、封闭性问卷与开放性问卷等。

问卷调查法的优点在于它可以相对节省工作分析人员的时间和经费，而且可以从数目较大的被调查者中获取信息。其不足之处在于问卷的回答质量在很大程度上取决于被调查人员的文化水平、理解力与表达能力。此外，问卷调查所获得的信息的收集、整理和分析工作也比较繁重。

4. 访谈法

访谈法的主要过程是询问操作者、管理者、专家等对某一特定工作的看法，因此它也是一种面对面交谈的方法。访谈程序可以是标准化的，也可以是非标准化的。通常，访谈专家在访谈实施之前都经过了全面的、深入的、有计划的访谈技术培训。而且，在绝大多数情况下，为了保证访谈结果的信度与效度，一般采用标准化的问卷作为访谈的结构来进行。

访谈法既适用于短时间的生理特征的分析，又适用于长时间的心理特征的分析。

5. 参与法

参与法指工作分析人员直接参与某一职位的工作过程，从而细致深入地体验和分析工作职位的特征和工作对从事人员的要求的一种工作分析方法。

参与法虽然比访谈法、问卷调查法能获得更为真实可靠的数据资料，但是往往由于调查人员本身知识技能的局限性，导致这种方法的运用范围很狭窄，只适用于较为简单的岗位分析。

5.4.3　岗位设计的概念与方法

1. 岗位设计的概念

岗位设计，又称工作设计，是指对岗位工作完成的方式及完成一项岗位工作所需要从事的任务进行界定的过程。为了更有效地进行岗位设计，就必须通过工作分析全面地了解当前的工作状况，同时还需要运用工作流程分析来知晓它在整个工作流程中的位置。

2.传统岗位设计方法

在岗位设计过程中,至关重要的一个前提是要明确工作的特征。可以通过以下4种基本方法来明确工作特征。

(1)机械型工作设计方法,其目的旨在寻找一种能够使效率得到最大化的方式来构建工作。这种方法强调按照任务的专门化、技能简单化及重复性的基本思路来进行工作设计。

(2)生物型工作设计法,又称为人类工程学,它所关注的主要问题是个体心理与物理工作环境之间的相互作用。其目的在于以个体工作方式为中心来对工作环境进行结构安排,从而将工人的心理紧张程度降到最低水平。生物型工作设计法已经被应用到对体力要求较高的工作领域进行工作设计。

(3)知觉运动型工作设计法,它关注人的心理能力和心理局限,这与关注身体能力和身体局限的生物型工作设计是不同的。这种工作设计方法的目标在于通过降低工作对信息加工的要求来改善工作的可靠性、安全性及使用者的反应性,确保工作的要求不会超过人的心理能力和心理局限。

(4)激励型工作设计法,它关注那些可能会对工作承担者的心理价值和可激发潜力产生影响的工作特征。这种方法把态度质量看成是工作设计的最重要的结果。

3.工作特征模型法

由哈克曼和奥德海姆所创立的"工作特征模型"是一种关于工作设计如何影响员工反应的一个较为完整的理论模型。在工作特征模型中,特别需要明确的就是员工的工作积极性取决于那些与工作有关的心理体验。

1)3个关键心理状态

(1)对工作意义的体验。如果员工能体会到工作的意义、重要性或者认为工作是值得干的,就会有很高的工作热情。

(2)对工作结果的责任感的体验。如果员工能体验到自己对工作结果的责任感,就会努力对自己的工作绩效负责。

(3)对工作实际结果的了解。如果员工能够通过可靠的渠道随时掌握自己工作的阶段性成果,以及这样的结果是否令人满意,就会更好地对自己的工作进行自我检查,并调整自己的行为。

2)5个核心任务维度

(1)技能多样性。指要求员工使用各种技术和才能从事多种不同活动的程度。

(2)任务同一性。指对完成一整套条理清晰的工作的需求程度。

(3)任务重要性。指工作对别人的生活或工作有多大的影响。

(4)工作自主性。指员工在确定工作内容和工作程序时,拥有多大的自主度,独立性以及判断力。

(5)工作反馈。指员工在完成工作任务的过程中,在多大程度上可以获得有关自己工作绩效的直接而明确的信息。

具有以上5种特征的工作会引起上述3种关键的心理状态的变化,而这样的心理状态的改变将会导致一定的个人结果和工作结果。从个人结果来看,会产生高度的内在工作动机和对工作的高度满意感,从而达到激励员工的目的。从工作的结果来看,则会带来高质量的工作绩效和较低的缺勤率与离职率。

3)激励型工作设计方法

(1)岗位轮换。这种方法并不改变岗位设计本身,而只是使员工定期从一个岗位转换到另一个岗位。

(2)岗位扩大化。这是通过增加某岗位的工作内容,使员工的工作变化增加,要求更多的知识和技能,从而提高员工的工作兴趣。

(3)岗位丰富化。这是通过增加岗位责任,工作自主权及自我控制,以满足员工心理需要,达到刺激的目的。

5.5　人力资源招聘与配置

5.5.1　员工招聘来源和方法

招聘即是指安置、确定和吸引有能力的申请者的活动过程。招聘分为企业内部招聘和外部招聘。

1. 内部招聘

企业现有的员工是企业管理岗位的最大招聘来源。据调查,90%以上的管理职位都是由从企业内部提拔起来的人担任的。

内部招聘的优点是:让员工看到只要踏踏实实干,不断提高能力,就有提升的机会,可以使个人目标和组织目标结合起来;已经在企业工作一段时间的人提拔起来,更不容易辞职,能成为企业留得住的人才;熟悉本企业的情况,能迅速进入角色、担负起责任、减少培训费用等。其缺点是人员选择范围比较小,往往很难找到合适的人。

2. 外部招聘

外部招聘即从企业外部招募其所需要的人员。企业外部招聘常用的方法如下所述。

(1)广告招聘。指通过在媒体刊登招聘启事向公众发送公司的就业需求信息。这是企业最常用的一种外部招聘方法。

(2)招聘会。这是为聚集用人单位的招聘人员和求职者而设计的现场招聘活动，是一种用来吸引大量求职者来应聘的招聘方法。这种招聘方法的最大好处是可以在短时间内见到大量的求职者。招聘会的举办单位有政府、学校、职业介绍机构、商会等。

(3)校园招聘。指由企业派人到学校招聘即将毕业的学生求职者。最常见、最节省的校园招聘方法是派人到学校开设就业讲座，介绍企业的情况和政策，让学生对企业有更多的了解，吸引学生到企业来应聘。随着高校扩招，就业压力增加，许多高校非常愿意提供相关的协助。

(4)实习。这是一种特殊的招聘形式，它是指企业给学生安置一个临时性的工作，但不必承担永久聘用学生的义务，学生毕业后也不必接受企业的固定职位。

(5)猎头。猎头公司是专门为企业招聘中高层经理人才和高级专业技术人才的职业介绍机构。企业通过猎头公司招聘时，如果招聘到合适的人选，就必须向猎头公司支付费用。

(6)网上招聘。网上招聘也可称在线招聘或电子招聘(e-recruiting)，是利用互联网技术进行的招聘活动，包括发布职位信息、收集整理简历、在线面试与在线测评等招聘程序。网上招聘不仅仅是将传统的招聘业务复制到网上，而是互动的、无地域限制的、具备远程服务功能的一种全新的招聘方式，它的出现给招聘方式带来深刻的变革。

5.5.2 测试、选拔与录用

1. 招聘测试

招聘测试是评定应聘者素质与行为能力的重要手段，运用科学有效的测试方法才能保证企业能够招聘录用到所需要的合格人选，并将其安排到组织最合适的岗位上。常用的员工招聘测试方法有：笔试、面试、心理测试、情景模拟等。

2. 人员选拔

人员选拔就是从应聘者中选出企业需要的人的过程。由于这一步将直接决定最后所录用的人，因而是招聘过程中最关键的一步，也是技术性最强的一步，在这一过程中需要运用多种上述提到的测试方法。

3. 员工录用

员工录用过程主要包括：试用合同的签订、员工的初始安排、试用、正式录用等。

5.5.3 人力资源配置

从企业管理的角度来看，人力资源配置，就是将企业内外的人力资源通过一定的方式与手段，合理地运用到既定的组织结构中，在企业经营与生产过程中实现人、财、物等诸要素的有机结合与充分发挥，提高企业的活力与实力，取得最大的企业经济效益。

从劳动人事管理的角度来看，人力资源配置，就是将组织内外的劳动者通过一定的方式与手段，合理地分配到组织内部的工作岗位上，使能干的人做要干的事，会干的人用好干的设备，保证各项组织目标任务按时按质按量完成。

企业内部人力资源配置大致有以下 3 类形式。

1. 人岗关系型

人岗关系型配置主要是通过人力资源管理过程中的各个环节来保证企业内各部门各岗位的人力资源质量。它是根据员工与岗位的对应关系进行配置的一种形式。就企业内部来说，目前这种类型中的员工配置方式大体有如下 6 种。

(1)招聘。当企业内的员工数少于岗位数时，需要进行一种定向定位的招聘，或者进行定位公开的招聘。这实际上就是一种以岗招人的配置形式。

(2)轮换。当企业内的员工数与岗位数相等时，员工对岗位不满意或者不适应，也可能为了进一步挖掘员工的内在潜力，往往需要进行岗位轮换。

(3)试用。当企业的员工数大于或等于岗位数时，对于新上岗的员工，往往采用试用的形式进行配置。合格者保留在岗位上，不合格者则调离岗位。

(4)竞争上岗。当企业内的员工数大于岗位数时，为了让最优秀者上岗，往往采用竞争上岗的配置形式。

(5)末位淘汰。当企业内的员工数多于岗位数，或者为了保持一定的竞争力时，在试用过程或竞争上岗过程中，对能力最差者实行下岗分流。

(6)双向选择。当企业内的员工数与岗位数相当时，往往先公布岗位要求，然后让员工自由选择，最后以岗选人。

2. 移动配置型

移动配置型是一种从员工相对岗位移动进行配置的类型。它通过人员相对上下左右岗位的移动来保证企业内的每个岗位人力资源的质量。这种配置的具体表现形式大致有 3 种：晋升、降职和调动。

3. 流动配置型

流动配置型是一种从员工相对企业岗位的流动进行配置的类型。它通过人员相对企业的内外流动来保证企业内每个部门与岗位人力资源的质量。这种配置的具体形式有 3 种：安置、调整和辞退。

总之，合理的人力资源的配置，不但要实现劳动者与生产资料在时间与空间上的有效结合，也要实现劳动者与企业组织在择业、择岗、择人上的公开、公平、公正、自主与效率，有利于企事业内部资源的优化重组与利用，有利于人力、物力资源的充分挖潜与发挥，能够极大地促进企业工作效率与经济效益的进一步提高。

5.6 人力资源培训与发展

5.6.1 员工培训

企业员工素质的提高，一方面取决于个人努力，在工作中具有钻研和探索精神；另一方面需要组织实施有计划、有实效的培训。企业员工培训包含以下步骤。

1. 培训需求分析

(1)组织层面的需求分析，指确定组织范围的培训需求，以保证培训符合组织的整体目标与战略要求，为培训提供可利用的资源及管理者和同事对培训的支持。在分析过程中，需要对企业的外部和内部环境进行分析，找出企业发展和培训需求之间的联系。

(2)作业层面的需求分析，即需要确定培训的内容，也就是员工达到理想的工作绩效所必须掌握的知识，技能和能力。

(3)个人层面的需求分析，是指将企业员工目前的实际工作绩效与绩效标准进行比较，或者将员工现有的技能水平与预期未来对员工的技能要求进行对比，之间的差距就是员工个人的培训需求。

培训需求分析过程可使管理者获得谁需要培训，以及受训者需要学习的内容等方面的信息。

2. 培训设计与实施

培训效果在很大程度上取决于培训方法的选择。采用合适的培训方法，可以提高受训人员的兴趣与注意力，并取得最佳培训效果。表 5-3 概述了最常见的几种培训方法。

表 5-3 员工培训方法

典型的脱产培训方法	
职务轮换	通过横向的交换，使员工从事另一职位的工作。目的在于拓宽受训者的知识技能、技能和经验，使其胜任多方面的工作，同时增加培训的乐趣
预备实习	跟随经验丰富的人、教练或导师工作一段时间，由其提供支持、指导和鼓励。这在收益行业中也叫师徒关系
有计划晋升	使企业员工明确自己的发展道路，了解自己目前的位置及将来可能达到的目标，是一种循序渐进的培训方法
设立“助理”	让有潜力的员工在一段时间内担任某职务的助理，让其对这一职务有更多的了解。同时，也帮助他增加工作经验与胜任这一职务的能力

续表

典型的脱产培训方法	
课堂讲座	讲座可用来传授特定的技术、人际关系及解决问题的技能
电视录像	借助媒体可清晰地展示其他培训方法不易传授的那些技术技能
模拟练习	通过做实际的或模拟的工作的学习技能，如案例分析、实习演习、角色扮演和小组互动等
仿真培训	模拟实现的工作环境，通过操作工作中实际使用的同类设备学习
网络培训	用网络进行传递并用浏览器进行演示的培训方式

3. 培训效果的评价

培训效果是指在培训过程中受训者所获得的知识、技能、才干和其他特性应用于工作的程度。通过培训效果评价可以及时地总结经验，发现问题以达到预期的目的。它通常包括4个层次，如表5-4所示。

表5-4　培训的效果评价的层次

层次	测量内容	测量方法
反应层	受训者对培训的印象和感觉	观察、面谈、问卷、讨论
学习层	受训者在培训前后，知识、技能及态度的掌握方面有多大程度的提高	书面测试、操作测试
行为层	受训者的行为在培训前后有无差别：他们在工作中是否运用了在培训中学到的知识和技能	绩效评价、观察、问卷、做进度记录、成果分析
结果层	组织是否因为培训而经营得更好	利润、成本、生产率、事故率、流动率、士气

5.6.2　员工职业发展

1. 员工职业生涯规划

员工职业生涯规划是一个人职业生涯的妥善安排，包括个人自我评价和选择职业道路两个方面。

1）自我评价

员工个人对自己的能力、兴趣，以及自己职业发展的要求和目标进行分析和评估。每个员工对自己提出一系列的问题，以便从对这些问题的回答中分析自己的能力和兴趣爱好，从而提出符合自己人生发展需要的职业生涯规划。

2）选择职业道路

一个人在企业中的职业道路通常有以下几种选择。

（1）横向职业道路。即跨职能边界的工作变换，这种变化有助于扩大个人的知识技能面，也有利于个人积累阅历。由于工作内容变化较大，往往更具有挑战性。

（2）纵向职业道路。即员工通过在企业中的层级上升而变换工作。在一般情况下，前一份工作都是后一份工作的准备。纵向职业道路表现为职务的晋升和待遇的提高。

(3)网状职业道路。即纵向和横向结合的职业道路,这是对于大部分人来说最为现实的选择。

(4)核心向的职业道路。就是一种进入企业核心的运动。随着对企业的了解加深,逐渐受到企业领导者的信任,从而对企业具有越来越大的影响力。

2. 员工职业发展

对员工职业发展的管理包括:了解员工发展兴趣,制定企业的职业计划;评估员工发展潜力,有效实施职业指导;帮助员工制定和执行职业生涯规划,设置员工职业发展通道等。

职业通道是员工实现职业理想和获得满意工作,或者达到职业生涯目标的路径。企业需要根据员工职业发展需求设计利于其成长和满意的职业通道,提供发展机遇,疏通组织障碍。

一般,员工的职业通道有专业型和管理型两类。前者主要表现为技术头衔的上升;后者主要表现为行政职务的上升。两者的结合则是技术领域的管理职务的上升。

5.7 人力资源绩效管理

5.7.1 绩效管理的作用

1. 绩效的概念

绩效是员工在被评估期间全部工作活动的结果,是其能力在一定环境中表现的程度和效果,是其在实现预定工作任务的过程中所采取的行为及这些行为的结果。绩效的好坏不仅取决于个体的能力与主观努力,还在很大程度上受到企业文化、战略时机、评价者与被评价者的关系及工作环境的影响。

绩效既包括员工的工作结果,即“任务绩效”,也包括员工在工作过程中所表现出来的行为,即“周边绩效”,或者“关系绩效”。同时还要关注取得这些结果的过程,即员工在未来取得优异绩效的行为和素质。可见,绩效是工作结果与未来取得优异绩效的行为和素质的总和。

2. 绩效管理的作用

(1)有助于提高组织绩效。由于绩效管理的动力因素,使管理者和下属人员必须共同交流,通过工作情况审查,判断工作中的不足和优势,并通过协商制定改进低效率措施。此外,通过绩效考核还可以强化员工的正确行为,从而达到提高组织绩效的目的。

(2)有助于管理者做出员工任用决策。通过绩效考核和评价交流,员工可以通过陈述及其他方式表现出来对本职工作和企业发展的建议和想法,使企业管理者不断发现和挖潜企业优秀人才,为选拔和任用优秀人才提供了一个良好的信息交流平台。

(3)有助于企业确定薪酬激励计划。绩效考核的结果可以为企业提供工资调整、薪酬激励的依据。通过绩效考核评价,管理者知道下属员工已完成的工作业绩,未按要求完成的工作事项,从而做出付酬的判断。又因为考核是公开的,因而也容易得到员工认同和接受。

(4)有助于及时获得员工的工作信息。通过绩效考评,企业管理者和人力资源部门可以及时准确获得员工工作信息。通过信息的整理和分析,可以对企业招聘、选择方式、激励政策及培训制度等一系列管理政策的效果进行评估,从而为改进企业政策提供依据。

5.7.2 绩效考核程序

绩效考核的过程一般包括如下 5 个阶段。

1. 准备阶段

绩效考核要发挥作用,首先要制定考核计划,选取合理的绩效标准。这种标准必须得到考核者和被考核者的共同认可,标准的内容必须准确化、具体化和定量化。为此,制定标准时应注意两个方面:一是以工作分析中制定的职务说明与职务规范为依据,因为那是对员工所应尽的职责的正式要求;二是管理者与被考核者沟通,以使标准能够被共同认识。

2. 实施阶段

按制定的考核计划对员工的工作绩效进行考核,做好记录。根据绩效考核的不同指标,考核时需要从不同的方面取得事实材料。

3. 考评阶段

将记录的实际绩效与既定的绩效标准进行对比和衡量,依照对比的结果来评定员工的工作绩效。

4. 反馈阶段

将考核结果反馈给被考核员工,并针对考核中发现的问题与被考核员工进行交流讨论,通过分析,使员工能够正视自己工作中的不足并及时进行调整,提升日后的工作绩效。

5. 应用阶段

依据绩效考核结果中所凸显的问题有针对性地制定员工培训计划,并将考核结果与薪酬和晋升结合起来,产生激励效果,让员工更有信心的投入到工作中去。

5.7.3 绩效考核方法

1. 行为导向型的考评方法

行为导向型的考评方法包括:主观考评方法和客观考评方法。

1)主观考评的主要方法

(1)排列法。评价者按照一个特定的绩效评价维度,如产量、销售量等通过将被评价者的工作与其他员工工作相比较,从而对所有被评价者绩效进行优劣顺序的排序。该方法也可利用多个绩效评价维度对员工的整体工作状况进行综合比较。

(2)选择排列法。该方法首先找出最优者,然后再寻找与之形成鲜明对比的最劣者,接着找出次优者和次劣者,依此步骤,直至将所有被考评者按绩效优劣顺序排好。对于绩效居中者,由于他们的绩效较为接近,须仔细辨别。

(3)配对排列法。将每一个被评价者与工作群体中的其他所有员工一一进行比较,如果被评价者在与另一员工的比较中认定绩效更优,那么被评价后者可得1分。通过这种方法最终可以计算出被评价者的绩效得分,在此基础上可对该工作群体的所有员工绩效进行排序。配对比较法的工作量较大,特别是对于扁平化的组织,控制幅度较大,采用配对比较法更加耗时。

(4)强制分布法。该法在将员工进行工作比较、排出绩效顺序后,在按照员工绩效的相对优劣程度强制将其列入某一等级中。通常,工作绩效可分为优秀、良好、一般、合格、不合格5个等级,按照正态分布规律,每个等级有一定的比例限制。

强制分布法可以克服不分优劣的平均主义,也可避免绩效评价过程中过严或过松的现象。但是,有时却会造成管理人员为了满足分布规律的要求而不按照员工的实际绩效情况进行归类,导致员工不满的情况。

(5)结构式叙述法。采用一种预先设计的结构性表格,由考评者按照各个项目的要求,以文字对员工的行为做出描述性的考评。该方法简单易行,但可靠性和准确性不高,考评结果受主观因素影响大。

2)客观考评的主要方法

(1)关键事件法。将被评价者在工作中所表现出来的最具代表性的有效行为和无效行为都记录下来,形成"考绩日记"形式的书面报告,以此成为评价员工绩效最客观有效的依据。

(2)强迫选择法。预先把考核项目分成两组进行描述,要求考核者从两个项目中选择最能形容被考核者表现的项目,而两个描述通常是相类似的,具有相同好恶感,但都对工作绩效有辨别能力。这种方法可以减低误差,提高信度和效度,降低考核者对被评价者的偏见所带来的影响,同时避免出现趋中问题。该法要求考核者结合企业实际,针对各个岗位的工作要求制定出考核项目及其描述,而且其分析、整理都要求很高的科学性。

(3)行为定位法。该法把关键事件法与各种量化评定方法结合起来,通过一个关于好、差绩效的特殊行为说明量表使评定更为客观有效。通常,这种方法是比较费时费力的,而且,对于不同的工作必须采用不同的行为定位量表。

(4)行为观察法。该法要求评价者对被评价者在评价期间表现出的每一种行为的频率进行评价,最后将所得的评价结果进行平均之后得出总体的绩效等级。其主要缺点是:每一种行为都由评价者确定,对评价者要求高,工作量非常大。

(5)加权选择量表法。该法用一系列的形容性或描述性的语句,说明员工的各种具体的工作行为和表现,并将这些语句分别列在量表中,作为考评者评定的依据。再根据被考评者的实际表现求出各个项目评分的加权综合分值。其特点是打分容易,核算简单,但适用范围较小。

2.结果导向型的绩效考评方法

结果导向型的绩效考评方法主要有目标管理法、绩效标准法、短文法、直接指标法、成绩记录法和劳动定额法。

1)目标管理法

在目标管理过程中,其核心是目标的设定。在组织确定的基础上,要将组织目标层层分解,形成部门目标、员工个人目标。各级目标都不是组织单方面确定的,而是组织与员工共同参与,相互沟通,一致认可的结果。

目标任务完成后,要根据目标要求,一方面对工作结果进行检查评价,以此作为员工绩效评价的依据。另一方面,通过分析目标要求和实际绩效之间的差距,制定改进措施,并为下一阶段工作目标的制定提供信息。

2)绩效标准法

企业根据以往的经验、时间研究数据及工作样本等来为员工预先制定目标。绩效标准则是根据员工完成某项任务所需要的最适当的时间来得出的。然后将被考评者的实际工作结果和绩效标准进行比较。

绩效标准法的主要局限性在于要花费很多的时间、金钱,还需要多方合作。尽管绩效标准或能为员工提供具有明确引导与激励作用的目标,但也有可能导致员工之间激烈的竞争。

3)短文法

考核者书写短文以描述员工绩效,并分别举出长处与缺点的例子。由于这种方法迫使考核者讨论绩效的特别事例,因而能够减少考核者的偏见和晕轮效应,减少趋中和过宽误差。

短文法的主要缺点是费时费力,对考评者要求高。另外,短文法不很适用于估价目标,因为没有通用的标准,短文法描述的不同员工的成绩无法与绩效增长相联系。因而最适合用于小企业或是小的工作单位,而且主要用于开发员工的技能,激发其表现。

4)直接指标法

直接指数法采用客观、实际的标准,如生产率、矿工记录、经营额等,对被考核者的绩效进行评价。例如,评价一个经理的绩效可以通过其下属辞职人数、旷工率等指标；对于非管理人员则可以采用生产率指标（包括质量与数量两方面）等。

5）成绩记录法

成绩记录法适用于难以制定固定标准的工作绩效考评，尤其适用于专业工作和自由职业者。通常，专业人士将他们所达成的工作成果记录在成就记录表里，经主管人员证实后，就可以对其绩效做出一个总体评价。这种方法费时费钱，但被证实对律师等专业性很强的人员的工作成就有很强的描述性。

6）劳动定额法

制定劳动定额，然后把员工的工作与工作标准相比较以考核其绩效，是绩效考核方法之一。工作标准确定了员工在某一工作岗位上正常的或平均的生产产出。这种工作标准使企业可以支付员工计件工资，但是制定工作标准通常是一件长期而细致的工作。

3. 综合型的绩效考评方法

综合型的绩效考评方法主要有图解式评价量表法、合成考评法、日清日结法和评价中心法等。

1）图解式评价量表法

根据岗位的特点和性质，选择相关评价要素，并进行分级，并用文字对其进行描述，制定表格，最后将考评的结果进行相加。

2）合成考评法

合成考评法即包含着开发性和评价性目标的形式的考核方法。肯德基的考核采用“极好、满意、不满意”量表，另外还有一个总的绩效评级。这个表也要求用短语解释所要评价要素的每一评级。但是，不同于其他的评价表，肯德基的考核是针对一个“团队”而不是一个雇员，它表明肯德基的考核重点既在团队又在个人。

3）日清日结法

日清日结法即 OEC 法（over every control clear），是指全方位地对每人每天每事进行清理控制，做到“日清日毕、日清日高”。它包含设定工作目标、进行日目标控制、考评与激励 3 个步骤。根据日清日结记录进行考评评价，使员工的绩效考评有据可查、事实清楚，体现了“客观、真实、公正、公平和公开”的原则，从而使薪酬奖励制度的“保障与激励”双重功能得以充分发挥。

4）评价中心法

在一个评价中心，每次参与评价的员工通常有 6～12 人。每人需要完成大量的模拟任务，如无领导讨论、公文处理、角色扮演甚至包括心理测试等。而各方面的专家组成的观察小组则会对这些人在完成各种任务时所表现出的行为进行观察，然后评价他们所具有的相关技能或潜能。

评价中心法的最大好处是，它对于一个人在从事管理工作方面的绩效能提供比较客观的评价，非常适合于管理人员的绩效评价。

5.7.4　绩效反馈

企业应建立结构化的绩效反馈机制，包括中期的、季度的或月度的进展回顾。反馈应该包括建设性的批评意见，并用一种个人的正式方式提出来。此外，应该鼓励上级在整个时期内都提供非正式的反馈，特别是积极的反馈。同时也鼓励员工向上级征求反馈意见。

1. 绩效反馈的目的

通常，绩效反馈目的一是就绩效评估结果与下属进行沟通；二是与下属一道探索改善绩效的策略和途径；三是为下属的个人发展提供建议和指导。

2. 绩效反馈的内容

(1)工作业绩。应将绩效评估结果及时反馈给下属，如果下属对绩效评估的结果有异议，则需要和下属一起探索合理的评价。通过对绩效结果的反馈，总结绩效达成的经验，找出绩效未能有效达成的原因，为以后更好地完成工作打下基础。

(2)行为表现。除了绩效结果以外，主管还应关注下属的行为表现，比如工作态度、工作能力等，对工作态度和工作能力的关注可以帮助下属更好地完善自己，并提高员工的技能，也有助于帮助员工进行职业生涯规划。

(3)改进措施。在反馈过程中，主管应针对下属未能完成的绩效计划，和下属一起分析原因，并设法帮助下属提出具体的绩效改进措施。

(4)新的目标。主管应结合上一周期的绩效和下一周期新的工作任务，和下属一起提出新的工作目标和工作标准，以帮助下属制定新的绩效计划。

5.8　人力资源薪酬与激励

5.8.1　薪酬管理

1. 薪酬的含义

薪酬是指企业所付出的人力成本，即企业因使用员工劳动，为员工给企业所做出的贡献而付出的经济性报酬，包括直接薪酬，如基本工资、奖金、津贴补贴和股权；间接薪酬，如福利等。

2. 基本工资制度

基本工资制度，也称工资等级制度，员工按工资标准领取的工资构成了全部工资收入的基本部分。目前企业的基本工资制度包括：

(1)岗位工资制。它是根据员工目前所在的职位来决定员工报酬的一种工资制度。其特点是：员工只能根据目前的职位取得报酬；职位变化，报酬随之变化；职位通常同员工的资历相联系。

(2)技能工资制。它是根据员工所拥有的与工作相关的技能与知识水平来决定员工报酬的一种工资制度。其特点是:员工的基本报酬是基于技术而不是资历支付;工资增长,先要证明其精通要求掌握的技术。技能工资制可以提高企业内部员工的流动性,进而提供更多的发展机遇。

(3)绩效工资制。它是根据员工的表现或绩效来决定员工报酬的一种工资制。这种工资制最能体现收入与贡献挂钩的经济利益原则。

(4)结构工资制。这是我国现在比较普及的工资制度。在结构工资中,既有职位工资部分,也有资历工资、技能工资的成分,还有随绩效表现浮动的绩效工资部分。

(5)经营者年薪制。这是对企业董事长、总经理等高管层实行的工资制度。它是以年度为单位确定经营者的基本收入,并视经营成果分档浮动发放风险收入的工资制度。

3. 员工福利

福利是指组织为员工提供的除工资与奖金之外的一切物质待遇,包括法定福利和企业福利。

1)法定福利

法定福利是指按照国家法律法规和政策规定必须发生的福利项目,其特点是法定性、统一性。法定福利包括:

(1)社会保险,包括养老保险、医疗保险、工伤保险、失业保险、生育保险等;

(2)法定带薪假日,按现行规定,企业全年法定节假日有10天为带薪假日。

2)企业福利

企业福利是企业在没有政府立法要求的前提下主动提供的。其特点是非强制性、非统一性。常见的企业福利有工作午餐、交通补贴、通信补贴、房租补助、旅游等。

4. 薪酬制度设计的原则

在企业薪酬制度设计的过程中应遵循以下几个原则。

(1)公平原则。包括外部公平,即与其他企业工资水平相比,本企业工资水平能够被员工认可;内部公平,即企业内部员工认为和其他人相比工资是公平的,能够体现同工同酬等。

(2)竞争原则。企业的薪酬标准应具有吸引力和竞争力,对关键的管理人员和核心技术人员的薪酬水平要高于同类企业;对一般员工的薪酬标准可以略高于市场行情。

(3)激励原则。企业内部各类、各级职位之间的薪酬标准要适当拉开距离,避免平均化,利用薪酬的激励功能,提高员工的工作积极性。

(4)经济原则。企业在设计薪酬时必须考虑自身的经济实力,薪酬过高,则成本上升，影响企业竞争力；薪酬过低，难以配置合适的人力资源，设计时需要寻找最佳的平衡点。

5. 薪酬制度设计的程序

通常，企业薪酬设的过程包括薪酬调查、薪酬总额计算、薪酬制度设计、薪酬结构设计和薪酬管理制度设计等步骤。通过这些步骤，确定本企业薪酬的基本管理办法，并将这些办法规范化、制度化，最终形成文件，即薪酬制度。

5.8.2　激励型薪酬方案

1. 基于个人的奖励方案

1）绩效工资

绩效工资指根据员工在一定工作时期的绩效评价结果而增发的奖励性工资。为使绩效工资发挥激励作用，薪酬的增长必须让员工感觉到和以前的基本工资相比有差别，才有激励意义。

2）个人奖励计划

个人奖励计划指以员工个人的工作表现为依据，将员工的工作业绩和薪资联系起来的薪酬计划。其特点是：员工能超额完成或超过了预先制定的绩效标准，便可以获得相应的奖金或者额外的报酬。常用的个人奖励计划有计件工资、标准工时工资和佣金等。

（1）计件工资。通过确定产品的计件工资率，将工人收入与产量直接挂钩。计件工资制又细分为以下两种：直接计件工资制。工资由产量决定，难以保证工人工资收入达到最低工资标准。有保障工资制。事先保证工人的最低工资收入，产量的高低决定工资增长额度的大小。计件工资的优点是便于计算，计量公平，具有较好的激励效果。其缺点是确定计件工资率的过程较为繁琐；工人对产量标准确定与变动非常敏感；导致工人只关心产出量，而不注意产品质量与机器设备的维护与保养，并且不愿意更换岗位，不愿意引进新设备与革新生产进程等。

（2）标准工时工资。依据工人绩效高于标准水平的百分比付给工人同等比例的奖金。这种制度的基本前提是工人有固定的基本工资。标准工时制具有计件工资制的大部分优点，同时也很好地解决了工人对计件工资率依赖与敏感的问题。

（3）佣金制。也叫“提成制”，是直接按销售额的一定比例确定员工的报酬的一种工资制度，主要用于销售人员的工资支付制度。佣金制的优点是导向性强、计算简单、易于理解、管理和监督成本低。其主要缺陷是会导致销售人员的短期行为；将市场风险转嫁到销售人员的身上，有可能造成销售人员收入的忽高忽低。

2. 基于团队的奖励方案

团队奖励常采用如下 3 种形式。

(1)确定团队中各成员工作标准,记录每个成员的产出水平,然后按以下方式计算团队成员的薪酬:①按产出最高的工人的标准计算薪酬。这种方法有利于促进成员尽力提高自己的产量,从而提高团队最高产量,有利于提高劳动生产率。但这种方法的工资成本也最高。②按产出最低的工人的标准计算薪酬。在这种情况下,团队成员会想尽一切办法帮助产量最低的成员提高产量。这可能造成其他成员的生产效率不能完全发挥出来,并且产量最低的员工心理压力大,容易引起成员之间的矛盾。③所有成员按团队的平均产出标准计算薪酬。

(2)根据团队的最终整体产出水平确定产量标准,所有成员都根据团队的既定的计件工资率或标准工时工资率获取同样的薪酬。

(3)简单地选定团队所能控制的绩效或生产率的测量标准来衡量团队整体绩效,所有成员根据整体绩效的高低获取同样的薪酬。

3.基于部门范围的激励薪酬方案

以公司内某部门或业务单位的整体绩效为基础来奖励该部门的全体员工,又称为收益共享计划。一般以一次性累计奖金的形式将公司所节约的生产成本的一部分返还给员工,使部门所有成员分享成本削减所带来的收益。

4.基于公司范围的激励薪酬方案

基于公司范围的激励薪酬方案基于整个公司的绩效来奖励全体员工。其最常见的形式有:利润分享计划、员工持股计划。

1)利润分享计划

利润分享计划有几种形式,其中最流行的是现金计划,即每隔一定时间把一定比例的利润(通常为15%～20%)作为利润分享额。

还有一种是延期利润分享计划。即在监督委托管理的情形下,企业按预定比例把一部分利润存入员工账户。这类计划使员工可以享受税收优惠。因为个人所得税的支付要延期到员工退休后,这样,员工只需以较低的税率纳税。

2)员工持股计划

员工持股计划的基本形式一般是公司把其一部分股票(或可以购买同量股票的现金)交给一个信托委员会,其数额通常依据员工报酬总额的一定比例确定,但一般不超过15%。信托委员会把股票存入员工的个人账户,在员工退休或者不再工作时再发给他们。

员工持股计划的优点是:公司在分配股额时可以享受税收优惠,优惠额相当于转给信托委员会的股票的市场值。公司可以要求减让员工单位股息收入所得税。员工只有从信托委员会得到收益后才要纳税。

复习思考题

1. 简述人力资源和人力资源管理的定义及其基本职能。
2. 简述人力资源发展规划过程。
3. 简述组织结构模式及企业组织变革原因。
4. 简述工作分析与岗位设计及其方法。
5. 企业招聘方法有哪些？如何进行员工招聘？
6. 人力资源的配置模式有哪些？
7. 什么是绩效与绩效考核？企业如何实施绩效考核？
8. 简述薪酬的结构，并说明如何进行企业的薪酬制度的设计。
9. 如制定企业员工培训计划？

案例分析

H公司的人力资源管理问题

某私营企业H公司，主要业务是作某著名品牌的新产品在中国区的总经销。由于管理人才的缺乏，公司成立之初，市场业绩一直不理想。后经公司内部员工推荐，老板未经过人力资源部履行必要的人事手续，引进了一位高层管理人员作为主管销售和市场工作的副总裁。

副总裁来公司两周后，公司委派其带领公司一部门几名员工去参加外地一个展会。员工A和该副总裁分别向财务借了部分费用。在参展期间，员工A预支的费用不够买回程的车票，请求副总裁支援。但副总裁怀疑员工A与展会主办单位有黑幕交易，拒绝支援并于展会结束后自己直接乘飞机回总部，并说服老板不安排汇款。参展的另外几名员工滞留当地一日，自行凑钱买了火车票回公司。员工A由于尚未结清参展费用，又无钱购火车票，被滞留当地三日，才辗转回到总部。

此事情发生后，在一段时期内给公司造成了消极影响。老板征求公司人力资源部的意见，希望能采取合适的措施消除该事件的消极影响。

思考题

H公司的人力资源管理有什么问题？该公司人力资源部应该如何处理这样的事件？

第6章

企业财务子系统及其管理

本章提要

在本章中,您将学习到以下主要内容:

1. 财务管理的概念、内容和作用;
2. 企业财务管理子系统的一般构成,主要输入和主要输出;
3. 企业筹资的基本渠道、方法及其特点;
4. 企业营运资金的概念和组合策略;
5. 企业投资过程和决策方法;
6. 企业利润管理的主要内容和方法;
7. 企业主要财务报表及其作用;
8. 企业的偿债能力、盈利能力、营运能力分析的主要指标;
9. 企业成本费用分析的重点;
10. 杜邦财务分析体系及其应用等。

财务子系统是企业管理系统的重要组成部分,其主要任务是为企业发展筹措资金;合理配置财务资源,实现收益最大化;管理投资项目的财务收益等。通常,企业财务子系统涉及企业的各个部门、各个层次。但财务管理职能的主管部门是财务管理部门,或者财会部门。

6.1 企业财务管理子系统概述

6.1.1 企业财务管理的概念

1. 财务管理的定义

财务管理是以现代企业财务为对象,对资金运动进行计划、组织、控制和协调的过程，并在正确处理这一过程所体现的经济关系的基础上，保证企业目标得以实现的一项经济管理工作。

2. 财务管理的内容

企业的财务管理主要包括以下几个方面。

(1)资金筹集管理，指企业通过有关渠道，采用一定方式取得经营所需资金的管理活动。其目的是选择最适当的资金筹集方案，尽量降低资金成本、规避财务风险，在最有利于企业的前提下获得经营所需的资金。

(2)资金投放管理，即投资管理，是企业将从有关渠道取得的资金投入其内部或外部以谋取收益的管理活动。其目的是选择恰当的投资方案，在成本与效益、风险和收益最优组合的条件下使用资金。

(3)资金营运管理，指企业对通过资金投放所形成的各项资产的利用、调度和管理的活动。其核心是选择最合理的资源配置方案，最大限度地利用各项资产创造收益。

(4)收益分配管理，指企业根据国家的有关规定和自身经营的需要，将从经营过程中收回的资金分配用于不同方面的管理活动。其核心是选择最佳的利润和税后利润分配方案，在保证各方利益的同时，使企业的财务状况得以改善，财务能力得以增强。

以上4项内容之间是一种相互影响、相互作用、相互制约相互促进的关系，前一项内容都是后一项内容的前提和基础，后一项内容都是前一项内容的继续和延伸，从而形成一个完整的财务管理循环。有效的财务管理过程会通过每一次循环使企业的各种财务行为更加合理和高效，从而使企业价值不断提升。

3. 财务管理的目标

现代企业财务管理具有决策、调控、反馈和监督等四大职能，具有保证企业财务活动全过程的合法性和合理性的作用。其目标是：满足企业经营与发展的资金需求，实现企业利润最大化和股东价值(或企业价值)最大化。

6.1.2 企业财务管理子系统

企业财务管理子系统如图6-1所示，包含输入、管理过程和输出3个主要方面。此外，企业还需要根据内部经营和外部资金供给的实际情况及其反馈信息不断修正和调整财务管理系统的输入、过程和输出。

1. 输入

输入是指企业财务管理系统运行的基础，包括财务人员、基本设备、企业目标、现有财务资源、资金需求与供给信息、企业内部资金使用现状、财务管理法规规范等。这些输入是企业进行财务规划的必要条件。

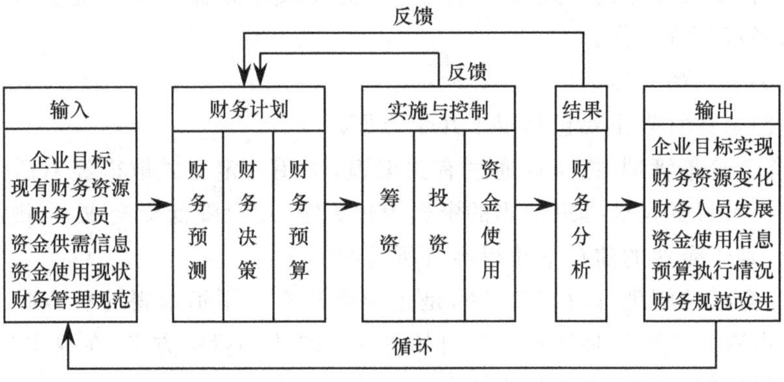

图 6-1 企业财务管理子系统

2. 管理过程

现代企业财务管理过程由财务预测、财务决策、财务预算、财务控制、财务分析5个具体环节顺次构成。

1) 财务预测

财务预测是财务管理人员根据企业财务活动的历史资料和其他相关信息，结合企业的现实条件和未来可能具有的条件，采用定性和定量的方法，对企业未来财务活动的发展趋势及可能达到的状况进行判断和测算的过程。作为整个财务管理过程的首要环节，财务预测是进行财务决策的基础，编制财务预算的前提，实施财务控制的标准和开展财务分析的根据。

2) 财务决策

财务决策是对财务预测所提出的诸多财务方案进行可行性研究，从而选出最优方案的过程。它以资源的优化配置为目标，依据成本与效益的原则，主要研究企业经营决策中的资金的筹集、投放、营运、分配的时间、方向、数量等问题，是各项经营决策的核心和综合反映，其科学性直接决定着财务预算的合理性、财务控制的有效性和财务分析的有用性。没有财务决策，其他财务管理工作都将失去存在的意义。

3) 财务预算

财务预算是对财务决策所选定的最优方案的数量化、具体化、系统化的反映。它为企业的各项财务活动确立目标和任务，既为财务控制提供依据，也为财务分析和业绩评价提供尺度。财务预算在现代企业财务管理全过程中起着承上启下的作用。它以财务预测和财务决策为前提，又是财务控制和分析的基础。

4) 财务控制

财务控制是根据一定的标准，利用有关财务信息，影响与调节企业的财务行为，使之按照预定目标运行的过程。财务控制既是现代企业财务管理的一个环节，也是实现财务管理目标的基本手段。

5)财务分析

财务分析是根据财务预算、财务报表及有关资料，运用特定方法，借助有关指标来了解和评价企业财务状况和财务能力，考核企业财务效果，以便为其他管理环节反馈信息的过程。财务分析作为财务全过程的最后一个环节，标志着上一个财务管理循环的完成，也意味着下一个财务管理循环的开始，是两个循环交替的转换点。

3. 输出

企业财务管理过程产生的输出表现为企业目标的实现情况、企业财务资源的变动、财务人员的发展、企业资金使用结构与效率的变化、预算执行情况、财务管理法规规范执行情况等。这些信息将作为新的输入转入下一次循环。

6.2　企业筹资管理

6.2.1　企业筹资概述

1. 筹资渠道与筹资方式

筹资渠道是指企业资金的来源，筹资方式是指企业取得资金的具体方式。资金从哪里来和如何取得资金，既有区别又有联系。一定的筹资方式，可能只适合用于某一特定的筹资渠道；但同一渠道的资金，也可能采用不同的方式取得。而同一筹资方式又往往可适用于不同的资金渠道。

(1)筹资渠道，目前我国企业的资金来源渠道主要有：财政资金；银行资金；非银行性质的金融机构的资金；其他企业资金；公共团体资金；家庭或个人资金；外商资金；其他。

(2)筹资方式，目前企业筹集资金的方式主要有：吸收投资；发行股票；发行债券；银行借款；保留盈余；融资租赁等。

2. 权益资金和借入资金

企业所筹集的资金主要有所有者权益和负债两大类。所有者权益是指投资人对企业净资产的权利，包括投资者投入企业的资本金及持续经营中形成的资金积累，如资本公积金、盈余公积金和未分配利润。资本金是企业在工商行政管理部门登记的注册资金，是各种投资者以实现盈利和社会效益为目的，用以进行生产经营、承担民事责任而投入的资金。负债是企业所承担的能以货币计量、需以资产或劳务偿付的债务。从筹资角度看，企业主要的负债由银行借贷和商业借贷等。

资金的不同来源形成了企业不同的资金结构。不同的资金结构又会对企业的风险和报酬率产生不同的影响，财务人员必须合理安排资金结构，以便增加收益，减少风险。例如，负债资金要求企业定期付息，到期还本，投资人的风险较小，且成本较低，但因为要定期还本付息，企业的财务风险较大。相反，自有资金不用还本，收益不定,投资人的风险较大,因而要求有较高的报酬,企业要付较高的成本,但因不用还本付息,企业的财务风险较小。

6.2.2 企业自有资金的筹集

吸收投资、发行股票、留用利润是企业筹集自有资金的重要方式,这些方式的特点分述如下。

1.吸收直接投资筹资

吸收直接投资是指企业按着“共同投资、共同经营、共担风险、共享利润”的原则来吸收国家、法人、个人、外商投入资金的一种筹资方式。吸收投资中的出资者都是企业的所有人,他们对企业具有经营管理权,同时也享有分配利润的权力和承担损失的义务。

1)吸收投资的种类

(1)吸收国家投资。指有权代表国家投资的政府部门或者机构以国有资产投入企业,这种情况下形成的资本金称为国家资本金。

(2)吸收法人投资。指法人单位以其依法可以支配的资产投入企业,这种情况下形成的资本金叫法人资本金。

(3)吸收个人投资。指社会个人或本企业内部职工以个人合法财产投入企业,这种情况下形成的资本金称为个人资本金。

(4)吸收外商投资。指外国投资者及我国香港、澳门和台湾地区投资者把资金投入企业,这种情况下形成的资本金称为外商资本金。

2)企业出资方式

企业在采用吸收投资这一方式筹集资金时,投资者的出资方式主要有以下几种。

(1)现金投资。现金投资是吸收投资中一种最重要的投资方式。

(2)实物投资。以厂房、建筑物、设备等固定资产和材料、燃料、商品等流动资产所进行的投资。

(3)工业产权投资。指以专有技术、商标权、专利权等无形资产所进行的投资。

(4)场地使用权投资。投资者也可以用场地使用权来进行投资。场地使用权是按有关法规和合同的规定使用场地的权利。

2.发行股票筹资

企业可以通过发行股票来筹集所需要的资金,企业股票的类型主要有普通股和优先股。普通股是指在公司的经营管理和盈利及财产的分配上享有普通权利的股份,代表满足所有债权偿付要求及在优先股东的收益权与求偿权要求后对企业盈利和剩余财产的索取权,它构成公司资本的基础,是股票的一种基本形式,也是发行量最大,最为重要的股票。

优先股是公司在筹集资金时，给予投资者某些优先权的股票。优先权主要表现在两个方面：一是固定的股息，且不随公司业绩好坏而波动，并可以先于普通股股东领取股息；二是当公司破产清算时，优先股股东对公司剩余财产有先于普通股股东的要求权。但优先股一般不参加公司的红利分配，持股人亦无表决权，不能借助表决权参加公司的经营管理。

6.2.3　企业负债资金的筹集

1. 发行债券

债券是社会各类经济主体为筹集负债性资金而向投资人出具的、承诺按一定利率定期支付利息，并到期偿还本金的债务凭证。发行债券是企业筹集资金的一种重要方式。

债券可按以下方式分类。

1)按发行主体分类

按发行主体分类，债券可分为：

(1)政府债券，是由各国中央政府或地方政府发行的债券；

(2)金融债券，是银行或其他金融机构发行的债券；

(3)公司债券，是指由股份公司等各类企业所发行的债券。

2)按有无抵押担保分类

按有无抵押担保分类，债券可分为：

(1)信用债券，是仅凭债券发行者的信用而发行的、没有抵押品作担保的债券；

(2)担保债券，是指以抵押财产为担保而发行的债券。

3)按债券是否记名分类

按债券是否记名分类，债券可分为：

(1)记名债券，是指在券面上注明债权人姓名，同时在发行公司的债权人名册上进行登记的债券；

(2)无记名债券，是指债券票面未注明债权人姓名，也不用在债权人名册上登记债权人姓名的债券。

2. 商业借款和商业信用

企业以合同方式从金融机构或其他单位借入的需要还本付息的款项称为商业借款。企业可以从商业银行、投资信托公司、财务公司等金融机构获得贷款，也可以向主管部门、总公司或集团公司、其他企业或单位借款。

商业信用是企业之间由于业务往来而发生的，以延期付款等形式表现的信用交易关系。与贷款不同的是，商业信用一般不需要支付利息，它是以商业信用为代价的。此外，还有一些应付预收款项也构成了企业的资金来源，但不应成为其主要来源。

6.2.4 企业筹资组合

1. 各种筹资方式的特点

企业从不同筹资渠道获取不同使用周期的资金构成了其筹资组合。各种筹资渠道的特点如表 6-1 所示。

表 6-1 筹资方式及其特点

类型	渠道	优点	缺点
权益	吸收投资	扩大自有资金，增强企业信誉和借款能力，方式灵活，永久使用，财务风险低	资金成本较高，容易分散企业的控制权
	发行股票	普通股：永久使用，不需归还，没有固定的股利负担； 优先股：永久使用，固定股利，优先清偿	普通股：资金成本较高，增加新股东会分散公司的控制权；优先股：固定股利在企业经营状况不佳时产生负担
负债	发行债券	资金成本较低、保证控制权、财务杠杆作用	财务风险较大、限制条件多、筹资数额有限
	商业借款	灵活简便，借款成本较低，借款的弹性好	财务风险大，限制条款多，筹资数额有限
	商业信用	不需要支付利息	容易造成信用损失，容量较小

2. 企业筹资组合策略

企业筹资组合的关键问题是在筹资成本和财务风险之间求得平衡。企业的筹资组合有正常的筹资组合、冒险的筹资组合和保守的筹资组合 3 种策略，如图 6-2 所示。

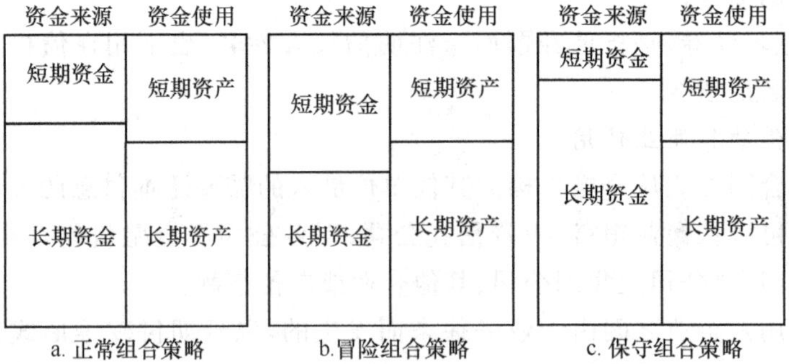

图 6-2 筹资组合策略

各种筹资组合策略的特点如表6-2所示。

表6-2 各种筹资组合策略的特点

筹资策略	特征	筹资成本	财务风险
正常	短期资金用于短期资产;长期资金能用于长期资产	中	中
冒险	短期资金用于部分长期资产	低	大
保守	长期资产用于部分或全部短期资产	高	小

6.3 企业资金使用管理

企业通过各种渠道筹集的资金需要用于各项经营和投资活动中,以获取收益。通常,企业资金的使用包含两个方面:营运和投资。营运是指进行正常的生产经营活动;投资是指投向新的项目。本节将主要介绍用于正常生产经营活动的资金的管理。

6.3.1 营运资金管理

1. 营运资金的概念

营运资金是指在企业正常生产经营活动中占用在流动资产上的资金。营运资金有广义和狭义之分,广义的营运资金又称毛营运资金,是指一个企业流动资产的总额,狭义的营运资金又称净营运资金,是指流动资产减流动负债后的余额。营运资金的管理既包括流动资产的管理也包括流动负债的管理。

(1)流动资产。流动资产是指在一年以内或超过一年的一个营业周期内变现或运用的资产,流动资产具有占用时间短、周转快、易变现等特点,企业拥有较多的流动资产,可以在一定程度上降低财务风险。

(2)流动负债。流动负债是指需要在一年或者超过一年的一个营业周期内偿还的债务。流动负债又称短期融资,具有成本低、偿还期短的特点。企业拥有较多流动负债时其还款的财务风险较大。

2. 营运资金管理的原则

企业的营运资金在全部资金中占有相当大的比重,而且周转期短、形态易变,所以是企业财务管理工作的一项重要内容。企业进行营运资金管理的原则是:在满足营运资金需要的前提下,尽量节约使用资金,提高资金营运效果;同时确保企业有足够的短期偿债能力。

6.3.2 企业营运资产组合

1. 资产组合的概念

一个企业的资产,可以分为流动资产和非流动资产两大部分,其中非流动资产又称为长期资产，包括固定资产、无形资产、递延资产、对外长期投资等。企业资产总额中流动资产和非流动资产各自占有的比例，称为企业的资产组合。可以用流动资产率来表示。

流动资产率＝流动资产/资产总额

资产组合在一定程度上会影响企业的收益水平和财务风险。如果流动资产率较小，说明企业资产中长期资产的比重较大，流动资产较少，那么由资产流动所带来的收益也会较少，表现为企业盈利能力不足。反之，如果流动资产率较大，说明企业通过资产流动获得收益的可能性增大。但是对特定企业而言，当流动资产率大到一定程度，就会出现由于长期资产投入较少而导致的产能瓶颈，表现为企业收益增长乏力。不同行业的企业其流动资产率的适宜区间各不相同。

从使用看，企业流动资产的数量按其功能可以分成两大部分：正常需要量和保险储备量。正常需要量是指为满足正常的生产经营需要而占用的流动资产；保险储备量，是指为应付意外情况的发生在正常生产经营需要量以外而储备的流动资产。其比例关系构成了企业流动资产的内部结构。

2. 企业资产组合策略

企业资产组合主要有 3 种策略：适中的资产组合、保守的资产组合和冒险的资产组合。各种资产组合策略的特点如表 6-3 所示。

表 6-3　各种资产组合策略的特点

筹资策略	特征	收益	风险
适中	在保证正常需要的情况，适当留有一定保险储备。平衡收益和风险	中	中
保守	在正常生产经营需要量和保险储备量的基础上，再加上一部分额外的储备量。尽可能降低风险	低	小
冒险	只安排正常生产经营需要量，不安排或只安排很少的保险储备量。尽可能提高收益	高	大

总之，在资产总额和筹资组合都保持不变的情况下，如果固定资产减少而流动资产增加，就会降低企业的财务风险，但也会减少企业的盈利；反之，如果增加固定资产，减少流动资产，则会同时增加企业的风险和盈利。所以，在确定投资组合时，必须面对风险和报酬的权衡问题。

6.4 企业投资管理

6.4.1 企业投资概述

1. 投资的基本概念

投资是指企业投入财力,以期望在未来获取收益的一种行为。在市场经济条件下,企业能否把筹集的资金投放到收益高、回收快、风险小的项目上去,对企业的生存和发展是十分重要的。

2. 企业投资类别

1)直接投资与间接投资

直接投资是指把资金投放于生产经营性资产,以便获取利润的投资。在非金融性企业中,直接投资占的比重很大。间接投资又称证券投资,是指把资金投放于证券等金融资产,以便取得股利或利息收入的投资。随着我国金融市场的完善和多渠道筹资的形成,企业间接投资越来越广泛。

2)短期投资与长期投资

短期投资又称流动资产投资,是指在一年以内能收回的投资,主要指对货币资金、应收账款、存货、短期有价证券等的投资。长期投资则是指一年以上才能收回的投资,主要指对厂房、机器设备等固定资产的投资,也包括对无形资产和长期有价证券的投资。由于长期投资中固定资产占的比重最大,所以,长期投资有时专指固定资产投资。

6.4.2 企业投资过程

企业投资决策过程一般由识别投资机会、预测现金流量、选择投资方案、实施与评估等 4 个步骤所组成,如图 6-3 所示。

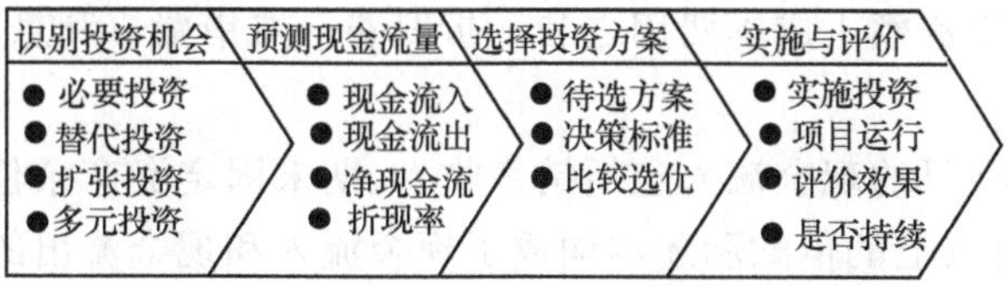

图 6-3 投资决策过程

1. 识别投资机会

识别具有投资价值的商业机会是投资决策的第一步。企业投资的最根本动因是扩大业务规模,获取更大收益。因此,必须根据是否能够为企业获取更大收益为依据来识别投资机会。企业投资机会一般有以下几种。

(1)必要性投资。即企业为适应安全、健康、环保的生产条件所需要的投资。这种投资一是为了满足各种标准、规范、规章的要求;二是创造更好的生产工作条件,提高生产和工作效率,防止恶性事件发生。

(2)替代性投资。即企业为替代旧的生产条件所进行的投资。这类投资主要是成本节约型,或者是效率提高型的,因此,可以用成本节约值,或者收益提高值来预期投资的效果。设备改造、技术改造等项目均属于此类。

(3)扩张性投资。即扩大生产规模,新建生产设施的投资。与前两种投资相比,这类投资的财务评价相对较难。因为必须要预期资金需求、销售收入、生产成本等。新建项目和改扩建项目均属于此类。

(4)多元化投资。即企业对全新的业务领域所进行的投资。此时,预期投资项目的现金流量最为困难。

可见,企业在进行投资之前,必须要系统研究投资需求,明确投资目的,以便准确判断投资所带来的收益和效果。

2. 预测现金流量

投资项目的现金流量预测由以下3个部分组成。

1)现金流出

现金流出代表投资项目的支出,主要包括:

(1)投资,含固定资产投资和流动资产投资,有时还包括无形资产投资和递延资产投资。

(2)费用与成本,这里的成本是指生产成本,费用是指期间费用,包含管理费用、财务费用和营销费用等。

(3)税金,包含流转税类(增值税、营业税、消费税等)、所得税、资源税类(特种资源税、土地使用税等)、特定税类(城乡维护建设税、教育费附加等)和关税等。

由于在上述成本费用中包含的固定资产折旧费、递延资产摊销费、利息支出等,均已在投资中计量过了,为避免重复计算,可用下式计算现金流出,即

现金流出=投资额+成本费用之和-折旧费-摊销费-利息支出+税金

2)现金流入

典型的投资项目的现金流入包括销售收入、期末固定资产余值、流动资产回收等。此外,不同时点上的借款和还本构成了现金流入和现金流出的组成部分。

3)净现金流量

净现金流量指在项目运行期间所产生的现金流入减去现金流出所获得净值,即

$$净现金流量 = 现金流入 - 现金流出$$

3. 选择投资方案

在投资决策中,可以用净现值、内部收益率、投资回收期和投资收益率来评选

投资方案。

1)净现值法

项目投资的净现值(net present value,NPV)等于预期未来各年税后净现金流量的现值减去项目初始投资额,即

称
$$NPV = \sum_{t=1}^{n} \frac{ACF_t}{(1+r)^t} - IO$$

式中,NPV——项目净现值;

ACF_t——第 t 年的税后净现金流量;

r——折现率;

IO——项目期初投资;

n——项目预期寿命年限。

其中,折现率 r 的确定主要考虑投资资金的成本、风险和通货膨胀的影响。

对于单一项目投资方案,NPV≥0,项目可行;NPV<0,项目不可行。对于一个项目的多个可选方案,NPV 最大,且大于零的方案入选。

2)内部收益率法

内部收益率(internal rate of return,IRR)是指净现值为零时的折现率,即

$$NPV = \sum_{t=1}^{n} \frac{ACF_t}{(1+IRR)^t} - IO = 0$$

对于单一项目投资方案,IRR 大于投资资金成本,项目可行;否则,项目不可行。对于一个项目的多个可选方案,通常选取增量内部收益率最大的方案。

3)投资回收期法

投资回收期(payback period)是指项目收回期初投资所经历的时间。

投资回收期有静态和动态之分。静态投资回收期的计算不考虑资金时间价值,通常用于投资额较小、寿命周期较短的项目。动态投资回收期,又称为贴现投资回收期,则是考虑了资金时间价值时的投资回收时间,主要用于投资额较大,或者投资寿命周期较长的项目。

投资回收期法的优点是计算简单,利于理解。其缺点是没有考虑回收期以后的收益和支出。

4)投资收益率法

投资收益率是指投资项目未来预期的年平均报酬率。当年平均报酬率大于资金成本时,项目可行。投资收益率与静态投资回收期存在着一定的关系。其特点和适用场合也相同。

4. 评估投资绩效

当项目投资执行之后,还需要对已建成的投资项目进行评价,以为今后经营提供改进建议,并为后续投资提供参考。投资项目的绩效评价主要包含:监控项目执行后各年的现金流量、计算项目的实际投资收益、判断投资项目是否有继续投资的

机会等。

6.4.3 企业证券投资

证券是指票面载有一定金额，代表财产所有权或债权，可以有偿转让的凭证。证券投资是企业投资管理的重要组成部分，科学地进行证券投资管理，能增加企业收益、减少风险，有利于财务目标的实现。企业在进行证券投资时，通常主要投资于以下证券。

1. 国库券

国库券是政府为解决先支后收，资金临时性短缺而发行的有价证券。国库券本金安全，流动性好，并且有多种多样的期限，因此，是企业进行短期投资的主要对象。

2. 短期融资券

短期融资券是由财务公司等金融机构及工商企业所发行的短期无担保本票。它可以直接出售，也可由经纪人出售。通常，短期融资券按贴现的办法出售，其到期日一般在一年以内，利率通常比国库券的利率要高。买到手的短期融资券一般需保持至到期日，因为短期融资券的流动性较弱，买卖不方便。

3. 企业股票和债券

有关企业发行的股票和债券是企业证券投资的主要对象。企业发行的股票和债券均属于长期证券，但因为股票和债券均可在金融市场上出售，因此，也可用于短期投资。企业财务部门进行短期投资的主要目的是配合企业对现金的需求，所以，应投资于那些风险低、变现能力强的股票和债券。

6.5 企业利润管理

企业利润管理是指通过科学方法确定企业在一定时期所要实现的目标利润额，并根据利润目标的要求，测定为完成目标利润额的各项经营收支的目标，并列出日程，归类分级进行分解、落实，有效实施日常控制，严格考评，以确保利润目标的实现。

利润管理的主要内容包括：①确定目标利润；②组织与控制目标利润的实现；③对已实现利润进行分配；④考核分析目标利润实现情况。关于目标利润的分析与考核将在本章第六节说明。以下仅讨论目标利润的确定、实现和利润分配。

6.5.1 利润及其构成

1. 利润的含义

利润是企业在一定时期生产经营的最终成果。利润是收入扣除成本费用后的余额，是企业的净收益。利润的基本公式为

$$利润 = 收入 - 成本$$

2.利润的构成与计算

企业的利润总额是由三部分构成的:营业利润、对外投资净收益和营业外净收益。其公式为

利润总额=营业利润+投资净收益+营业外收入-营业外支出

表6-4的内容给出了利润各构成部分的含义及计算公式。

表6-4 企业利润的构成

构成部分	含义	计算公式
营业利润	企业从事生产经营活动所取得的利润,是企业利润的主要来源	销售利润=产品销售利润+其他销售利润-管理费用-财务费用
投资净收益	企业对外投资收益扣除对外投资损失后的数额	投资净收益=对外投资收益-对外投资损失
营业外净收入	与企业生产经营无直接关系的各项收入	营业外净收入=营业外收入-营业外支出

6.5.2 目标利润的确定

进行利润管理的关键之一是正确确定目标利润水平。确定目标利润的方法主要有以下几种。

1.利润率确定法

利润率确定法是根据各种利润率和其他相关指标来确定目标利润的一种方法。我国目前主要有两种形式:根据企业占用的资金和资金利润率来确定;根据销售收入和销售利润率来确定。当企业的利润率相对稳定或者可以可靠地估计时,这种方法比较有效。

2.递增率确定法

递增率确定法是根据企业的基期利润和利润递增比率来确定目标利润的一种方法。当企业的利润率有一定的提升空间时,这种方法比较有效。

3.定额确定法

定额确定法是根据某一利润定额来确定目标利润的一种方法。一般,在市场竞争激烈,企业销售收入下降,而企业必须保持一定的利润水平时,可把上年(或一定)的利润水平作为目标利润。此外,如果企业实行了某种形式的经济责任制(如利润承包或者厂长、经理的任期目标责任制等),则可以把利润承包数或是把任期的利润指标作为目标利润数。

6.5.3 目标利润的实现

实现目标利润的组织与控制主要包括以下几个方面。

1.合理分解目标利润

目标利润的分解是目标利润管理的一个重要方面。常规的做法是把企业的目标利润在各利润中心之间进行分配。所谓利润中心,是指既对成本负责,又要对收入和利润负责的责任单位。通常,企业的利润中心由各业务经营单位组成。通过对目标利润的分解,能使各责任单位都明确自己的目标,对充分调动其积极性,保证企业总的目标利润的实现具有重要意义。

2.适时监控目标利润实现过程

目标利润经过分解后,在实际执行过程中就可以分阶段地将目标利润与实际利润不断进行对比分析,发现差异,并认真分析差异形成的原因,及时采取修正措施,确保最终目标利润的实现。

在企业实践中,常常采用季度、半年和年终的检查策略,不断比较目标利润与实际利润的差异。如果发现实际利润低于计划的目标利润,则需要查明原因,及时采取相应措施,确保企业整体利润目标的实现。

3.积极探索增加利润的各种途径

企业提高利润水平的主要措施包含以下方面:

(1)减少亏损产品的产出;

(2)对自制成本较高的零部件实施外包;

(3)实现规模批量生产;

(4)提高工艺技术水平。

6.5.4 企业利润的分配

企业的利润分配,是指根据国家有关法规和企业章程的规定,企业将所获利润在国家及企业的各权益主体之间所进行的分配。企业所获得的利润,首先要向国家纳税,然后在企业、所有者和员工之间进行分配。

利润分配的一般程序如下。

1.非股份有限公司的利润分配程序

根据《企业财务通则》的规定,除股份有限公司之外,国有企业和其他所有制形式的企业可供分配的利润,除国家另有规定外,一般应按以下顺序进行分配:

(1)弥补被没收的财物损失,支付各项税收的滞纳金和罚款。

(2)弥补以前年度亏损。

(3)提取法定盈余公积金。法定盈余公积金按税后利润扣除前两项以后的10%提取,当法定盈余公积金已达到注册资本的50%时可不再提取。

(4)提取法定公益金。法定公益金按税后利润扣除前两项以后的5%～10%提取。

(5)向投资者分利。企业以前年度未分配利润,可以并入年度向投资者分配。

2. 股份有限公司的利润分配程序

按照我国《公司法》等法律、法规的有关规定，股份公司当年实现的利润总额，应按照国家有关规定作相应调整后，依法交纳所得税，然后按下列顺序进行分配：

(1)弥补以前年度亏损。

(2)提取法定盈余公积金。

(3)提取法定公益金。

(4)提取任意盈余公积金。任意盈余公积金按照公司章程或股东会议决议提取和使用，其目的是为了控制向投资者分配利润的水平及调整各年利润分配的波动。

(5)向投资者分配利润或股利。净利润扣除上述项目后，再加上以前年度的未分配利润，即为可供普通股分配的利润，公司应按同股同权、同股同利的原则，向普通股东支付股利。

6.6　企业财务分析与报告

6.6.1　企业财务分析概述

1. 企业财务分析的概念

企业财务分析是以财务报告资料及其他相关资料为依据，采用一系列专门的分析技术和方法，对企业筹资活动、投资活动、经营活动、分配活动的盈利能力、营运能力、偿债能力和成长能力等进行分析与评价的经济管理活动。它为企业的投资者、债权人、经营者及其他利益相关者通过了解企业过去、评价企业现状、预测企业未来，做出正确决策，提供相应信息和依据。

上述定义明确了企业财务分析的目的、内容、重点、依据和方法，如表 6-5 所示。

表 6-5　企业财务分析的特点

项目	描述
目的	了解企业过去、评价企业现状、预测企业未来，为正确决策提供依据
内容	分析与评价企业的筹资活动、投资活动、经营活动、分配活动
重点	分析与评价企业的盈利能力、营运能力、偿债能力和成长能力等
依据	以资产负债表、损益表、现金流量表为核心的企业财务信息
方法	指标分析法、比较分析法、因素分析法等

2. 企业财务分析的过程

企业财务分析的一般步骤如下。

(1)明确分析目的。企业进行财务分析常常会有不同的目的,如经营分析、过程控制、业绩评价、风险评估等。不同的分析目的,要求不同的财务信息和分析方法。

(2)收集有关信息。针对分析目的,收集相关财务信息。信息越完备,分析结果可能越准确。但是,收集信息往往需要一定的时间、人员和经费。

(3)实施相关分析。针对分析目的和所掌握的信息,选择相应的方法进行分析。

(4)解释和报告结果。分析的结果以便于理解和使用的方式报告给管理当局,以便于其做出正确的判断和决策。

3. 财务分析常用方法

在企业财务分析中,最常用的方法包括比较分析法、比率分析法和因素分析法等。

1)比较分析法

比较分析法是财务分析中最常用的一种基本方法。它是指将实际达到的数据同特定的各种标准相比较,从数量上确定其差异,并进行差异分析或趋势分析的一种分析方法。在运用比较分析法时,应注意相关指标的可比性。

2)比率分析法

利用财务比率,包括一个单独的比率或者一组比率,以表明某一个方面的业绩、状况或能力的分析,即为比率分析法。比率分析法包括相关指标比率分析法和构成比率分析法两种。

(1)相关指标比率分析法。计算两个性质不同却又相关的指标之间的比率,并进行数量分析的方法。例如,主营业务收入与主营业务利润是两个不同的指标,但是通过计算(主营业务利润/主营业务收入)×100%,就可以得出主营业务利润率,以反映企业的经营成果。类似这样的指标还有资产负债率、流动比率、总资产报酬率、成本利润率等。

(2)构成比率分析法。计算某项指标的某个组成部分占总体的比重,并进行数量分析的方法。例如,计算产品成本中原材料费所占的比重:(直接材料费/产品成本)×100%,可以分析出原材料费对产品成本的影响。这种方法还可以用以分析制造费用、营业费用、管理费用等构成是否合理,找出管理和控制的重点。

3)因素分析法

因素分析法是把综合指标分解成各个经济因素,然后分别测定各个因素变动对综合指标影响程度的分析方法。

6.6.2 企业主要财务报表

企业主要的财务报表包括资产负债表、损益表和现金流量表。

1. 资产负债表

资产负债表是反映企业某一时点上所拥有的全部资产和与之相对应的资金来源，如表 6-8 所示。资产负债表所包含的基本关系式为

资产＝负债＋所有者权益

以上关系式被称为“会计恒等式”，其经济含义是：企业所拥有的全部资产扣除其所承担的负债，等于投资者对企业的累计投资，即所有者权益，也称为股东权益、业主权益、净资产等。表 6-6 列举的企业资产负债表的基本形式。

表 6-6　某企业资产负债表　（单位：元）

资产	2005 年	2004 年
流动资产：		
货币资金	64 176 480.05	86 906 618.91
短期投资		
应收票据	16 469 773.81	4 170 000.00
应收股利		
应收利息		
应收账款	36 539 552.34	27 267 276.33
其他应收款	415 141.33	149 616.07
预付账款	1 852 856.23	2 932 656.78
应收补贴款		
存 货	51 509 473.97	38 121 574.88
待摊费用	1 946 319.02	2 470 856.47
一年内到期的长期债权投资		
其他流动资产		
流动资产合计	172 909 596.75	162 018 599.44
长期投资：		
长期股权投资		
长期债权投资		
长期投资合计		
固定资产：		
固定资产原价	137 985 900.89	84 270 729.48
减：累计折旧	34 162 915.93	28 485 447.76
固定资产净值	103 822 984.96	55 785 281.72
减：固定资产减值准备	69 393.17	117 192.63
固定资产净额	103 753 591.79	55 668 089.09
工程物资		
在建工程	7 321 838.64	35 204 207.81
固定资产清理		
固定资产合计	111 075 430.43	90 872 296.90

续表

资产	2005 年	2004 年
无形资产及其他资产：		
无形资产	2 416 099.33	3 324 315.23
长期待摊费用	1 240 000.00	2 480 000.00
其他长期资产		
无形资产及其他资产合计	3 656 099.33	5 804 315.23
递延税项：		
递延税款借项		
资产总计	287 641 126.51	258 695 211.57
负债及股东权益	**2005 年**	**2004 年**
流动负债：		
短期借款	18 200 000.00	12 000 000.00
应付票据	2 585 000.00	
应付账款	41 097 879.96	21 240 361.54
预收账款	1 434 105.42	7 755.00
应付工资	2 208 935.81	2 411 765.41
应付福利费	3 170 616.82	3 209 216.43
应付股利		
应交税金	－383 640.35	194 946.48
其他应交款	14 847.89	147 640.61
其他应付款	762 651.99	3 118 214.55
预提费用	63 038.06	98 011.76
预计负债		
一年内到期的长期负债		
其他流动负债		
流动负债合计：	69 153 435.60	42 427 911.78
长期负债：		
长期借款	22 900 000.00	21 000 000.00
应付债券		
长期应付款		
专项应付款		
其他长期负债		
长期负债合计	22 900 000.00	21 000 000.00
递延税项：		
递延税款贷项		
负债合计	92 053 435.60	63 427 911.78
股东权益：		
股本	50 000 000.00	50 000 000.00
减：已归还投资		

续表

负债及股东权益	2005 年	2004 年
股本净额	50 000 000.00	50 000 000.00
资本公积	113 098 308.35	112 229 850.03
盈余公积	7 927 190.15	6 509 400.23
其中：法定公益金	2 642 396.71	2 169 800.07
未分配利润	24 562 192.41	26 528 049.53
其中：现金股利		
股东权益合计	195 587 690.91	195 267 299.79
负债及股东权益总计	287 641 126.51	258 695 211.57

1)资产负债表的构成

(1)资产。在资产负债表中，企业资产按流动性递减的顺序排列。流动性是指某资产转换成现金的快慢程度。显然，所有资产中，货币资金流动性最强，土地等资产流动性最差。

按流动性划分，企业资产可分为流动资产和长期资产(即非流动资产)两类。流动资产是指一年内或一个经营周期内可以变现的资产，包括货币资金、应收款项、预付账款、存货等。长期资产是指变现时间超过一年或者一个经营周期的资产，如固定资产、对外长期投资、无形资产等。

(2)负债和所有者权益。在资产负债表中，企业负债在资金来源一方，按到期的递增顺序排列，分为流动负债和长期负债两大类。流动负债(即短期负债)是指偿还期在一年以内(含一年)的债务。长期负债是指偿还期在一年以上(不含一年)的债务。

所有者权益排列在负债之后，是所有者对企业的投资，无须偿还。

2)资产负债表的使用

资产负债表至少为企业管理者提供如下有用的信息：

(1)企业所拥有的经济资源及其分布，以及由此而形成的生产经营能力；

(2)企业所承担的债务及其偿还能力；

(3)企业所有者的权益及其在所有资产中所占的比重；

(4)企业未来的财务变动趋势等。

2. 损益表

损益表是描述企业经济资源变动过程，以及由此而产生的经济结果的财务报表，主要表现为企业利润产生的经济过程和结果，如表 6-7 所示。损益表所包含的基本表达式为

$$收入-成本=利润$$

1)损益表的构成

(1)收入。包括主营业务收入、其他业务收入、投资收益和营业外收入等。

(2)费用。包括主营业务成本、营业费用、管理费用、财务费用、营业外支出、税

金及附加等。

2)损益表的使用

损益表至少为企业管理者提供以下有用信息：

(1)企业经营成果和获利能力；

(2)投资收益水平和效率；

(3)企业经营管理水平；

(4)企业未来经营成果的变化趋势等。

表 6-7 某企业损益表 (单位:元)

项目	2005 年	2004 年
主营业务收入	131 348 340.77	103 443 140.20
减:主营业务成本	99 460 163.74	76 887 629.62
主营业务税金及附加	761 452.79	573 315.86
主营业务利润	31 126 724.24	25 982 194.72
加:其他业务利润	1 126 727.07	599 229.22
减:营业费用	4 043 662.95	3 491 751.90
管理费用	16 882 427.13	12 841 363.05
财务费用	1 279 422.81	1 572 351.67
营业利润	10 047 938.42	8 675 957.32
加:投资收益		
补贴收入	15 900.00	
营业外收入	176 644.34	23 554.64
减:营业外支出	152 489.11	8 946.25
利润总额	10 087 993.65	8 690 565.71
减:所得税	636 060.85	593 227.05
净利润	9 451 932.80	8 097 338.66
加:年初未分配利润	26 528 049.53	19 645 311.67
可供分配的利润	35 979 982.33	27 742 650.33
减:提取法定盈余公积	945 193.28	809 733.87
提取法定公益金	472 596.64	404 866.93
提取任意盈余公积		
可供股东分配的利润	34 562 192.41	26 528 049.53
减:应付优先股利		
提取任意盈余公积		
应付普通股股利	10 000 000.00	
转作资本(或股本)的普通股股利		
年末未分配利润	24 562 192.41	26 528 049.53

3.现金流量表

现金流量表反映与企业经营活动、投资活动和筹资活动有关的现金流量及其变动情况,如表 6-8 所示。

1)现金流量表的构成

(1)与经营活动有关的现金流量:

经营活动现金流入=营业收入-应收款项的增加

经营活动现金流出=营业费用-折旧摊销-应付款项的增加-存货的减少

经营活动净现金流量=经营活动现金流入-经营活动现金流出

(2)与投资活动有关的现金流量:

投资活动现金流入=投资现金收益+资产处置所获得的现金+到期定期存款+收到的其他与投资有关的现金

投资活动现金流出=构建长期资产的支出现金+投资所支付的现金+支付定期存款的现金

投资活动净现金流量=投资活动现金流入-投资活动现金流出

(3)与筹资活动有关的现金流量:

筹资活动现金流入=借款所收到的现金

筹资活动现金流出=债务偿还所支付的现金+分配股利、利润或偿付利息的所支付现金

筹资活动净现金流量=筹资活动现金流入-筹资活动现金流出

2)现金流量表的使用

现金流量表至少为企业管理者提供以下有用信息:

(1)企业净利润的含金量;

(2)企业偿债能力和股利支付能力;

(3)企业未来现金流量的变动趋势等。

表 6-8　某企业现金流量表　(单位:元)

经营活动产生的现金流量	金额
销售商品、提供劳务收到的现金	139 417 645.62
收到的税费返还	277 547.90
收到的其他与经营活动有关的现金	2 113 630.73
现金流入小计	141 808 824.25
购买商品、接受劳务支付的现金	91 230 759.69
支付给职工以及为职工支付的现金	17 339 279.28
支付的各项税费	11 664 839.89
支付的其他与经营活动有关的现金	3 917 115.99
现金流出小计	124 151 994.85

续表

经营活动产生的现金流量	金额
经营活动产生的现金流量净额	17 656 829.40
投资活动产生的现金流量	
处理固定资产和无形资产所回收的现金净额	20 428.40
收到的股利	
收到的已到期于金融机构的定期存款	
收到的其他与投资活动有关的现金	
现金流入小计	20 428.40
购建固定资产和无形资产所支付的现金	36 302 501.75
投资所支付的现金	
支付的其他与投资活动有关的现金	793 649.42
现金流出小计	37 096 151.17
投资活动产生的现金流量净额	—37 075 722.77
筹资活动产生的现金流量	
借款所收到的现金	20 100 000.00
收到的其他与筹资活动有关的现金	863 182.99
现金流入小计	20 963 182.99
偿还债务所支付的现金	12 000 000.00
分配股利、利润或偿付利息支付的现金	12 168 275.79
支付的其他与筹资活动有关的现金	89 585.08
现金流出小计	24 257 860.87
筹资活动产生的现金流量净额	—3 294 677.88
汇率变动对现金的影响	—16 567.61
现金及现金等价物的净增加额	—22 730 138.86

6.6.3 企业盈利能力分析

盈利能力分析主要评价企业获得利润的能力和效率,它是企业财务分析的重要组成部分,也是评价企业经营管理水平的重要依据。

企业的盈利能力可以用利润绝对指标和比率指标来衡量。利润的绝对指标包括:销售毛利额、息税前利润额、净利润额等,主要用以考察企业获利的绝对数额大小。利润的比率指标主要有销售利润率、投资报酬率等,主要用以考察企业获利的效率。有关利润的绝对指标,大多可以从损益表中直接获得。以下着重介绍相对指标。

1. 销售利润率

$$销售利润率=\frac{净利润}{销售收入}\times 100\%$$

销售利润率反映了每百元销售收入获得利润的能力，这一指标越高说明企业产品销售的获利能力越强。

2. 投资报酬率

投资报酬率反映的是企业投入的盈利能力，主要用总资产报酬率、净资产报酬率、普通股每股盈余等表示。其中，

$$总资产报酬率=\frac{净利润}{平均资产总额}\times 100\%$$

总资产利润率反映了每百元资产投入获得利润的能力，这一指标越高说明企业资产的获利能力越强。

$$净资产报酬率=\frac{净利润}{平均净资产额}\times 100\%$$

净资产利润率，又称权益报酬率，反映了每百元资产净资产（投资者权益）获得利润的能力，这一指标越高说明企业权益资产的获利能力越强。

$$普通股每股盈余=\frac{税后净利-优先股股利}{普通股股数}$$

普通股每股盈余简称为每股盈余或每股利润，是由企业的税后净利扣除优先股股利后的余额与普通股流通在外股数进行对比所确定的比率。这是一个对于普通股投资者非常重要的财务指标，这一指标的高低，对股票价格会产生重大影响。

6.6.4 企业偿债能力分析

企业偿债能力是指企业偿还其债务（含本金和利息）的能力。通过偿债能力的分析，能揭示一个企业财务风险的大小。企业偿债能力指标主要有流动比率、速动比率、资产负债率等。

1. 流动比率

流动比率是流动资产与流动负债进行对比所确定的比率。其计算公式为

$$流动比率=\frac{流动资产}{流动负债}$$

流动比率实际上反映了在短期内转化成现金的资产对需要在短期内偿还的负债的一种保障程度，即反映企业的短期偿债能力。流动比率越高，企业的短期偿债能力越强。但是，流动比率过高可能会影响企业资金使用效率。企业应将流动比率控制在一定范围。目前，国际财务实践表明，理想的流动比率为2。

2. 速动比率

速动比率是由速动资产和流动负债对比所确定的比率。其计算公式为

$$速动比率=\frac{速动资产}{流动负债}=\frac{流动资产-存货}{流动负债}$$

速动资产是指能迅速转化为现金的资产，主要包括现金、短期投资、应收及预付款项等。它扣除了流动资产中变现能力较差的存货，所以能比流动比率更好地反映企业的短期偿债能力。国际财务实践表明，速动比率为1时较为理想。

3. 资产负债率

资产负债率又称负债比率或负债对资产的比率，是企业的负债总额与资产总额进行对比所确定的比率。其计算公式为

$$资产负债率=\frac{负债总额}{资产总额}\times 100\%$$

资产负债率反映负债在企业全部资产中所占的比率，其值越小，说明资产对负债的保障程度越高，企业的偿债能力越强，债权人的债权也越安全。但是，过低的资产负债率会使企业不能充分利用财务杠杆作用提高净资产报酬率，为股东创造更大的财富。企业财务管理实践表明，资产负债率一般应控制在60%以下。

4. 阿门托Z值

阿门托Z值是最著名的破产预测模型之一，用于预测企业短期破产的可能性。

$$阿门托Z值=\frac{运营资本}{资产总额}\times 0.717+\frac{留存收益}{资产总额}\times 0.847+\frac{息税前利润}{资产总额}\times 3.107+\frac{股东权益}{负债总额}\times 0.42+\frac{销售收入}{资产总额}\times 0.998$$

当Z值小于1.2时，企业具有很高的破产概率；Z值在1.2～2.9之间时，企业处于灰色地带；当Z值大于2.9时，企业破产概率很小。理想的Z值应大于2.9。

6.6.5 企业营运能力分析

企业的营运能力是指企业经营管理和运用资产的效率。衡量企业营运能力的指标高低主要体现在销售收入、应收账款、存货和资产总值等总量指标，以及应收账款周转率、存货周转率、流动资产周转率、固定资产周转率和总资产周转率5个比率上。总量指标可以从资产负债表和损益表中直接获得。以下仅分析比率指标。

1. 应收账款周转率

应收账款周转率是利用赊销收入净额与应收账款平均占用额进行对比所确定的一个指标，可以用周转次数和周转天数两种方法表示，即

$$应收账款周转次数=\frac{销售收入}{平均应收款}$$

或

$$应收账款周转天数=\frac{平均应收款}{销售收入}\times 360$$

其中，“平均应收款”指资产负债表中“年初应收款余额和应收票据余额之和”与“年末应收款余额和应收票据余额之和”的平均数。

一定时期内应收账款的周转次数越多，说明资金周转越快，应收账款的利用效果越好。应收账款周转天数又称应收账款占用天数、应收账款账龄、应收账款平均收现期。周转天数越少，说明应收账款周转越快，利用效果越好。应收账款周转天数一般应在 30 天左右。

2. 存货周转率

存货周转率是指存货平均占用额对销货成本的比值，有存货周转次数和周转天数两种表示方法，即

$$存货周转次数=\frac{销货成本}{平均存货}$$

或

$$存货周转天数=\frac{平均存货}{销货成本}\times 360$$

其中，“平均存货”指资产负债表中“期初存货”与“期末存货”的平均数。

一定时期内存货周转次数越多，或者存货周转天数越少，说明存货周转快，存货占用资金越少，存货转换为现金或应收款的速度越快。提高存货周转率可以提高企业的变现能力和盈利能力。

3. 流动资产周转率

流动资产周转率是指销售收入对流动资产平均占用的比率，有周转次数和周转天数两种表示方法，即

$$流动资产周转次数=\frac{销售收入}{平均流动资产}$$

或

$$流动资产周转天数=\frac{平均流动资产}{销售收入}\times 360$$

其中，“平均流动资产”为资产负债表中期初和期末流动资产的均值。

一定时期内流动资产周转次数越多，或者周转一次所需天数越少，说明流动资产周转得越快，资产利用效率越高，特定数额的流动资产可以为企业带来的收益越多。

4. 总资产周转率

总资产周转率是指销售收入对总资产平均占用的比率，有周转次数和周转天数两种表示方法，即

$$总资产周转次数=\frac{销售收入}{平均总资产}$$

或

$$总资产周转天数=\frac{平均总资产}{销售收入}\times 360$$

其中，“平均总资产”为资产负债表中期初和期末资产总额的均值。

一定时期内总资产周转次数越多，或者周转一次所需天数越少，说明总资产周转得越快，资产利用效率越高，特定数额的总资产可以为企业带来的收益越多。

6.6.6 成本费用分析

成本费用分析主要用于分析成本费用投入的效率，探寻提高成本费用管理效率和提高企业效益的有效途径。成本费用分析的主要指标有销售成本率和成本费用利润率等。

1. 销售成本率

$$销售成本率=\frac{销售成本}{销售收入}\times 100\%$$

通常，销售成本率越低，代表企业的成本管理越有效。

2. 成本费用利润率

$$成本费用利润率=\frac{净利润}{成本费用总额}\times 100\%$$

其中，成本费用总额包括主营业务成本、主营业务税金及附加、营业费用、管理费用、财务费用、营业外支出、所得税等。成分费用总额反映了企业的所费；利润反映了企业的所得。所以，成本费用利润率是企业的所费和所得的直接比较，它综合地反映了企业的成本费用管理能力，也反映了企业的盈利能力。

6.6.7 杜邦财务分析体系

杜邦财务分析体系是由美国杜邦公司发明的，分析企业各财务指标之间相互联系、相互作用关系的财务分析体系。其核心是将若干反映企业盈利、运营和资产状况的财务指标有机联系起来，并最终通过权益报酬率（ROE）这一核心指标综合体现出来。杜邦财务分析体系包含的财务比率关系如图 6-4 所示。

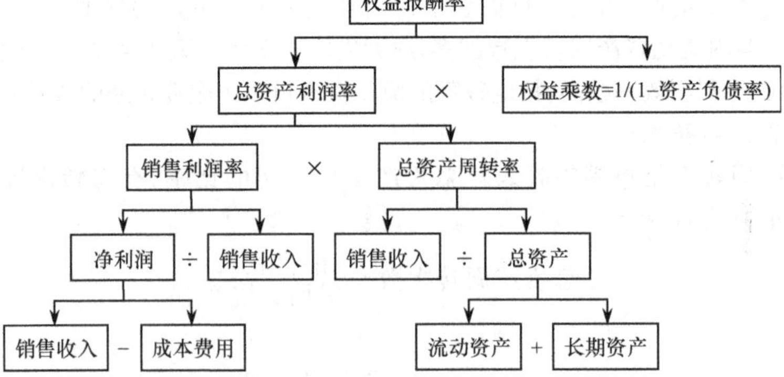

图 6-4 杜邦财务分析体系

通过杜邦财务分析体系，一方面可以从企业销售规模、资产运营、资本结构等方面分析权益报酬率增减的规律；另一方面可以协调企业资本经营、资产经营和产品经营之间的关系，寻求权益报酬率最大化的途径。

复习思考题

1. 企业财务管理包含哪些主要内容？其过程如何？对企业经营的作用是什么？

2. 企业筹资渠道和筹资方法有哪些？它们各自有什么特点？

3. 企业筹资组合的含义是什么？常用的筹资组合策略有哪些？各自有怎样的特点？

4. 什么是营运资金？营运资金管理的目标是什么？企业营运资金组合策略有哪些？

5. 请简要说明企业投资决策过程的主要步骤及其工作重点。

6. 请阐述企业投资决策的主要方法及其特点。

7. 企业目标利润确定的基本方法有哪些？各自有什么特点？

8. 简要说明企业主要财务报表及其作用。

9. 企业的偿债能力、盈利能力、营运能力分析的主要指标有哪些？请结合表6-6、表6-7、表6-8的数据评价该企业的偿债能力、盈利能力和营运能力。

10. 企业成本费用分析的重点与指标有哪些？

11. 杜邦财务分析体系的基本构成与分析重点是什么？

12. 某企业拟进行一项固定资产投资项目决策，设定折现率为12%，有4个方案可供选择。其中甲方案的项目计算期为10年，净现值为1000万元，$(A/P,12\%,10)=0.177$；乙方案的净现值率为-13%；丙方案的项目计算期为10年，其年等额净回收额为180万元；丁方案的内部收益率为11%。最优的投资方案是哪个？

案例分析

创业点心公司

您和您的同学两个人准备在校园里开一个点心公司，为夜晚上课和自习的学生们提供新鲜的面包。在投资公司之前，您需要明确商业概念、设计生产流程，确定产品价格，估计生产能力和预测可能的收益。

一、商业概念设计

您的设想是提供客户要求的各种成分组合的新鲜点心。客户用电话预订点心,您则需要在一小时以内制作和包装好,以备客户提取。

与竞争产品相比,您的点心有以下特点:第一,完全新鲜。为此,您必须要在接到电话预订后,才能开始点心制作。第二,您必须准备各种配料以供客户选择。总之,您提供的是新鲜和独特的点心。

二、制作过程研究

点心制作过程非常简单:将面粉配料放入食物处理机内混合;用勺子将混合好的面粉盛入烤盘中;将烤盘放入烤箱内;烤制点心;将烤盘取出;冷却;将点心装盒打包。

现在,你们已经初步地对制作过程所需时间进行了试验。首先,你们可以利用电子邮件系统和电话接受订单和通知客户来取点心,所需时间可以忽视不计。因此,该步骤可以忽视不计。

其次,需要计量时间的制作过程有:

第一步,清洗混合面粉用的容器,将面粉配料放入食物处理机内混合,该步骤需用时 6 分钟。你们的食物处理机每次混合的面粉最多可供制作 3 打点心。这一步由您来完成。

第二步,用勺子将混合好的面粉盛入烤盘中。每盘需用时 2 分钟。这一步也由您完成。

第三步,将烤盘放入烤箱内并设置烤焙时间。该步骤需用时 1 分钟,由您的同学完成。以下各步也由你的同学来完成。

第四步,烤制点心,烤焙时间为 9 分钟。

第五步,将烤盘取出并冷却,需要 5 分钟;

第六步,将点心装盒打包,每打需用时 2 分钟;

第七步,收钱找零,需要 1 分钟。

三、所需要的资源

您和您的同学已经准备了烤制点心所必需的设备:一个食物处理机,一个烤箱,几个烤盘和勺子。烤箱每次只能放一个烤盘。这些设备及电费包括在房租内一起支付,月租金是 550 元。因此,可以认为固定成本为每月 550 元。变动成本则包括面粉及配料成本(每打 6 元),包装盒成本(每个 1 元)。此外,你和同学的劳动成本也应予以计量。

四、开张前要回答的关键问题

开张前,您和您的同学要确定价格,制定接受订单的规则,预计每天投入的时间,计算预期利润等。为简单起见,我们假设你们的点心是按打来卖的。

思考题

1. 您需要多长时间完成一个紧急的订单？

2. 假设每晚开业 4 小时，您可以接受多少打的订单？

3. 您和您的同学每晚贡献的有价劳动时间各是多少？你们的劳动成本是多少？

4. 如果有人订两打或三打点心，您会给他们打折吗？如给的话，给多少？

5. 您的生产过程存在瓶颈吗？如果有，它在哪里？

6. 有什么办法可以来消除瓶颈，提高生产效率，降低成本？

第7章

企业营销子系统及其管理

本章提要

在本章中，您将学习到以下主要内容：

1. 营销的基本概念和基本特点；
2. 企业营销子系统的基本构成，以及各个分系统的基本功能；
3. 市场调查和预测的内容、类型、过程和主要方法；
4. 市场细分的含义、依据、原则和步骤；
5. 目标市场的选择策略和影响因素；
6. 市场定位的作用、方法、步骤和策略；
7. 产品的整体概念；
8. 企业市场营销策略中的产品策略、价格策略、分销策略、促销策略；
9. 客户关系管理的概念、内容、整体框架和实施过程；
10. 企业市场营销的组织与实施。

市场经济的基本特点是企业经营以市场为导向。要达到企业的目标，关键在于准确识别目标市场顾客的需求，进而有效组织企业资源，通过合理的营销策略，比竞争对手更有效率、更有效果地满足顾客需求，实现企业利润。企业营销子系统的任务，就是以顾客为导向，协调各种市场营销的工作，通过使顾客满意来实现企业利润。

7.1 企业营销子系统概述

7.1.1 营销的基本概念

1. 营销的定义

营销是指发现和引导顾客的需求和期望，并将其转化成为对企业产品或服务的要求，再通过有效的促销策略、分销策略、定价策略和售后服务，使更多顾客使用或继续使用企业的产品和服务的过程。

营销是一种组织职能，它是企业为了自身利润实现而展开的以创造、传播、传递顾客价值为核心的经营和管理过程。

2. 营销的特点

作为一种综合性市场经营活动，现代市场营销具有以下特点：

(1)营销是包括营销决策、生产、定价、销售、售后服务等阶段在内的循环过程；

(2)营销是以顾客需求为基点和中心的企业经营行为；

(3)营销是以整体营销组合作为运行手段和方法的有机管理系统。

7.1.2 企业营销子系统的构成

企业营销子系统的构成如图 7-1 所示。

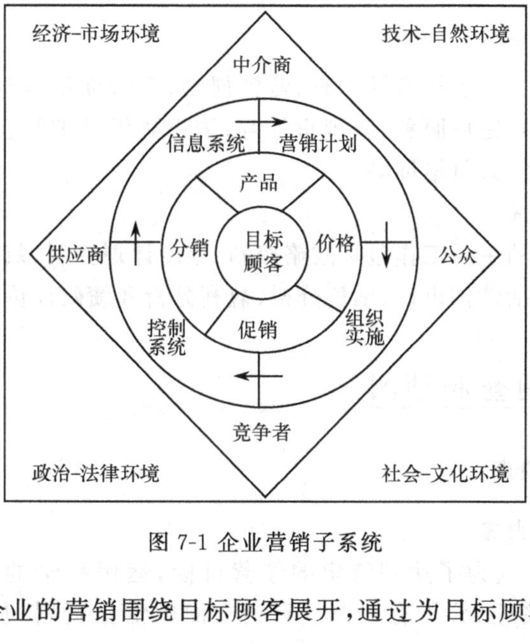

图 7-1 企业营销子系统

图 7-1 显示，企业的营销围绕目标顾客展开，通过为目标顾客提供适合的产品

(或服务)、合理的定价、正确的分销渠道和适当的宣传促销手段，满足和引导顾客的需求。而这些营销行为是通过企业的营销计划系统、营销组织实施系统、营销控制系统和营销信息系统分步骤完成的。对于特定企业而言，开展营销活动要受到供应商、中介商、竞争者和顾客等行业环境的影响，同时还要受到政治－法律环境、经济－市场环境、社会－文化环境、技术－自然环境等宏观环境因素的影响。

1. 营销信息系统

营销信息系统是企业经营的中枢神经系统，该系统主要为营销计划决策提供必要的信息。营销信息系统主要完成以下工作。

(1)收集内部信息。包括产品、成本、销售、投资、现金流量、应收账款等内部数据。

(2)收集环境信息。包括政治、经济、人口、技术等宏观信息；供应商、顾客、竞争者、替代品等行业和市场信息；特定顾客的调查信息等。

(3)分析预测需求。参考上述信息，运用分析预测模型，研究市场需求和本企业产品的营销策略。

为了能够更加准确、及时和经济地获取营销信息，更好地为营销决策服务，企业应采用先进的信息技术和计算机网络技术，构建高效的营销信息平台。

2. 营销计划系统

营销计划系统是企业计划系统的组成部分。营销战略和计划也是企业战略和计划的重要组成部分，它服从于企业的总体战略和总体计划，并完成职能范围以内的策划工作。营销计划主要围绕产品策略、定价策略、分销策略、促销策略及其组合展开。

3. 组织实施系统

营销职能工作主要包括市场调查、营销规划、广告促销、产品计划、市场开发、存货控制、储存运输、售后服务、营销审计等；销售队伍管理则包括营销机构设置、人员配置、分配制度、人员培训等。

4. 营销控制系统

营销控制系统的主要工作包括战略控制、年度计划控制、效益控制和效率控制等。其控制手段包括营销审计、销售分析、盈利分析和绩效评价等。

7.2 市场调查和预测

7.2.1 市场调查

1. 市场调查的内容

市场调查是企业为了达到特定的经营目标，运用科学的方法，通过各种途径、手段去收集、整理、分析有关市场营销方面的情报资料，从而掌握市场的现状及其发展趋势，以便对企业经营方面的问题提出方案或建议，供企业决策人员进行科学决策时作为参考的一种活动。简单地说，市场调查是系统地设计、收集、分析、报告和公司所面临的特定营销状况有关的数据及发现的调查研究结果。

市场调查以获取特定的外部环境信息为主要目的，主要包括宏观环境调查、科学技术发展动态调查、消费需求调查、市场销售活动调查和竞争对手的调查等。

2. 市场调查的步骤

市场调查一般分为准备阶段、正式调查阶段、调查结果处理阶段和调查报告追踪阶段，各个阶段的工作相互联系，构成了完整的市场调查流程，如图 7-2 所示。

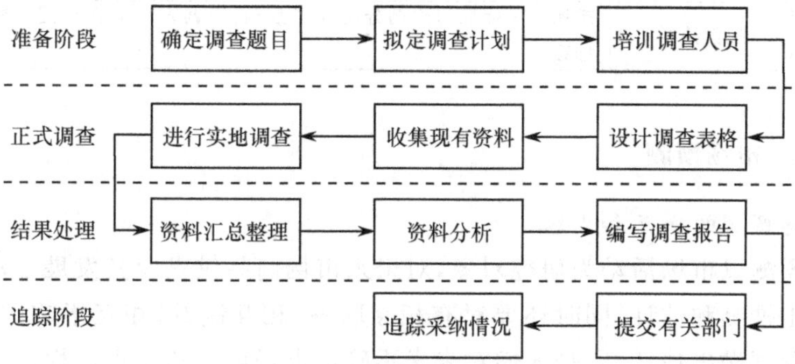

图 7-2　市场调查的步骤

3. 市场调查的方法

1）市场调查法

（1）文献法。指通过收集各种历史和现实的动态统计资料（第二手资料），从中摘取与市场调查课题有关情报，然后进行统计分析的调查方法。

（2）询问法。指调查人员采用询问方式向被调查者了解市场情况的一种调查方法，具体方式有面谈调查、电话调查、邮寄调查、置留问卷调查等。

（3）观察法。指调查人员到各种现场进行观察和记录的一种市场调查方法。

（4）实验法。指先在一定的小范围内进行试验，然后再研究是否大规模推广的市场调查方法。

2）抽样调查技术

抽样调查是指一种从调查单位总体中抽取一部分单位作为样本，以对样本进行调查的结果来推断总体的调查方法。具体抽样方法分类如表 7-1 所示。

表 7-1 抽样调查分类

分 类	抽样方法	内 容
随机抽样	简单随机抽样	对调查总体不作任何分组、划类、排序等，完全按照随机原则抽取样本
	分层随机抽样	将总体单位按其属性特征分成若干层次(层与层间的差别较大，层内各单位情况类似)，再从各层内随机抽取样本
	分群随机抽样	将总体单位按一定标准分成若干个群体，然后按照随机原则从这些群体中抽选部分群体作为样本，对作为样本的群体中每个单位逐个进行调查
	等距随机抽样	即系统随机抽样，将调查总体单位按照一定标准有序排列，编上序号，根据抽样距离从总体单位中抽取样本
	多阶段随机抽样	把从调查总体中抽取样本的过程分成两个或两个以上阶段进行抽样
非随机抽样	计划抽样	调查人员按照一定的标准或计划抽取样本
	判断抽样	市场调查人员根据主观判断选定样本
	便利抽样	即任意抽样法，随意抽取样本的一种方法
	配额抽样	按照一定标准和比例分配样本数额，由调查人员在分配的额度内任意抽取

7.2.2 市场预测

1. 市场预测的含义和内容

市场预测以市场活动为研究对象，对未来市场商品供求及其发展变动趋势、发展前景做出推测和估计，同时还要对有相互联系、相互制约、相互影响的有关事件及其影响程度做出估计，它是人们对未来不确定市场事件的认识过程。

市场预测探讨的是市场发展的未来状况，主要包含市场供给状况及其发展趋势、市场需求状况及其发展趋势、产品生命周期发展阶段的变化与更新换代、竞争现状及其发展趋势、价格变动趋势及其影响、意外事件的影响等。

2. 市场预测的类型

1)宏观市场预测和微观市场预测

前者是对整个国民经济的总体市场进行预测，是对各种影响市场环境的社会经济环境因素的发展变化进行估计；后者是指行业或企业对产品生产经营变化趋势、某类或某种产品的市场需求做出估计。

2)短期、中期和长期预测

短期预测是指计划年度内的市场预测，一般为半年至两年，主要为企业的日常经营管理、编制年度生产经营计划服务；中期是指预测其为 2～5 年的市场预测；长期预测是指预测期在 5 年以上的预测，主要为企业制定长远规划、选择战略目标提供决策信息。

3)定性预测和定量预测

定性预测是以有关人员的直觉和经验对预测对象目标运动的内在机理进行质

的判断;定量预测是运用预测理论和有关的数学模型对预测对象目标运动的质的规律进行量的描述。

3. 市场预测的步骤

市场预测的主要步骤如图 7-3 所示。市场预测的方法见第 4 章。

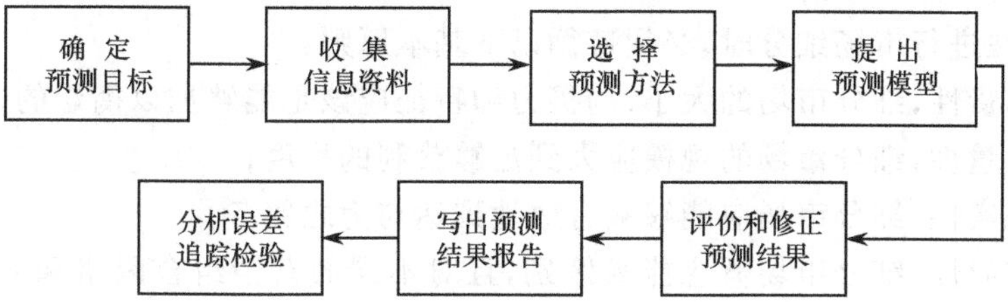

图 7-3 市场预测的步骤

7.3 市场细分与目标市场定位

7.3.1 市场细分

1. 市场细分的含义与作用

市场细分是指企业按照消费者的一定特性把原有市场分割为两个或两个以上的子市场的过程。科学合理的市场细分对企业营销的成功具有重要的作用。

(1)市场细分是企业制定营销战略的关键环节;

(2)有利于企业研究特定细分市场的需求特点,开发新产品,提供新服务,更好地满足顾客需求;

(3)有利于企业发掘新的市场机会;

(4)有利于企业利用细分市场寻求新的竞争优势。

2. 市场细分的依据

在消费者市场,不同消费者通常有不同的欲望和需要。企业就要按照这些因素把整个市场细分为若干不同的市场部分,由这些因素所决定的消费者需要的差异则是消费品市场细分的依据,主要包括地理环境、人口、心理、购买行为等(表 7-2)。

表 7-2 市场细分的依据

细分标准	具体因素
地理环境	地理位置、自然气候、资源分布、人口密度、城市规模、乡镇大小等
人口特征	年龄、性别、家庭结构、家庭人数;收入、职业、教育程度;宗教、种族;社会阶层等
个人心理	生活方式、生活态度、性格、独立性、政治倾向、个人偏好等
购买行为	购买频率、购买状态、购买动机、品牌信赖度、渠道信赖度、价格敏感度、服务敏感度、广告敏感度等

组织市场的性质不同，市场细分的依据也有差异。组织市场包括生产者市场、中间商市场和政府市场。对于组织市场，企业主要以最终使用者、用户规模和地理位置来进行细分。

3. 市场细分的原则和步骤

1）市场细分的原则

企业在进行市场细分时，必须遵循以下基本原则：

（1）衡量性，细分市场的大小、购买力和特征应该是能够加以衡量的；

（2）足量性，细分市场的规模应大到足够获利的程度；

（3）现实性，细分市场应能够被有效地到达与为之服务；

（4）差异性，细分市场概念能被区别，且对不同的营销组合因素和方案有不同的反应；

（5）执行性，为吸引和服务于细分市场有效计划应该能被系统地表达。

2）市场细分的步骤

市场细分的具体步骤如图 7-4 所示。

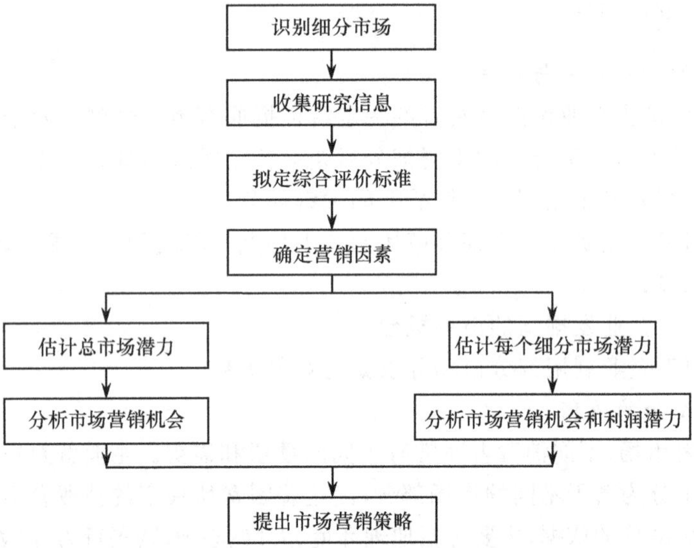

图 7-4 市场细分的步骤

7.3.2 选择目标市场

1. 目标市场策略

企业在市场细分的基础上，根据主客观条件选择好目标市场，目的在于不断拓展市场。一般，企业可采用 3 种不同的目标市场策略：无差异性目标市场策略、差异性目标市场策略、集中性目标市场策略。三者间的比较如表7-3所示。

表7-3　3种不同的目标市场策略的比较

目标市场策略	特征	优点	缺点
无差异性目标市场策略	把整个市场作为目标，针对消费者的共同需要制定统一的生产和销售计划	容易实现规模经济，不需要进行市场细分，节约市场调研、开发、广告等费用	对于大多数产品是不适用的
差异性目标市场策略	针对整体市场进行细分，根据不同目标市场的特点，分别制定出不同的营销策略	小批量、多品种、生产机动灵活和针对性强，能满足不同消费者的需求	商品品种多使得成本大大增加
集中目标市场策略	选择一个或几个细分市场作为营销目标，集中企业资源，充分满足目标消费者	营销对象集中，易取得消费者的信任和偏爱	目标市场狭窄，风险较大

2.影响目标市场选择的因素

目标市场选择类型的多样性和企业情况的复杂性，决定了企业在具体选择目标市场时必须考虑一些因素的影响，主要包括以下几个方面。

(1)企业资源能力。如果企业资源充裕，实力雄厚，可以采用无差异性或差异性目标市场策略；如果资源少，实力较弱，则往往会采用集中目标市场策略。

(2)市场的同质性。如果市场同质化程度高，可采用无差异性目标市场策略；如果同质化程度低，则采用差异化目标市场策略。

(3)产品同质性。当产品同质化程度较低时，宜采用差异化策略或者集中化策略；当产品同质化程度较高时，宜采用无差异化策略。

(4)产品寿命周期。产品寿命周期包括引入、成长、成熟和衰退4个阶段。通常，企业在引入期多采用无差异性目标市场策略，或者集中化策略；在衰退期多采用差异性目标市场策略，或者集中化策略。

(5)竞争者数量。当竞争对手数量较多时，企业往往采取差异化策略或集中化策略；在竞争者数量较少时，往往采用无差异性策略。

(6)竞争者策略。当竞争者采取无差异策略时，本企业采取差异化策略往往会起到较好的效果；而当竞争者采取差异化策略时，本企业则宜根据自身与竞争者的实力对比选择采用差异化或者无差异策略。

7.3.3　市场定位

1.市场定位的含义与作用

市场定位，又称为产品定位，是指企业根据目标市场上同类产品的竞争情况和消费者对该类产品某些特征或属性的重视程度，为本企业的产品规定一定的市场地位。

市场定位的本质是使本企业与其他企业严格区分开来，并使顾客明显感觉和认知这种差别，在顾客心目中留下特殊的印象。市场定位的目的是为了影响顾客心理，增强企业产品的竞争力，扩大产品销售，增加经济效益。

市场定位的作用有：

(1)创造差异性，这是市场定位的出发点；

(2)为营销战略奠定基础，这是市场定位的直接意图；

(3)形成竞争优势，这是市场定位的根本目的。

2. 市场定位的方式与过程

1)市场定位的方式

目标市场定位的方式很多，但总的来说，一般有以下几种。

(1)档次定位。根据品牌在消费者心目中的价值高低区分不同的档次，如星级酒店、高档产品等。

(2)使用者定位。根据品牌与消费者生活形态的关联关系来定位，如劳斯莱斯轿车与富豪的关系；耐克与运动明星的关系；动感地带与年轻人的关系等。

(3)卖点定位。根据品牌给消费者提供的特殊价值来定位，如摩托罗拉手机的定位是"小"、"薄"、"轻"；诺基亚手机则是"无辐射"；沃尔沃轿车的定位是"安全性"；丰田轿车的定位则是"经济、可靠"；等等。

(4)类别定位。根据产品的类别建立起品牌联想，如"联想"让人想到电脑；"康师傅"让人想到方便面；"七喜"让人想到非可乐饮料；等等。

(5)情景定位。将品牌与特定环境或场景联系起来，如"雀巢咖啡"与餐时、洽谈业务、晚间工作、周末联系起来；"帕拉丁"与越野联系起来；等等。

(6)文化定位。将文化元素注入品牌之中，形成品牌的文化差异，如星巴克——享受咖啡的时刻；"孔府家酒，叫人想家"；等等。

2)市场定位的步骤

(1)描述目标市场的结构图。描述目标市场的所有竞争者及其分布，如图 7-5 所示。图 7-5 中 A、B、C、D4 个圆圈分别代表目标市场已有的 4 个竞争者，圆圈面积大小表示各个竞争者销售额的大小，圆圈的位置表明各个竞争对手在目标市场上的实际区位。

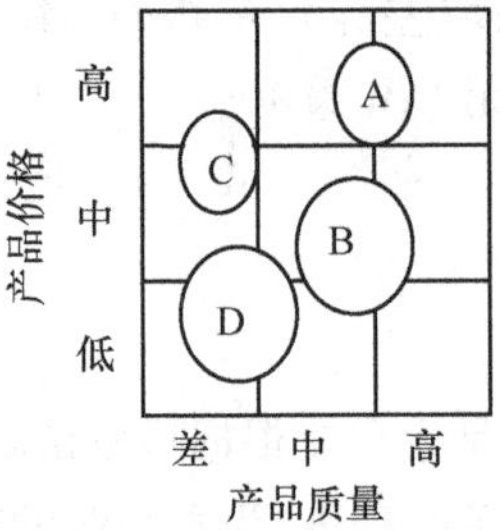

图 7-5 按价格和质量指标确定的目标市场定位

(2)确认本企业的竞争优势元素。通过对竞争对手和本企业的系统分析,发现本企业可能产生的竞争优势的各个方面,为选择定位奠定基础。

(3)选择本企业的相对竞争优势元素。依据定位方式,选择最能够发挥本企业比较优势的元素进行定位,确定本企业产品在目标市场上的位置。

(4)显示独特的竞争优势。通过一系列促销活动将独特的竞争优势传递给目标顾客,并给顾客留下深刻而美好的印象。

通过调研分析,如果发现初步定位存在偏差,还须立即进行修正并进行重新定位。随着目标市场供求状况的不断变化,企业的产品在目标市场上的定位应不断修正。

3. 市场定位策略

(1)避强定位,即填补市场空位性的定位。其核心是避开强有力的竞争对手进行市场定位。这种定位方式市场风险小,成功率高,为多数企业所采用。

(2)对抗性定位,即通过与现有竞争者对抗而获取竞争优势的定位。其核心是选择与竞争敌手重合的市场位置,争取同样的目标顾客。它需要本企业有很强的竞争能力和优势。

(3)重新定位,即对那些销路不佳、市场反映差的产品进行二次定位,但也可以作为发现新的产品市场机会时的一种战术策略。

7.4 市场营销策略

7.4.1 产品策略

1. 产品的概念

产品是为了满足客户的欲望和需要而设计的,它是由物理属性、服务属性和象征属性所构成的一种集合体。服务通常被定义为满足客户需求的一种无形活动,是一种无形的产品。

从市场营销的角度看,产品是一个整体概念系统,包括以下5个层次。

(1)核心产品层。指顾客购买的基本效用和利益,如顾客购买空调,其本质是室内合适的温度。这种核心效用和利益是产品策略的根本。

(2)形式产品层。指实现核心产品价值所采用的基本形式,如空调可采用的技术包括压缩一冷凝技术、分体空调、中央空调等。常见的形式产品元素包括品质、特色、样式、包装、商标等。这是产品策略的组合空间。

(3)期望产品层。指顾客希望和默认的产品属性和条件,如空调调节室内温度的范围大、速度快、可长时间工作、节能、静音等。这是产品策略的改进空间。

(4)延伸产品层。又称附加产品层,指产品核心利益之外的增加服务和利益,如销售服务和保障,含咨询、送货、安装、培训、信贷、维修、退换、质保服务等。这是产品策略的巨大潜在空间。

(5)潜在产品层。指产品策略可能开发的效用和利益,如空调的远程遥控等。潜在产品层可以给顾客带来巨大的意外惊喜,也是产品策略中需要加以关注的。

2.产品组合的概念

1)产品组合的构成

产品组合是指卖方出售的产品线及产品项目的组合,即企业的业务经营范围。其中,产品线是指在技术上和结构上密切相关,具有同类功能而规格档次、款式不同,能满足同类需求的一组产品。产品项目是指产品线内不同品种、规格、质量和价格的具体产品。

2)产品组合的宽度与深度

产品组合的宽度是指企业产品组合中所拥有的不同产品线的数目;产品组合的深度则是指企业经营的产品项目总数除以产品线的数目得到的平均项目数。

3)产品组合的关联性

产品组合的关联性是指企业各条产品线在最终用途、生产条件、分销渠道或其他方面的相互关联程度。

通常,企业增加产品组合的宽度,可以获得新的发展机会,更充分地利用企业的各种资源,分散投资风险;增加产品组合的深度,会更好地满足消费者的不同需求和偏好,增强企业竞争力;增加产品组合的关联性,可以发挥企业在其擅长领域的资源优势,避免进入不熟悉行业可能带来的风险。因此,企业根据市场需求、竞争态势和企业自身能力对产品组合的宽度、深度和关联性进行选择是非常必要的。

3.产品组合策略

(1)扩大产品组合策略。开拓产品组合的宽度和加强产品组合的深度。

(2)缩小产品组合策略。在市场不景气或原材料、能源供应紧张时期,缩减产品线反而能使总利润上升,企业可集中力量发展获利多的产品线和产品项目。

(3)产品线延伸策略。企业超出现有的范围来增加产品线长度,就称为产品线延伸。可分为3种情况:产品线向下扩展、向上扩展和双向扩展。

4.产品生命周期策略

产品寿命周期是指在特定市场中,一个产品从上市到完全退出市场所经历的时间周期。典型的产品生命周期要先后经历引入期、成长期、成熟期和衰退期。产品生命周期的不同阶段具有不同的特点,必须根据企业的实际情况选择合适的营销策略,如表7-4所示。

表 7-4　产品生命周期各阶段的特点和可采用的营销策略

阶段	特点	可采用的营销策略
引入期	1.批量小、成本高,生产方法未定型 2.消费者对产品缺乏了解,销售量少 3.广告费用及其他促销费用高 4.价格策略难以确定 5.有效的分销渠道网尚未建立,销售渠道少 6.市场竞争者少	有针对性地将产品投入市场,把握好进入时机,把销售力量直接投向潜在购买者,缩短引入期 1.快去脂策略 2.慢去脂策略 3.快渗透策略 4.慢渗透策略
成长期	1.消费者对此产品已经熟悉,销售量迅速增长 2.产品成本降低,利润增加 3.价格稳定或略有下降 4.分销渠道畅通 5.竞争者涌入,市场开始细分 6.促销费用下降	1.改善产品品质 2.改变广告宣传的重点 3 寻找新的细分市场 4.适时降价
成熟期	1.销售量增长缓慢,达到最高峰后缓慢下降 2.竞争激烈,竞争者之间的产品价格趋向一致 3.各种品牌、各种款式的同类产品不断出现 4.在成熟期的后段,消费的兴趣已经开始转移,企业利润开始下降	1.市场改良策略 2.产品改良策略 3.营销组合改良策略
衰退期	1.销售量迅速下降,消费者对该产品不感兴趣 2.价格降低到最低点 3.多数企业无利可图,纷纷退出市场 4.留在市场上的企业通常采取一定措施维持微利或保本经营	1.继续策略 2.集中策略 3.收缩策略 4.转移策略

5.新产品开发策略

1)新产品开发的意义

新产品是企业向市场提供的较原产品在适用价值、性能、特征等方面具有显著差别的产品,主要的新产品类型有:全新产品、换代产品、改进产品、仿制产品等。

新产品开发对于社会进步、生产力水平的提高及国家和地区经济的发展都有着积极的意义。对企业而言,新产品开发的意义在于:发掘潜在市场需求,支撑企业稳定发展;调整企业产品结构,提高企业盈利能力;创新企业产品形象,扩大目标市场规模;创造产品差异价值,提高企业竞争能力。

2)新产品开发策略

新产品开发策略主要有全新产品开发策略、延伸性开发策略、改进型开发策略、仿制策略等。实践中,多数企业采取“仿创结合”的策略,从模仿、到局部创新、到完全自主知识产权的新产品。这种路径对于多数中国企业而言尤其适合。

6. 其他产品策略

1)品牌策略

品牌是指用来识别卖主产品的某种名词、符号、设计或它们的组合,实质上代表着销售者对交付给购买者的产品特征、利益和服务的永久承诺。

从品牌名称和产品类别两个维度组合,可供选择的品牌策略有 4 种:产品线扩展、品牌扩展、多品牌、新品牌,如图 7-6 所示。

		产品类别	
		现有的	新的
品牌名称	现有的	产品线扩展	品牌扩展
	新的	多品牌	新品牌

图 7-6 品牌策略的类型

2)商标策略

商标表示商品的独特性质,代表商品质量和特点,象征商品的信誉地位。商标是经过有关部门注册的品牌,受到法律保护。

企业常用的商标策略有:统一商标、分类商标、多商标、平行商标、扩展商标、使用他厂商标、无商标等。

3)包装策略

包装就是盛放产品的容器和包装物,是指为了运输、保管、陈列、销售、携带的需要,用各种容器或其他包装物把商品盛放或包裹起来的一系列活动。它是整体商品的一部分,具有保护商品、方便运输和储存、便于携带和使用、美化商品促进销售、增加商品的价值和提高企业的经济效益等作用。

通常,企业可以采用以下包装策略:类似包装、等级包装、配套包装、双重用途包装、附赠品包装、改变包装、透明包装、附带表示语包装、不同容器包装、错觉包装等。

7.4.2 价格策略

价格是企业产品或服务的价值表现,是市场营销组合中的重要因素,直接关系着市场对产品的接受程度,影响着顾客价值、市场需求和企业利润的多少。企业定价的基本目标是:提高企业收益、扩大市场份额、获取竞争优势、树立品牌形象等。

1. 影响定价的因素

(1)商品价值。商品价值是价格的基础,商品价格是商品价值的货币表现。商品价值由生产商品的社会必要劳动时间决定,因此,商品价值及价格总是不断变化的。

(2)成本费用。成本费用是价格构成的基本要素,包括销售成本和期间费用等。合理的定价就是要寻求价格与销售量之间的最佳组合,使企业实现最大盈利。

(3)市场供求。商品价格除了受其本身价值量和成本费用的影响外,还要受到供求关系的影响。当市场上某种商品出现供过于求时，其价格就会下降；当供不应求时，价格就会上涨。

(4)竞争产品的价格。在激烈竞争的商品市场中，产品定价必须要考虑竞争产品的质量和价格。

2.定价的一般方法

1)成本导向定价法

以产品单位成本为基本依据，再加上预期利润来确定价格的定价法。

(1)成本加成定价法。在单位产品成本的基础上，加上一定比例的预期利润作为产品的售价。其计算公式为

$$单位产品价格=单位产品成本\times(1+目标利润率)$$

这种方法简便易行，可以保证各种产品的正常利润，但没有考虑市场需求和竞争因素的影响，过分强调实际成本在定价中的作用，且目标利润率是一个估计数，缺乏科学性。

(2)目标收益定价法。在成本的基础上，按照目标收益率的高低计算价格的方法。其计算公式为

$$单位产品价格=\frac{总成本+目标利润额}{预计销售量}$$

这种方法的优点是可以保证企业既定目标利润的实现。其缺点是仅从卖方的利益出发，没有考虑竞争因素和市场需求情况。

(3)售价加成定价法。以产品销售价为基数，按一定百分率来计算加成率得出最终售价的方法。计算公式为

$$单位产品价格=\frac{单位产品总成本}{1-加成率}$$

这种定价方法，对于销售商来说更容易计算商品销售的毛利率，对于消费者来说，在售价相同的情况下，用这种方法计算出来的加成率较低，更容易接受。

2)需求导向定价法

以需求为中心，以顾客对商品价值的认识为依据的定价方法。

(1)理解价值定价法。以消费者对商品价值的理解度为定价依据，运用各种营销策略和手段影响消费者对商品价值的认知，并根据消费者的理解价值来制定价格。

(2)逆向定价法。依据消费者能够接受的最终销售价格，逆向推算中间商的批发价和生产企业的出厂价格。逆向定价法确定的价格能反映市场需求情况，使产品迅速向市场渗透，并可根据市场供求情况调整，定价比较灵活。

3)竞争导向定价法

竞争导向定价法是指企业通过研究竞争对手的生产条件、服务状况、价格水平等因素，依据自身的竞争实力，参考成本和供求状况来确定商品价格。其特点是：

价格与商品成本和需求不发生直接关系，价格变动的主要依据是竞争状况。

(1)随行就市定价法。将本企业某产品价格保持在市场平均价格水平上，利用这样的价格来获得平均报酬的定价方法。

(2)倾销定价法。为了进入或占领某国市场、排斥竞争对手，以低于国内市场价格，甚至低于生产成本的价格向国外市场抛售商品而制定的价格。

(3)垄断定价法。垄断企业以控制某项产品的生产和销售为目的，确定其价格的方法，包含垄断高价和垄断低价。

(4)保本定价法。在市场不景气和特殊竞争阶段，或在新产品试销阶段，企业所采用的一种盈亏平衡的定价方法。

(5)变动成本定价法。又称为边际贡献定价法，是一种以变动成本为基础的定价方法。其计算公式为

$$单位产品价格=单位变动成本+单位边际贡献$$

单位产品价格大于单位变动成本出现的余额称为单位边际贡献。只要单位产品价格大于单位变动成本就可以补偿一部分固定成本。

(6)密封投标定价法。招标人通过引导卖方竞争来寻找最佳合作者时，用密封投标的方式确定双方的协议定价的方法。

3. 产品定价策略

企业的产品定价策略是依据具体情况确定产品价格的科学和艺术。针对不同的产品、消费心理、销售条件、销售数量及不同的销售方式，企业可以采取不同的定价策略。

1)新产品定价策略

企业生产的新产品能否打入市场并在市场上站稳脚跟，与定价策略的选择关系极大。新产品定价策略主要有撇脂定价、渗透定价和满意定价 3 种，如表 7-5 所示。

表 7-5 新产品定价策略的比较

名称	内容	特点	适用性
撇脂定价策略	在新产品上市之初，把价格定得较高，在短期内获得厚利和补偿固定成本，并迅速获取盈利	优点：能利用人们的求新心理，在短期内获取厚利、收回投资，主动性较大，销售不佳时，还可以适当降价； 缺点：如果新产品市场吸引力不足，加之价格较高，就不利于打开市场，并且由于高价厚利，容易招致竞争对手	适合于需求缺乏弹性的产品，购买者多、没有替代品、生产企业拥有专利技术、企业生产能力有限等情况下生产的产品

续表

名称	内容	特点	适用性
渗透定价策略	在新产品上市之初，把价格定得较低以尽快打开销路	优点：低价低利，易被接受，能迅速提高市场占有率，把竞争产品挤出市场； 缺点：冲击旧商品销路，造成同类旧产品市场生命周期缩短，投资回收期较长	一般被资金充足的大型企业采用，中小企业不宜选择该定价策略
满意定价策略	确定产品的价格使生产者、中间商和消费者都满意，既不是撇脂的高价，又不是渗透的低价	优点：风险小，选用得当能给消费者良好的印象，能迅速占领新产品市场； 缺点：这种定价策略比较保守，不适于需求复杂多变和竞争激烈的市场环境	适于市场环境稳定的企业

2)心理定价策略

(1)整数定价策略。采用合零凑整的方法，将商品价格定成整数，不带零头。适用于名店、名牌或消费者不太了解的商品。

(2)非整数定价策略。将商品价格定成一个带有零头数结尾的非整数价格。让消费者感觉其定价是严肃、认真的，不会随意加价的。

(3)声望定价策略。利用人们优质高价的心理，对消费者心目中声望较高的产品制定比较高的价格。其基础是商品和服务的高质量。

(4)招徕定价策略。利用消费者的求廉心理将一些"明星商品"的价格定得比市场同类商品低，以招徕顾客。

(5)分级定价策略。把同类的商品分为几个等级，分别定价，使消费者产生货真价实、按质论价的感觉。

(6)习惯定价策略。对于已经在顾客心中形成习惯价格的商品，价格变动可能会引起顾客不满，因此，应采取改换包装或品牌等措施，引导消费者逐步形成新的习惯价格。

3)折扣定价策略

(1)数量折扣。根据购买数量或金额的差异给予不同的价格折扣。数量折扣策略使用的关键是在于合理确定给予折扣的起点、折扣档次及每一档次的折扣率。

(2)现金折扣。对按约定时期付款或提前付款者给予一定价格折扣的定价策略。这一定价策略有利于鼓励顾客提前付款，加速资金周转，从而减少风险。

(3)交易折扣。依据中间商在市场营销活动中担负的功能而给予不同的价格折扣。

(4)季节折扣。对在非消费旺季购买产品的客户提供价格优惠。

(5)推广折扣。对中间商为产品推广进行的各项促销活动给予一定的让价。

(6)以旧换新折让。企业收进顾客交回的旧商品,在新商品价格上给予折让。

4)地理定价策略

(1)生产地定价,也叫原产地定价、非送货制价格等。即由生产厂确定统一价格,由需方负担全部运费。

(2)统一运送定价。由卖方负担运输、保险等全部费用,直到把货物送到买方所在地。

(3)区域运送定价。卖方将市场划分为几个大的区域,在每一个区域内实行统一定价。

(4)津贴运费定价。卖方对距离产地较远的中间商或用户,补贴一部分或全部运费,以促进买方购买。

(5)成本加运费价格。与统一运送定价唯一不同的是卖方不负担保险费用。

5)相关产品价格策略

(1)替代产品价格策略。对具有替代关系的多种产品,降低其中一种产品的价格,不仅会使该产品的销售量增加,而且会同时降低其他产品的销售量。

(2)互补产品价格策略。指利用价格对消费者连带品市场需求进行调节、诱导,使营销目标的实现由一个"点"扩展到一个"面"。

(3)一揽子价格策略。把相关产品进行搭配销售的定价策略,主要包括分级定价策略和配套定价策略。分级定价策略即把企业的产品分成几个价格档次,而不提供过多价格种类的策略;分级要符合目标市场的需要,极差不能过大或过小。配套定价策略即把有关的多种产品搭配好后一起卖出。

6)价格调整策略

产品价格策略制定以后,并非一成不变。企业需要根据市场供求关系的变化、竞争等因素不断调整其价格策略。

(1)一次性调整策略。包括一次性提高价格和一次性降低价格两种形式,其目的都是调整原来的价格策略,使之更符合经营的实际。

(2)渐进性调整策略。企业根据一定时期的定价目标,把现行价格分阶段调整,使原有价格策略失去效应。其中,渐进性主要是考虑消费者的接受程度。

(3)特殊性调整策略。即采用一些特殊方式改变原有价格,如根据市场需求对原有产品的式样、颜色与包装等进行改变,同时调整价格的定价策略。

7.4.3 分销策略

1. 分销渠道的概念与类型

1)分销渠道

分销渠道是指某种货物和劳务从生产者向消费者转移时取得这种货物和劳务的所有权或帮助转移其所有权的所有企业和个人。它是产品或劳务从制造商到消费者所经过的各种中间商联结起来的渠道，包括起点的生产者、中间的代理商和经销商，以及终点的最终消费者或用户。

2)分销渠道的类型

(1)直接渠道与间接渠道。直接渠道指生产企业不通过中间商环节，直接将产品销售给消费者；间接渠道指生产企业通过中间商环节把产品传送到消费者手中。

(2)长渠道与短渠道。分销渠道的长短一般按流通环节的多少来划分，具体包括：零级渠道——制造商→消费者；一级渠道——制造商→零售商→消费者；二级渠道——制造商→批发商→零售商→消费者；三级渠道——制造商→代理商→批发商→零售商→消费者。

(3)宽渠道与窄渠道。渠道宽窄取决于渠道的每个环节上使用同一类型中间商数目的多少。企业使用的同类中间商多、产品在市场的分销面广，称为宽渠道；企业使用的同类中间商少、分销渠道窄，称为窄渠道。

(4)单渠道与多渠道。当企业全部产品都由自己直接所设门市部销售，或全部交给批发商经销，称之为单渠道；多渠道则是指同时采用直接渠道和间接渠道，或者不同经销、分销方式。

2.分销渠道的设计与选择

1)分销渠道的设计与选择的影响因素

(1)市场因素。目标市场越大，渠道越长；目标顾客越集中，宜用短而窄的渠道。

(2)产品因素。包括产品易毁性或易腐性、单价、体积与重量、技术性等。

(3)企业因素。包括企业综合实力、管理能力、控制渠道的能力等。

(4)政府因素。包括政府政策法规、反垄断法、进出口规定和税法等。

(5)中间商数目。按中间商数目的不同，可选择密集分销、选择性分销和独家分销。

(6)消费者购买数量。消费者购买数量小、次数多，可采用长渠道；反之宜用短渠道。

(7)竞争者因素。市场竞争不激烈时可采用同竞争者类似的分销渠道；反之则采用不同的分销渠道。

2)分销渠道设计程序

分销渠道设计程序如图7-7所示，其中，渠道模式决策的主要内容包括：

(1)确定渠道长度，确定中间环节的数目或决定采用几个层次的分销渠道；

(2)确定所需中间商的类型，根据市场要求及本企业的目标决定；

(3)确定渠道宽度，决定分销渠道中每一层次所需中间商的数目。

分销渠道方案确定后，企业就要根据各种备选方案进行评价，找出最优的渠道路线。评价的标准主要包含：经济性(销售额及费用水平)、控制性(企业对渠道的控制能力)、适应性(相对于环境变化的灵活性)3 个方面。

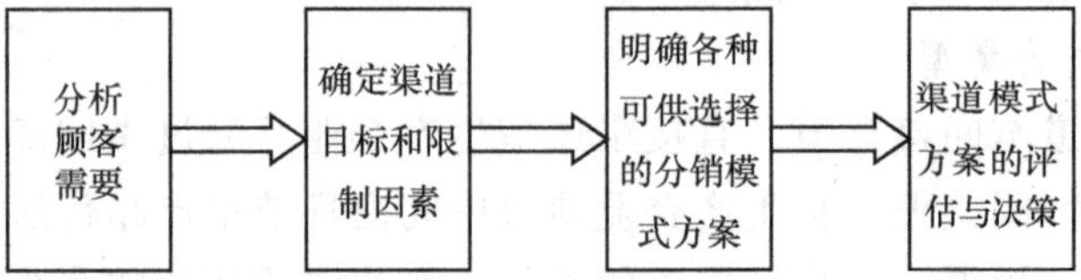

图 7-7 分销渠道设计程序

7.4.4 促销策略

1. 促销与促销组合

促销是促进产品销售的简称,是企业通过人员和非人员的方式,沟通企业与消费者之间的信息,引发、刺激消费者的购买欲望和兴趣,使其产生购买行为的活动。

促销组合是指履行营销沟通过程的各个要素的选择、搭配及其运用。它包括广告、人员推销、销售促进和公共关系等要素。

2. 人员推销策略

(1)人员推销。指企业通过派出推销人员与一个或一个以上潜在购买者交谈,作口头陈述,以推销商品,促进和扩大销售的活动。

(2)推销人员。从事人员推销的主体是推销人员,其任务是探寻市场、传递信息、销售商品、收集情报和开展售前、售中、售后服务等。其工作一般过程包括寻找顾客、事前准备、约见、接近、面谈、成交和事后跟踪等步骤。

3. 广告

广告是指法人、公民和其他经济组织为推销商品、服务或观念,通过各种媒介和形式向公众发布有关信息的行为。

企业的广告决策过程包括以下 5 个步骤。

(1)确定广告目标。广告目标是指在一个特定时期对特定受众所要完成的特定的传播任务。一般来说,广告目标可分为通知型、说服型和提醒型 3 种类型。

(2)制定广告预算。通常,广告费用预算可以用销售百分比法、目标任务法、竞争对抗法和倾力投掷法来确定。

(3)决定广告信息。即广告内容和表现形式,包括广告内容设计和创意制作等。

(4)选择广告媒介。广告媒介主要有印刷品广告、电子媒体广告、户外广告、邮寄广告等,企业应根据各类媒介的特点进行适当选择。

(5)评估广告效果。运用科学方法鉴定广告活动的经济效益、心理效益和社会效益。常用的方法有统计法、实验法、历史法、邮寄法、问答法、机械法、采访法和媒体组合法等。

广告媒体的选择依据如表 7-6 所示。

表 7-6 广告媒体的选择

导向因素 \ 媒体选择			媒体选择顺序
目标	增加销售额		电视→报纸→POP→DM→广播→杂志
	提高市场份额		报纸→杂志→电视→广播→POP→DM
	提高知名度		户外广告→交通广告→报纸→电视→杂志
产品	卓越的技术性能		报纸→杂志→电视
	外观、质感突出		电视→杂志
	使用复杂、价值高		电视→报纸→杂志→广场
范围	地理	全国	报纸→电视→电台
		重点地区	地方性报纸→电视、电台→户外广告
市场	非地理要素	社会文化 消费心理	根据受众的媒体消费习惯将广告集中投放到最具目标指向的媒体→若效果不明显则依次下选，直至获得较好效果
环境	人口密度	高	报纸、电视、电台
		低	电视、电台→报纸、杂志
	教育水平	高	电视、电台、报刊等
		低	电视、电台
预算	高		电视→报刊→电台→DM
	低		DM→电台→报刊→电视

注：POP(point of purchase)，店头促销；DM(direct mail)，快迅商品广告。

4. 公共关系

公共关系是指企业在从事市场营销活动中正确处理企业与社会公众的关系，促进公众对企业的认识、理解和支持，达到树立良好企业形象，促进产品销售的一种活动。公共关系作为一门经营管理的艺术，其职能主要体现在信息收集、咨询建议、信息沟通等方面。

建立良好公共关系的方式有：新闻报道、产品宣传、参与或举办各种公益活动、游说、咨询协商、编写书面材料、处理顾客抱怨、开展各项活动等。

5. 营业推广策略

营业推广又称销售促进，是指企业运用各种短期诱因鼓励消费者和中间商购买、经销或代理企业产品或服务的促销活动。营业推广的形式主要包括：

(1)针对消费者的营业推广，其目的是鼓励老顾客继续购买，激发新顾客试用产品；

(2)针对中间商的营业推广，其目的是鼓励批发商大量购买，吸引零售商扩大经营，动员有关中间商积极购存或推销某些产品；

(3)针对销售人员的营业推广，其目的是鼓励销售人员热情推广产品或处理某些老产品，或促使他们积极开拓新市场。

7.5 客户关系管理

7.5.1 客户关系管理的概念

1. 客户关系管理

客户关系管理(customer relationship management,CRM)是一种旨在健全、改善企业与客户之间关系的新型管理系统,它利用现代信息技术,通过有针对性的交流来了解并影响客户的购买行为,以提高客户招揽率、顾客保持率和顾客忠诚度,进而提高企业的盈利水平。

2. 客户关系管理的内容

客户关系管理的内容包括管理思想、软件产品、管理系统3个层次,这3个层次是层层递进的关系。首先,客户关系管理思想是客户关系管理的核心,没有客户管理思想作指导,客户关系管理软件的开发也就失去了灵魂和方向;其次,客户关系管理软件结合了先进的客户关系管理思想及先进的业务模式,并采用信息产业的最新成果,为客户关系管理思想的实现构筑了现实的信息平台;最后,企业要想创建一个良好运作的客户关系管理系统,就要选择适合自己的管理系统。

7.5.2 客户关系管理的整体框架

1. 客户关系管理的构架

客户关系管理的构架如图7-8所示。客户关系管理是一种基于服务、销售、市场运营于一体的封闭信息系统。它通过全方位、多渠道的服务及营销与客户进行广泛的信息交互,达到对客户信息的全面掌握,再通过数据挖掘与客户知识提取,确定营销策略,达到更好地服务客户的目的。

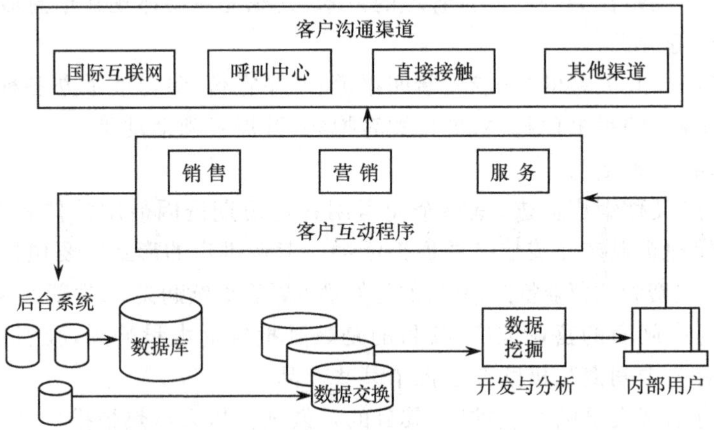

图7-8 客户关系管理系统

2. 客户关系管理的功能模块

(1)销售模块,包括销售业务管理、现场销售管理、现场销售工具、销售业绩管理等。

(2)营销模块,包括市场调研子系统、营销战略决策子系统、产品决策子系统、价格决策子系统、分销与实体分配子系统、促销决策与沟通子系统等。

(3)服务模块,包括服务流程、合同管理、客户关怀、移动现场服务等。

(4)电子商务模块,包括电子商店、电子营销、电子支付、电子支持等。

(5)呼叫中心模块,包括电话管理员、呼叫智能中心、金融行业专用程序、电信及公用服务专用程序等。

7.6 市场营销组织与控制

7.6.1 市场营销组织

现代企业的营销部门有若干不同的组织形式,但不论采取哪种组织形式,都要体现以顾客为中心的营销指导思想。市场营销部门的组织形式有 4 种基本类型:市场营销部门的组织形式、职能型组织结构、地区型组织结构、产品管理型组织结构、市场管理型组织结构和产品市场管理型组织结构,它们的比较状况如表 7-7 所示。

表 7-7 市场营销部门的组织形式比较

组织形式	特征描述	特点
职能型	在营销副总裁领导下由各种营销职能专家构成营销组织	行政管理简单;但随着产品的增多和市场的扩大会失去有效性
地区型	推销部门从全国到大区,再到分区,按区域逐级设立推销经理	每一地区部门熟悉当地市场,但难以按使用对象综合考虑。适用于销售区域大而经营品种单一的企业
产品管理型	在一名总产品经理领导下,每类产品设一名经理,每个具体品种设一名经理	分层管理,细致灵活;产品经理工作内容单一,管理费用增加;合作困难
市场管理型	由一个市场总经理管辖若干细分市场经理,各市场经理负责自己所辖市场	企业可围绕特定客户需要开展一体化营销
产品市场管理型	企业既有产品经理,又有市场经理,构成二维矩阵组织	组织的管理费用高,易产生内部冲突

7.6.2 市场营销控制

市场营销控制是指企业管理者通过检查市场营销计划执行情况，分析计划与实际偏差，找出原因并及时采取措施，保证营销计划的完成的管理活动。

营销控制可分为年度计划控制、盈利水平控制、效率控制和战略控制，如表7-8所示。

表7-8 营销控制的分类

控制类别	责任人	控制目的	主要方法
年度计划控制	最高主管、部门经理	检查规定目标是否达到	销售额分析、市场占有率分析、销售费用率分析、顾客态度跟踪
盈利水平控制	营销控制主管人员	检查盈利于亏损状况	各产品、地区、细分市场、销售渠道、订货规模等方面的盈利水平分析
效率控制	部门经理、控制主管	检查分项费用的效率与效益	人员、广告、销售促进和分销的效率分析
战略控制	最高主管、审计人员	检查企业是否最大限度地利用市场机会	营销效果评价、营销审计

复习思考题

1. 简述营销和推销的区别和联系。
2. 简述企业营销子系统的构成、各组成部分的功能和联系。
3. 简述市场调查和预测主要方法的特点和应用场合。
4. 市场细分的目的是什么？其主要依据是什么？
5. 目标市场的选择策略有哪些？其影响因素是什么？
6. 市场定位的作用是什么？定位的主要方式有哪些？
7. 产品的整体概念包含哪些层次？理解产品整体概念的作用是什么？
8. 产品生命周期有哪些阶段？各阶段的主要营销策略是什么？
9. 产品定价有哪些方法？各自的特点是什么？
10. 企业分销渠道设计的基本目标是什么？渠道选择的基本依据是什么？
11. 企业产品促销的基本方式有哪些？各自的特点是什么？
12. 企业客户关系管理系统的整体框架一般包含哪些部分？它们的关系又怎样？
13. 企业市场营销的组织方式有哪些？各自的特点是什么？
14. 营销控制的主要类别有哪些？其作用是什么？

案例分析

宝洁公司的广告策略

宝洁公司(P&G)是世界500强企业之一,它的名字及其产品几乎渗透了世界每一个角落。美国哈佛大学商学院的普希尔博士这样形容P&G公司:“它对美国肥皂业卓有贡献,它为世界工业发展史竖起了一座丰碑——成功地把P&G打入千家万户,为工业品如何打入市场树立典范。”P&G公司的成功究竟源于什么呢?

一、宝洁公司的诞生

在创建P&G王朝之前,普洛斯特是一名毫不起眼的美国俄亥俄州小商店售货员。当时,由于业务上来往,他与一家杂货店老板盖姆逐渐相识相知,成了一对好朋友。

一天晚上,这两个好朋友在院子里乘凉,盖姆妻子在一旁洗衣服。普洛斯特发现盖姆夫人手上拿着一块又黑又粗的肥皂,与她洁白的皮肤形成了强烈的对比,这令普洛斯特深感不协调。

他询问盖姆夫人:“你不觉得手上那块黑东西挺恶心的吗?”

“可不,还难闻死了! 可有什么办法呢?”盖姆夫人叹道。

“如果有一种又白又美观,还有香味的肥皂,当然功用不比黑肥皂差,你会选哪种呢?”普洛斯特问。

“还用问吗? 普洛斯特。”盖姆夫人回答说。

这时,盖姆发现他的朋友似乎是对肥皂很感兴趣。在一番热烈的讨论之后,两个好朋友决定共同兴建一个肥皂厂。他们各出资一半,并将意向中的公司取名“P&G”。其中“P”代表普洛斯特名字的第一个字母;“G”为盖姆名字头一个字母,意为“普洛斯特和盖姆的公司”。P&G就这样诞生了。

二、象牙肥皂

公司成立后的第一要事是研制自己的产品。普洛斯特坚持他那天晚上得到的启发——产品一定要洁白、美观,这一设想得到一致认同。

经过一年的艰苦研制,P&G终于研制出了洁白的肥皂,其功用与别的厂家的不是暗黄就是粗黑的产品不分伯仲。显而易见,洁白的东西本身就令人产生洁净的联想,也必定会比其他肥皂更容易被顾客接受。

有了新产品,就要给它起一个响当当的名字。普洛斯特引用《圣经》中的诗句,把他的肥皂命名为“象牙”,意喻圣洁无瑕。

三、广告的效用

接着,P&G公司赶紧为新诞生的“象牙”肥皂设计外形。它一改传统肥皂呆板的正方形蛋糕形状,被设计为椭圆形,既便于把握使用又增添美感。为防止别人模仿，P&G 还为"象牙"肥皂的外形申请了专利。

随后，普洛斯特拟订了一个宏大的营销计划：在两家最畅销的杂志上，在当地发行量最大的报纸上，在繁华的马路边做广告等。他的计划遭到盖姆等人的强烈反对。他们认为，年轻的 P&G 承受不起这笔开销。而谁又敢保证广告的钱不会石沉大海？

然而，普洛斯特在一片反对声中依然坚持在一个杂志上刊登了广告。如普洛斯特所料，广告获得了巨大的成功。人们纷纷放弃传统的肥皂，抢购又白又漂亮的"象牙"肥皂，特别是那些爱美的妇女，更是喜爱之极。

此后，普洛斯特在做广告上几乎到如痴如醉的地步。他不断地观察顾客和研究用户心理，挖空心思地想象着用怎样的画面、语言才能最有效地鼓动人们购买"象牙"肥皂。有时，他还自己动手制作广告。在大量广告的宣传下，P&G 的名声越来越大。

四、别出心裁的手段

P&G 的迅速崛起令同行们十分眼馋，其中一些商家赶紧进行产品"改造"。刻意仿造类似象牙肥皂的肥皂，并也辅以大量广告开路。竞争对手迅速跟进，这对于没有什么技术壁垒的肥皂产品来说几乎是不可避免的。

面对这样的局面，普洛斯特从美国一流的大学高薪聘请了一批化学家为"象牙"化验化学成分，做出权威的报告。然后，他从报告中挑了一些最具说服力和诱惑力的数据，巧妙地安插在广告中，让人们不得不相信"象牙"无可比拟的优点。

普洛斯特的这一做法取得了绝佳的效果，不但牢牢巩固了自己的地位，还把竞争对手一下子远远抛在后面。

P&G 就是靠着普洛斯特的别出心裁的广告取得了成功。经历了 100 多年后的今天，P&G 已发展成一个规模巨大的跨国公司。如今，不但 P&G 的洗涤用品饮誉全世界，而且 P&G 的名称更是响彻全球，而其经营的拿手好戏除了广告还是广告。

思考题

1. 企业之间竞争的本质是什么？

2. 在竞争激烈的市场中，怎样才能使得消费者在众多的商品中选择自己的产品？

3. 宝洁公司的成功取决于奇思妙想的广告。但是在广告的背后，是什么支撑着公司的成功？产品质量和广告之间是一种怎样的关系？

第8章

企业生产运作子系统及其管理

本章提要

在本章中,您将学习到以下主要内容:

1. 生产运作管理的概念;
2. 生产计划的编制原则和步骤;
3. 生产过程的空间和时间组织;
4. 准时化生产、成组技术、敏捷制造的基本思想;
5. 项目管理的基本概念与内容;
6. 质量管理体系的概念。

8.1 企业生产运作子系统概述

8.1.1 生产运作管理的概念和目的

1. 生产运作管理的概念

生产运作是一切社会组织将它的输入转化为输出的过程,是一个投入一定的资源,经过生产运作系统转换,使其价值增值,最后以某种形式的产出提供给社会的过程。

生产运作管理就是对企业提供产品或服务的生产运作系统进行设计、运行和改进,以便更好地满足社会需求,最大限度地实现价值增值和企业目标。

生产运作管理的内容可分为以下三大部分。

1)生产运作系统战略决策

从如何很好地满足社会和用户的需求出发,根据市场需求和企业实际条件,从总的原则方面解决“生产什么、生产多少”和“如何生产”的问题。即从企业竞争优势的要求出发对生产运作系统进行战略定位,明确选择生产运作系统的结构形式和运行机制的指导思想。

2)生产运作系统设计管理

生产运作系统设计管理即根据生产运作系统的定位,具体进行生产运作系统的设计和投资建设。包括两个方面。

(1)产品开发管理,包括产品决策、产品设计、工艺选择与设计、新产品试制与鉴定管理等。

(2)厂房设施和机器系统构建管理,包括厂址选择、生产运作规模与技术层次决策、厂房设施建设、设备选择与购置、工厂总平面布置、车间及工作地布置等,目的是以最快的速度和最少的投资构建最适宜的生产运作系统主体框架。随着环境的变化,对生产运作系统进行改建和更新也属于这一范畴。

3)生产运作系统运行管理

根据市场需求和企业生产经营目标,在设计好的生产运作系统内对生产运作系统的运行进行计划、组织和控制。具体而言,就是在设计好的生产运作系统框架下,不断进行综合平衡,合理分配人、财、物等各种资源,科学安排生产运作系统各环节、各阶段的任务,妥善协调生产运作系统各方面的复杂关系,使企业生产运作系统中的物流、信息流、价值流畅通,对生产运作过程进行有效控制,确保生产运作系统正常运行。

2. 生产运作管理的目的

生产运营管理的目的是建立一个高效率的生产制造系统,为企业制造有竞争力的产品。其中,有竞争力的产品是生产运作管理的首要目的,而一个高效的生产制造系统,是实现该目的的基本保证。

产品竞争力主要体现为产品的性能、质量、价格三要素。产品性能指一个产品所具有的实际使用价值方面的特性,它是一个产品区别于另一个产品的主要标志;质量则是用户对产品使用价值的满意程度;而价格就是用户为取得产品的使用价值而付出的代价。

8.1.2 现代企业生产运作管理的理念和方法

1. 工业工程

工业工程(industrial engineering,IE)是生产组织和管理的传统方法论,其主要理论基础是泰勒有关科学管理方面的开拓性论著。工业工程的主要原则是标准化、简单化和专业化,而标准化尤为重要。通过标准化工作,可以明显地简化产品设计、生产工艺、生产组织和计划工作，从而可以压缩生产周期，加速新产品的开发和出产，降低成本。

2. 联机生产管理

联机生产管理的特点是，在每一工作点设置终端，并按联机方式使之与一台控制计算机交流信息。这样，在所有工作点的各种生产数据边产生边汇集，随后输送到控制中心，由控制计算机进行快速数据处理，以便制定有关未来生产活动的新作业计划并送回到各个工作点。

3. 柔性制造系统

柔性制造系统的特点是适应生产品种变换频繁的要求，设备和整个生产线具备应变的灵活性，一般都由数控机床、加工中心、自动运输小车、立体仓库等高度自动化的设备和装置所组成。

4. 准时化计划生产

准时化计划生产(just in time，JIT)的基本思想是"只在需要的时候，按需要的量生产所需的产品"。其核心是追求一个零库存生产系统或使库存达到最小的生产系统。JIT 的局限性在于，若单独采用 JIT 进行生产进度的控制必将造成不必要的库存，并且 JIT 不允许生产存在瓶颈工序，不做能力需求计划。

5. 精益生产

精益生产(lean production，LP)是 JIT 的发展和深化，其基本要求是企业在生产过程中要同时获得极高的生产效率、最好的产品质量、最低成本和极大的生产柔性。

6. 物料需求计划

物料需求计划(material requirement planning，MRP)是 20 世纪 60 年代发展起来的一种计算物料需求量和需求时间的系统。

7. 制造资源计划

制造资源计划(manufacture resource planning，MRPII)是 20 世纪 70 年代提出的理念，它核心思想是：以物料需求为核心，将 MRP 的信息共享程度扩大，使生产、销售、财务、采购紧密结合在一起，组成一个全面生产管理模式。它是一个比较完善的生产经营管理计划体系，是实现企业整体效益的有效管理模式。

8. 企业资源计划

企业资源计划(enterprise resource planning，ERP)是美国 Gartner Group 公司于 1990 年提出的，它代表了当前集成化企业管理系统的理论前沿，是信息时代的现代企业向国际化发展的管理模式。ERP 中的企业资源包括企业的物流资源、资金流资源和信息流资源，它把客户需求、企业内部的所有资源与供应商的制造资源整合在一起，形成一个完整的集成体系系统。由于 ERP 能为企业生产经营提供一个完整而详尽的计划，信息管理扩大到整个供应链，可使企业内部各部门的活动协调一致，大大提高企业整体效率和效益。图 8-1 显示了 ERP 的总流程情况。

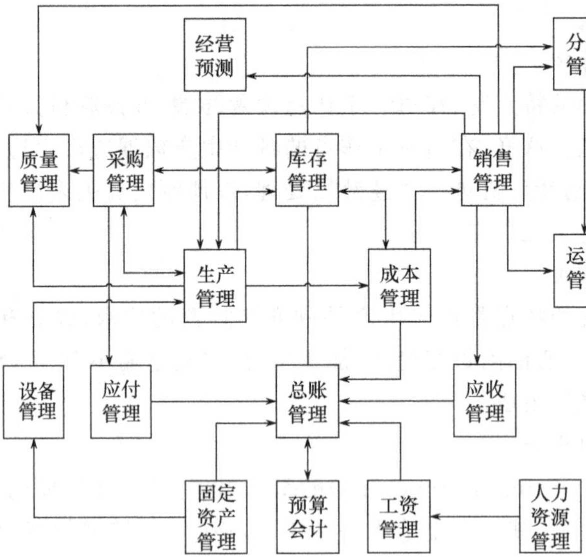

图 8-1 ERP 总流程图

8.1.3 制造类企业的生产类型和运作过程

传统意义上的生产类型，其分类的标准很多。以下从产品的使用性能、生产工艺特征、产品的需求特征、生产过程的稳定性和重复性等方面进行分类说明。

1. 通用产品和专用产品

按照产品的使用性能分类，可分为通用产品和专用产品两大类。

通用产品就是按照一定的标准设计生产的产品，通常具有较大的社会需求量和适用面，如家用电器产品等。这类产品的生产企业一般通过对市场的需求预测，并根据企业自身的生产能力和销售能力等因素进行综合分析，以此来制订生产计划。由于产品具备生产过程稳定的特点，因而适宜采用对象专业化的产品生产组织方式。又由于产品的市场需求较大，产品的竞争主要体现在质量和成本的竞争，因而企业应通过扩大生产规模采用高效的专用生产设备等手段努力降低产品成本，提高产品质量，以规模效益赢得市场竞争。

专用产品一般是根据用户的特殊需求专门设计和制造的产品，产品的适用范围较小，需求量也小。企业必须经常变换产品的品种，生产过程的稳定性较差，无法采用对象专业化的生产组织形式，通常要求所用设备应具备较高的柔性，以适应不同产品的生产要求。相对而言，生产过程的控制比较复杂，生产管理工作难度大且非常重要。

2. 流程生产型和加工装配型

按照生产工艺特征分类，可分为工艺过程连续的流程生产型和工艺过程离散的加工装配型两大类。

流程生产型生产的产品主要包括化工产品(化肥、水泥、制药等)、纺织产品、造纸、烟草、金属冶炼、酿酒等。其生产特点是生产过程连续进行且加工工序固定不变，因而原材料通常是以固定的路线连续地流过整个加工系统。生产系统适宜采用专业化、自动化程度极高的生产设备或生产线的生产组织方式。流程生产型的生产过程管理的重点是确保生产的各个环节的正常运行，因为任何一个环节出现问题部将引起整个生产系统的瘫痪，因而生产设备及与生产相关的设施的维护成为生产管理工作的重点内容。由于这类生产的需求比较稳定，生产计划的制定主要以企业生产能力为依据。

加工装配型生产的产品主要包括汽车、机床、家电、电子设备、计算机等。这类产品是由许多零部件构成的，产品结构复杂。其中各零件的生产过程相对独立，可参照流程生产型的生产组织方式进行生产。产品则是通过部件组装及总装而成，因而整个产品的生产过程是离散的，既要控制各零件和部件的生产进度，以确保生产的成套性，又要确保生产物流的合理流动，做到适时、适量、准确地供应，最大限度减少运输及库存费用，这使得生产管理工作极其复杂。由于这类产品需要在不同的生产企业或部门生产不同的零部件，生产控制及协调是管理工作的重点所在，现行的一些先进生产方式，如精益生产、敏捷制造都是针对这类产品的生产而研发的。

3. 备货生产和订货生产

按产品的需求特性分类，可分为备货生产和订货生产两大类。

备货生产是指在市场需求预测的基础上，有计划地进行生产。通常，这类产品的市场需求具有一定的规律性，企业可通过提前生产，并将产品储备起来，以满足未来一定时期的市场需求。减少由于生产能力不足而造成产品脱销给企业带来的缺货损失。其生产管理的重点是准确地预测，畅通的营销渠道，严格地按未来的需求进行生产，做到有备货而无积压。

订货生产是根据用户提出的具体订货要求，组织产品的设计、制造等生产活动，以满足用户的特殊需求。由于是按用户的特殊要求定制，故产品大多是非标准化的。这类产品的规格、质量、数量及交货期，不同的订单都有不同的要求，因而生产管理的重点是如何确保在规定的交货期内保质、保量并按规定的交货方式将产品交付给用户。这就要求企业在收到订单后，有组织、有计划地进行产品的设计、原材料及零部件的采购、产品的加工制造工作。

4. 大量生产、成批生产和单件小批生产

以产品生产的重复程度及专业化程度作为标准，可分为大量生产、成批生产和单件小批生产。

大量生产类型的特点是生产的品种少，每一种产品的产量大，生产稳定且不断重复进行。通常是经常重复一种或少数几种相类似的产品，由于这类产品一般在一定时期内具有相对稳定且很大的需求量，生产对象相对固定，因而产品的工艺流程一般都经过高度标准化设计，在生产组织中，有条件采用高效的专用设备和专用工艺装备，并按对象专业化的原则建立生产线，以提高工作地的专业化程度。例如，采用流水生产线的生产组织方式等，从而保证企业获得较高的经济效益。大量生产由于具有生产量大，生产不断重复这一特性，因而企业生产组织中的计划和控制工作具有较强的规律性，利于对整个生产过程实施标准化控制和应用自动化装置进行生产，从而确保产品的质量。企业中采用大量生产的实例有很多，比较典型的有汽车生产、家电生产等。

成批生产类型的特点是产品的品种较多，每一种产品的产量较少，每一种产品都无法维持长时间的连续生产，因而在生产中必须采取多种产品轮番生产的生产组织方式。由于成批生产的产品一般都具有较稳定的生产工艺，且不同的产品之间具有相同或相似的工艺过程，故可采用可配备不同产品专用工艺装备的通用设备，建立多品种的对象生产单元，使产品的生产过程在生产单元内封闭地完成，以适应多品种的需要，并保证设备必要的负荷率，提高设备的利用率水平。由于每台设备或工作地要负担多种工件的加工任务，所以无法采用高生产率的专用设备和工艺装备，这使得工作地的专业化程度不高，生产率水平较大量生产而言相对较低。同时由于转换生产对象需要花费必要的生产准备时间，从而引起生产的间断，使生产管理工作更加复杂，对生产计划管理和监控提出了更高的要求。

单件小批生产的特点是产品的品种繁多，产量很少，所生产的产品通常属于一次性需求的专用产品，因此一般不进行重复生产。由于单件小批生产的产品不断变化，决定了其生产设备和工艺装备只能是通用设备和工艺装备。因此，工作地的专业化程度很低，一般按照工艺专业化原则，采取机群式布置的生产组织方式。单件小批生产管理工作的复杂性主要体现在：产品繁多、生产计划复杂、生产与运作的实施和控制难度大；生产技术准备工作量大、设备调整时间长、设备利用率低、各个部门之间的协作复杂程度高；要求工人的操作技能高，使人力资源管理工作极为关键。采用单件小批生产类型的实例很多，如造船、重型机械制造、大型建筑、桥梁、专用大型电机和锅炉等。

8.1.4 服务类企业的运作类型及组织

服务业是国民经济的重要组成部分，在经济发展中发挥着重要的作用，也是我国实现现代化必不可少的一部分。随着第三产业的蓬勃兴起及相应的服务业的迅速发展，提高服务质量、完善和规范服务过程已经迫在眉睫。

服务业的生产运作过程主要是提供无形产品，即提供服务的过程。服务是顾客与服务企业员工之间直接接触时所发生的社会性活动，其产出特点决定了服务业的运作过程和制造业的生产过程有其特殊性。

1. 通用型服务和专用型服务

以顾客的需求特性分类，可分为通用型服务和专用型服务，如商场、银行、宾馆、餐厅等属于通用型服务，它主要针对一般的日常的社会需求所提供的服务。而如医院、咨询公司、证券公司、会计师事务所、律师事务所等属于专用型服务。它主要针对顾客的特殊需求所提供的服务。

2. 技术密集型服务和人员密集型服务

以服务系统的技术特征分类，可分为技术密集型服务和人员密集型服务两大类，技术密集型服务需要具备较优良的技术及设备，如医院、银行、通信业等，都需要进行大量的设备投入。而人员密集型服务，其系统中人员的投入占主导地位，如商场、学校、咨询公司、律师事务所等均属于人员密集型服务。

3. 高接触型服务和低接触型服务

以与顾客直接接触的程度作为标准来进行分类，可分为高接触型服务和低接触型服务。

高接触型服务指在服务过程中顾客与服务人员接触程度密切的服务类型。典型的高接触型服务有学校的课堂教学、理发、旅馆的接待服务、医生的直接诊断服务等。其运作管理的重点主要应放在服务质量上，其服务质量及服务效率的高低往往由服务人员的素质来决定。因此，加强对员工的业务培训和职业道德教育，将是这类企业管理工作的重要组成内容。此外，这类服务企业也要根据顾客需要合理确定服务规模，使整个服务系统达到最高效率。

低接触型服务指在服务过程中顾客与服务人员接触程度较低的服务类型。例如，邮局的邮递服务、银行的支票处理业务等都属于这一类服务。它的最大特点是整个服务过程中顾客只需要较少的必要参与，而大量服务工作依靠服务人员借助服务系统来完成。其运作管理的重点应放在提高生产率和降低成本上。此外，这类服务对前台工作人员的业务素质和职业道德要求很高，而对后台人员的业务素质和职业道德要求相对较低。

8.2 生产计划制定

生产计划是企业经营计划的重要组成部分，是组织和控制企业生产活动的依据。它根据市场调查和市场预测的结果，充分利用企业的现有资源和生产能力，实现均衡生产并合理地控制库存，确保按质、按量、按期交货。企业生产计划具体规定了在计划期内应生产的品种、产量、质量、产值和期限等，以充分满足社会和用户的需求，并实现最佳经济效益。

8.2.1 生产计划指标体系

生产计划的主要指标有下列4种。

1. 产品品种指标

品种指标规定了企业在计划期内应生产的产品品名和品种数。品种指标须按具体产品的用途、型号、规格加以细分。

2. 产品质量指标

质量指标规定了企业在计划期内产品质量应达到的水平。质量指标一般用综合性的质量指标反应,如合格品率、一般品率、优质品率、废品率等。

3. 产品产量指标

产量指标规定了企业在计划期内生产合格产品的数量。产量指标一般以实物单位计量。当品种数较多时,可以用产品的主要技术参数为基数换算的折合单位作为计量单位。

4. 产值指标

产值是用货币形式表示的产量指标,综合反应了企业生产的总成果。产值指标又分为商品产值、总产值、净产值3种。

8.2.2 生产计划的编制原则与步骤

1. 生产计划编制原则

1)全局性原则

全局性原则一是对于国家下达的计划任务,各企业必须优先安排保证按时完成;二是与兄弟单位的协作生产中,应在平等互利的前提下,积极承担协作任务,确保按时完成合同订货;三是在本企业内部,各生产单位的生产计划要服从企业的整体计划,保证企业年度生产任务的完成。

2)合理利用生产能力原则

企业的生产计划要体现对生产能力的充分利用,既不能低于生产能力而造成资源浪费,又不能由于生产能力不足而导致生产计划的最终落空。

企业能否合理地利用生产能力,既有外部条件的制约,又受内部条件的限制。因此,企业合理利用生产能力,首先要做好市场分析预测,改进企业的计划工作、物资供应和内外协作;其次要对现有设备进行技术革新和技术改造,提高设备集约性利用率;最后要减少工作班时间内的设备停工,增加动用固定资产的数量,提高设备粗放性利用率。

3)定性分析与定量分析相结合原则

确定生产计划指标,必须通过定性分析和定量分析两者的结合实现对生产计划的优化,二者不可偏颇。首先要进行定性分析,诸如分析企业面临的经济形势、市场需求、资源供应情况，以及国家现行税收政策、财政政策、货币政策及其变化趋势等，这些影响因素仅靠定量分析是很难全面表达的。其次还要在定性分析的基础上进行定量分析，以使管理精确化。生产计划的定量分析方法主要有盈亏平衡点法、线性规划法等。借助量化模型和计算机辅助手段，对生产计划进行优化，以获得较高的经济效益。

4)综合平衡原则

生产计划的综合平衡原则是指生产计划工作是在全面性、连续性、科学性和严肃性基础上对产、供、销及人、财、物进行的综合平衡优化。全面性是指生产计划的内容要全面，执行和控制要全面。连续性是指编制生产计划既要立足于过去和现在，又要具有前瞻性，以保持各期计划的平衡衔接。科学性是指制订生产计划时使用的资料、数据要准确，以科学的态度保证指标的先进、合理、可行。严肃性是指生产计划一旦确定，不能轻易变动，否则会影响企业生产经营计划的平衡、打乱协作单位的生产秩序、影响职工的生产情绪。

此外，在制订生产计划时要有应变观念，留有一定的余地，以适应市场环境的变化。

2. 生产计划编制步骤

编制生产计划的主要步骤大致可归纳如下：

1)调查研究，收集资料

编制科学合理的生产计划必须进行调查研究，广泛收集企业内外相关信息，包括企业长远发展规划、国内外市场预测资料、产品生产、销售及库存情况、生产能力和技术措施、物资供应和生产设施状况等。此外，还要认真总结上期计划执行的经验和教训，研究在生产计划中贯彻企业经营方针的具体措施。

2)统筹安排，提出初步计划指标

应着眼于更好地满足企业对产品的需求和提高生产的经济效益，对全年的生产任务做出统筹安排。

3)综合平衡，确定生产计划指标

把需要同可能结合起来，将初步生产计划指标同各方面的条件进行平衡，使生产任务得到落实。综合平衡内容主要包括：生产任务与生产能力之间的平衡、生产任务与劳动力之间的平衡、生产任务与物资供应之间的平衡、生产任务与生产技术准备的平衡、生产任务与资金占用的平衡等。

8.3 生产过程组织

任何一种产品，从原料到成品都需要经过一定的加工制造过程。广义的生产过程包含了生产技术准备、加工制造、辅助生产和后勤服务等企业范围内全部生产活动的总和。狭义生产过程就是基本生产过程，即产品加工制造过程。自原材料投入起到产品制造完毕止，它是由不同工艺性质的生产阶段组成，这些生产阶段又称为工艺阶段。

企业的生产过程既是人、财、物的消耗过程，也是创造价值和使用价值的过程，所以合理组织生产过程，以尽可能少的物质财富消耗，生产出尽可能多的适销对路的产品，具有十分重要的意义。

8.3.1 合理组织生产过程的要求

1. 生产过程的连续性

连续性是指产品在生产过程各个阶段、各个工序之间的流动在时间上是紧密衔接、连续不断的。即产品在生产过程中始终处于运动状态，没有或很少有不必要的停顿和等待现象。

实现生产过程的连续性，可以缩短产品生产周期，减少在制品的数量，加速流动资金的周转；可以更好地利用设备和生产面积，减少产品在停放等待时可能发生的损失。

企业可以通过采用先进技术，提高生产过程的机械化、自动化程度，采用先进有效的工艺、缩短工艺流程，以及合理组织等措施提高生产过程的连续性。

2. 生产过程的平行性

平行性是指生产过程的各项活动、各工序在时间上实行平行交叉作业。例如，转炉在吹炼时，同铁水的脱硫处理，钢锭模的准备等工作是同时并进的。

实现生产过程的平行性，可以大大缩短产品的生产周期，在同一时间内提供更多的产品。平行性也是实现生产过程连续性的必然要求。

企业可通过提高生产管理水平，采用先进技术和先进的生产组织形式，来实现生产过程的平行性。

3. 生产过程的比例性

比例性是指生产过程各阶段、各工序之间在生产能力上要保持一定的比例关系，以适应产品生产的要求。这种比例关系主要是指各个生产环节的工人人数、设备数、物资供应、生产速率、开动班次等都必须互相协调。

保持生产过程的比例性有利于充分利用企业设备、生产面积、劳动力和资金产品在生产过程中的停顿、等待时间，缩短生产周期。

要保持生产过程的比例性，可采取以下措施：

(1)根据专业产品特点，在进行工厂设计时精确计算各工序设备的生产能力，使各道工序的生产能力保持一定的比例关系；

(2)在日常生产组织与管理工作中，加强计划管理，做好生产能力的综合平衡工作；

(3)在产品结构、品种及生产技术条件发生较大变化时，及时调整各种比例不协调状况，克服薄弱环节，建立新的比例关系，以适应变化了的新情况。

4. 生产过程的均衡性

均衡性也称为生产过程的节奏性，它是指在组织产品出产或完成某些工作时，在相等的时间间隔内，生产的数量是基本相等的或稳定递增的。也就是说，每日、每旬、每月生产都能够均衡地或稳定递增地出产产品。

实现均衡生产有利于提高劳动者的工作效率，保证人身安全，使整个生产活动有秩序地进行；有利于保证设备的均衡负荷，提高设备利用率和工时利用率；有利于保证产品质量。

要保持生产过程的均衡性，就必须明确规定各生产单位的生产任务和生产进度，并做好生产技术和物资供应工作。各生产单位必须严格按照预定的生产任务按时投入和产出。

5. 生产过程的适应性

适应性是指企业的组织形式要灵活，能够适应市场的变化，及时调整和组织生产。

提高生产过程的适应性是企业管理从生产型转变为生产经营型以后的客观要求。在市场经济的条件下，企业需要根据市场需求来组织生产活动。同时也要能够灵活地调整与组织生产过程，以适应市场需求的不断变化。

要提高生产过程的适应性，企业的生产系统应向多品种、小批量、能够应急应变的方向发展，采用合理的生产组织方式和先进的制造技术，提高企业生产过程的适应能力。

上述要求是相互联系相互制约的。生产过程的比例性是实现连续性、平行性的重要条件，是保证均衡性的前提；均衡性、连续性、平行性又相互影响，相互作用。满足这些要求，可使企业获得良好的经济效益。

8.3.2　生产过程的空间组织

生产过程的空间组织是指要合理地确定企业内部各生产单位、各生产阶段的设置和运输路线，以及劳动者、劳动资料相互结合的方式。其内容包括应设置怎样的生产单位，按照什么原则布置这些生产单位，以及使各个生产单位和设施在空间布局上形成一个有机整体。

生产过程空间组织方式大体可分为工艺专业化形式、对象专业化形式和混合形式。

1. 工艺专业化

工艺专业化指按照生产工艺性质的不同来设置生产单位的一种产品生产空间组织形式。在工艺专业化的生产单位里，集中了相同类型的机械设备，对企业的各种产品进行相同工艺的加工，如图 8-2 所示。

工艺专业化的特点是:同类设备集中、加工技术单一、分派任务弹性大;加工对象多、工艺路线差别大、难以使工件搬动自动化;在各工序之间成批搬运、加工周期长;周转环节多、不易管理。

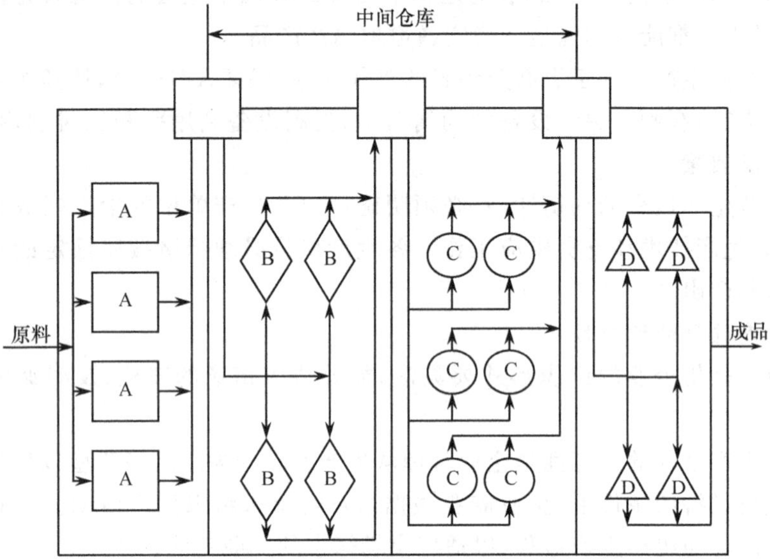

图 8-2 工艺专业化形式设置的生产单位

2. 对象专业化

对象专业化是指按照产品(零件)的不同来设置生产单位的一种产品生产空间组织形式。在对象专业化的生产单位里,集中了为制造某种产品所需的各种设备,对相同的产品进行不同工艺过程的加工,如图 8-3 所示。

对象专业化的特点是:工件搬运可以实行机械化、自动化,降低搬运费用;生产流程连续性好,可以缩短生产周期;计划管理十分简单,生产容易控制;但相应地加工线的应变能力差。

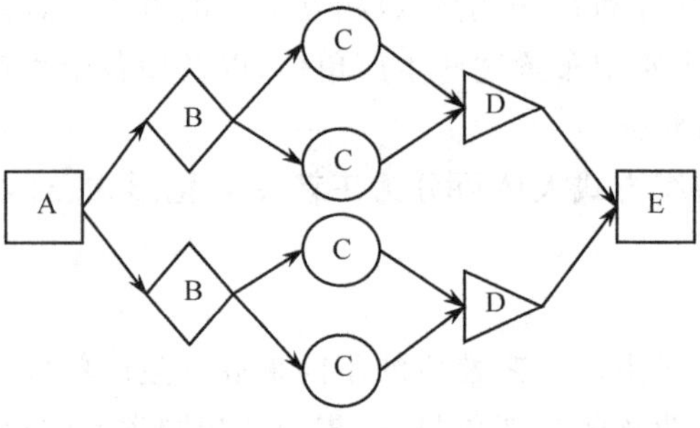

图 8-3 对象专业化形式设置的生产单位

3. 混合形式

混合形式即为工艺专业化和对象专业化的有机结合。它兼有两种专业化形式的优点，是一种比较灵活的形式。通常，多数规模企业采用混合形式组织生产，有些车间按工艺专业化组织，而有些车间可能按对象专业化组织。究竟如何进行空间组织，要从根据企业实际生产需要，遵循生产过程的要求来决定。

8.3.3　生产过程的时间组织

零件加工过程的时间从结构上可分为生产工序（作业）时间和运输、检验、间歇和储存时间等。生产工序时间消耗也称为工艺时间，其余部分的时间称为非工艺时间。

生产过程的时间组织，就是研究作业对象在生产过程中各道工序之间的结合（移动）与衔接的方式，目的在于提高产品在生产过程中的连续性，缩短生产（加工）周期。非工艺时间可视为无效时间。因此，生产过程时间组织的任务主要是从研究生产工序时间的结合方式即零件的移动方式，缩短无效时间，增加工艺时间，从而寻找出缩短加工周期的理想的生产组织方式。

在加工装配型企业中，工序间在时间结合上的方式主要有 3 种，即顺序移动方式、平行移动方式和平行顺序移动方式。

1. 顺序移动方式

顺序移动方式是指一批制品在前道工序上全部完工之后，才能整批地从前道工序流转到后道工序上继续加工。零件在各道工序之间是整批移动，工序之间移动是顺次、连续的，就每个零件而言都有明显的等待加工时间。由于零件和产品是整批转送的，因此组织与计划工作比较简单。零件和产品集中加工、集中运送，有利于提高工效。

当产品的批量小，工序加工时间短，或要求产品达到一定数量才开始加工时，多采用这一方式。由于一批零件中大多数存在等待运输和等待加工的时间，因而产生在制品占用多，生产周期长的状况。

顺序移动方式下，产品生产周期的计算公式为

$$T_s = n\sum_{t=1}^{m} t_i$$

式中，T_s——一批产品顺序移动的生产周期；

n——一批产品的批量；

t_i——产品在第 i 道工序的单件加工时间；

m——工序数目。

2. 平行移动方式

平行移动方式是指每个零件（产品）完成了前道工序之后，立即流转到下道工

序继续加工。这样，任何一件或一个批量制品在投入生产后，便始终处于加工、运输或检验过程中，前后几道工序平行或同时地对一批中的若干零件进行加工。该移动方式的最大特点是零件在各道工序之间是逐个或逐小批运送的，零件在各工序之间加工平行展开，因而能够把产品加工的在制品减到最少，生产周期压缩到最短，但运输工作量大大增加。

当批量大、前后道工序的加工时间基本相等或成整数倍，尤其是组织流水生产时，多采用这一方式。当零件在各道工序的加工时间差异较大时，会导致设备或零件的等待状况。

平行移动方式下，产品生产周期的计算公式为

$$T_p = \sum_{t=1}^{m} t_i + (n-1)_{t\ \max}$$

式中，T_p——一批产品平行移动的生产周期；

$t_{\max}$——一批产品中加工工序最长的单件工序时间。

3. *平行顺序移动方式*

平行顺序移动方式是指在每批中的各个零件中上一道工序还没有全部加工完毕以前，就将已加工好的一部分零件转至下一道工序上进行加工，以恰好能使下道工序连续地全部加工完该批零件。

平行顺序移动方式是平行移动方式和顺序移动方式的结合，其最大特点是劳动过程中断时间比顺序移动方式少，零件生产周期较短。在一定程度上消除了工人与设备的空闲时间，使工人和设备的空闲时间集中起来，便于用来做其他工作。

当加工对象批量较大，且各道工序加工时间相差较多时，多采用这一方式。这种方式实际存在两种移动状况，当前道工序加工时间小于或等于后道工序加工时间($t_i \leqslant t_{i+1}$)时，用平行移动方式；当前道工序加工时间大于后道工序加工时间($t_i > t_{i+1}$)时，要等到前道工序完成的零件数足以保证后道工序连续加工时，才移动到后道工序去继续加工。这种移动方式既能消除生产间断现象，又能适当缩短生产周期，兼有前两者的优点。但是，此种方式的组织管理工作较前两者要复杂。

平行顺序移动方式下，产品生产周期的计算公式为

$$T_{ps} = \sum_{i=1}^{m} t_i + (n-1)(\sum t_L - \sum t_S)$$

式中，T_{ps}——一批产品平行顺序移动的生产周期；

t_L——比前、后两道工序的加工时间都长的工序加工时间；

t_S——比前、后两道工序的加工时间都短的工序加工时间。

值得注意的是，第一道工序之前或最后工序之后均作为最短工序(零)对待，而相邻两工序如时间相等点按一道工序对待。

4. *举例分析*

假定某产品的批量为 4 件，需要经过 4 道工序加工，每道工序的加工时间分别

是:10 分钟、5 分钟、20 分钟、15 分钟,则该批产品在工序间的 3 种移动方式及加工周期计算如下。

运用上述计算公式,在顺序移动方式下,产品的生产周期为

$$T_s = n\sum_{i=1}^{m} t_i = 4\times(10+5+20+15) = 200(\text{分钟})$$

在平行移动方式下,产品的生产周期为

$$T_p = \sum_{i=1}^{m} t_i + (n-1)t_{\max} = (10+5+20+15)+(4-1)\times 20 = 110(\text{分钟})$$

在平行顺序移动方式下,产品的周期为

$$\begin{aligned} T_{ps} &= \sum_{i=1}^{m} t_i + (n-1)\left(\sum t_L + \sum t_S\right) \\ &= (10+5+20+15)+(4-1)[(10+20)-5] \\ &= 125(\text{分钟}) \end{aligned}$$

在 3 种不同的移动方式下,零件在工序间的运送情况,以及之间的比较如图 8-4 所示。

可以看出,3 种不同的生产过程时间组织形式中,就生产周期的长短来说,3 种移动方式中,平行移动方式下零件的加工周期最短,顺序移动方式下零件的加工周期最长。就生产中产品的运输工作量大小来说,平行移动方式最大,平行顺序移动方式次之,顺序移动方式最小;就生产的连续性来说,顺序移动方式和平行顺序移动方式都能保证生产的连续进行,而在平行移动方式下会出现生产工作的间断。

在选择生产过程的时间组织形式时,除了要考虑生产周期、零件或产品的搬运量和生产的连续性以外,还要考虑其他方面的因素。通常,工艺专业化的生产单位及单件小批量生产类型宜采用顺序移动方式;对象专业化的生产单位及大量大批生产类型宜采用平行移动方式或平行顺序移动方式。体积小、重量轻、单件加工时间短的产品宜采用顺序移动方式;体积大、重量重、单件加工时间长的产品宜采用平行移动方式或平行顺序移动方式。设备调整所需时间长,就不宜采用平行移动方式;如果改变产品时,不需要调整设备或调整设备时间很少,则可考虑采用平行移动方式。

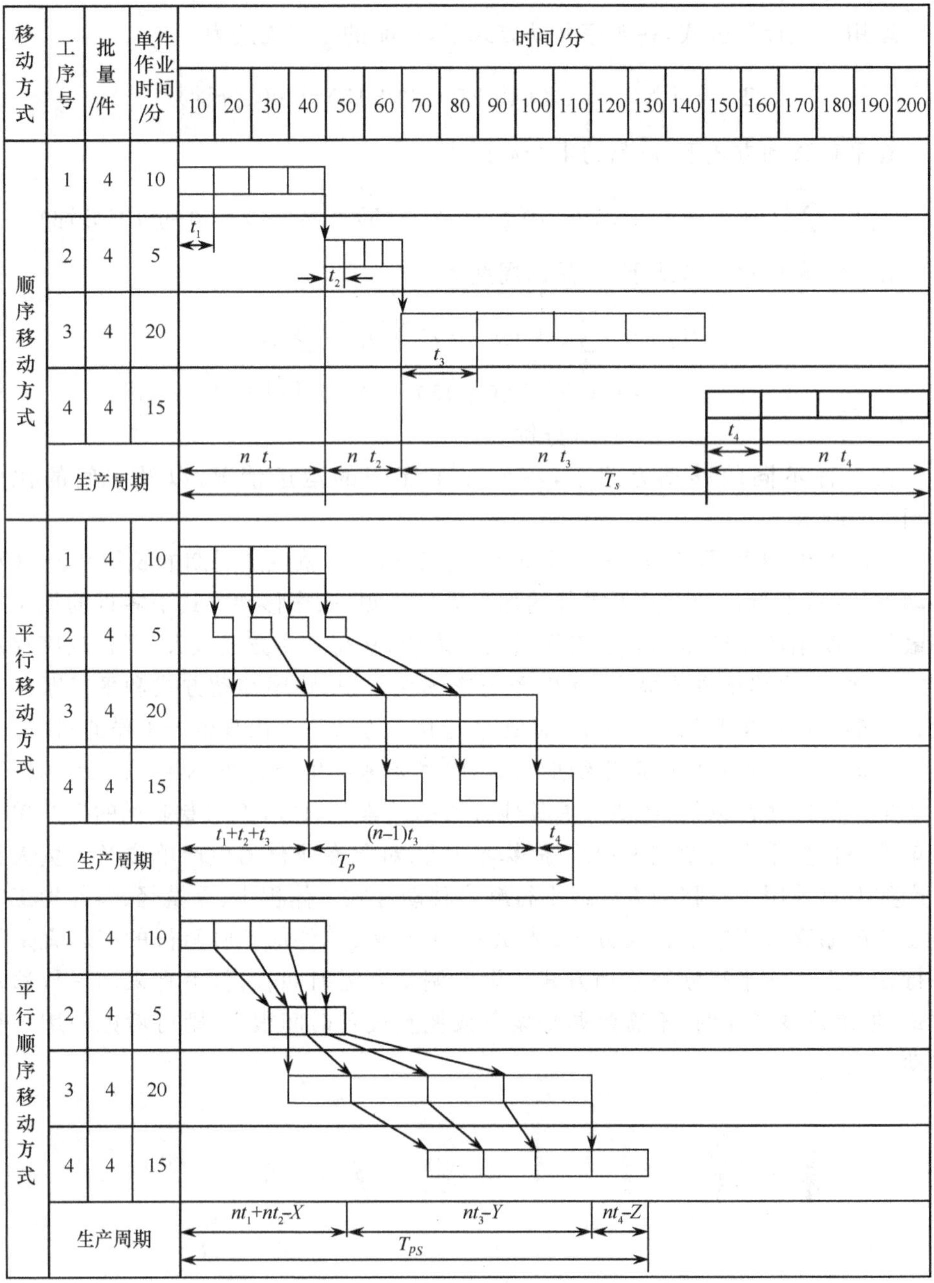

图 8-4　3 种不同移动方式工序间运送情况比较

8.4 先进生产方式与生产系统

8.4.1 准时化生产方式

JIT(just-in-time)是准时化生产方式的英文缩写，是丰田生产方式(TPS)的两大支柱之一。其含义是运用多种管理方法、手段，对生产过程中的诸多要素进行优化组合，做到以必要的劳动，确保在必要的时间内，按必要的数量，生产必要的“产品”，以杜绝超量生产，消除无效劳动和浪费，降低成本，提高产品质量，达到用最小的投入实现最大产出的目的。因此也叫做精益生产方式。

JIT 的重点是生产现场，但又包括生产、营销、计划、供应、人力资源等各个方面，如在供应系统方面要求在必要的时间，提供必要数量、质量可靠的原材料和零配件，在人力资源方面要求在必要的时间，配备必要数量合格的人员等。其主要的作用是质量能得到最大改进、生产周期缩短、成本降低、减少材料库存、减少停机时间、基本消除了在制品库存，从而使劳动生产率得到提高。

JIT 的基本思想可概括为“在需要的时候，按需要的量生产所需的产品”，也就是通过生产的计划和控制及库存管理，追求一种无库存，或库存达到最小的生产系统。据此可以看出 JIT 的益处甚多，因而成为一种风行世界的管理方法。

1. JIT 生产方式的目标

JIT 的目标是彻底消除无效劳动和浪费。努力降低成本，提高产品质量，取得高额利润。具体而言，JIT 主要要求达到以下 5 个目标。

(1)零废品。传统生产系统认为废品是不可避免的，因此提出允许的不合格率或可接受的质量水平。而 JIT 的目标是消除各种引起不合格品的原因，使每一道工序都达到最高水平。

(2)零库存。在传统生产系统中，制品库存和成品库存被视为资产，代表系统中已累积的增值。而 JIT 认为，库存是生产系统设计不合理、生产过程不协调和生产操作不良的证明。

(3)准结时间最短。准结时间的长短与批量选择相联系，如果准结时间接近于零，就意味着批量生产的优越性不复存在，而准结成本也趋于零。因此，采用极小的批量是 JIT 所追求的生产方式。

(4)提前期最短。长提前期、大批量的系统存在生产应变能力差、柔性小等缺陷。JIT 从产品设计与生产过程设计入手来缩短提前期，达到产品设计合理，既能满足用户的不同需求，又易于加工生产的目的，改变传统生产系统产品设计与工艺过程设计相分离的状态。

(5)减少零件搬运。零件运送、搬运等属非增值操作。因此，减少零件加工数量，减少零件的运送量和搬运次数，也就节省了运输的人力资源，避免了无效劳动和浪费。

2.JIT 的基本方法

(1)适时适量生产。当今时代已经从卖方市场转变为买方市场。因此,各种产品的产量必须灵活地适应市场需要量的变化,以销定产。实施“适时适量”生产,就是在市场需要时生产所需要的产品。

(2)弹性配置作业人员。降低劳动费用是降低成本的一个重要方面。为此,作业人员配置应根据生产的需要,当市场需求波动时,要求劳动力资源也要做相应调整。因此,增加作业人员的工作适应性和工作弹性十分重要。

(3)严格质量保证。JIT 生产方式通过将质量管理贯穿于生产过程的每一道工序来实现提高质量与降低成本的一致性,具体方法是“自动化”。这里的“自动化”是指融入生产组织中的两种机制:一是使设备或生产线能够自动检测不良产品,一旦发现异常或不良产品,可以自动停止设备运行的机制;二是指生产第一线的操作工人发现产品或设备问题,有权自动停止生产的管理机制。

(4)拉动式生产系统。生产现场控制采取“拉动式”系统,改变过去由上道工序推动下道工序的“推动式”生产,如图 8-5 所示。JIT“拉动式”系统即生产指令下达到最后一道工序,由最后一道加工工序开始,反工艺顺序逐级“拉动”前面工序,如图 8-6 所示。

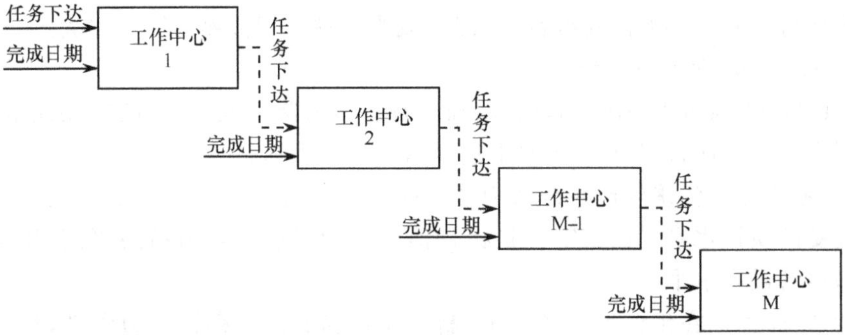

图 8-5 “推动”系统

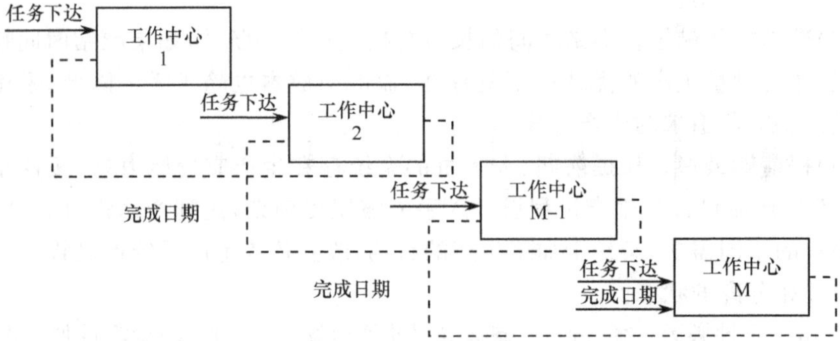

图 8-6 “拉动”系统

8.4.2 成组技术

1. 成组技术的概念

成组技术(group technology,GT),是将企业生产运作的各种产品及组成产品的各种部件、零件,按照相似性原理进行分类编组,并以"组"为对象组织和管理生产运作的生产与管理技术。

成组技术可以解决多品种、小批量生产所存在的种种问题。它利用统计分析和相似性的理论,将分散的小批量生产汇集成组生产,把多品种转化为少品种,小批量转化成大批量,显著地提高了多品种多批量生产的经济效益。

2. 成组技术的原理

成组技术依靠设计标准化有效地保持不同产品之间的结构——工艺继承性;通过工艺标准化来充分利用零部件之间的结构——工艺相似性;通过分类把设计标准化和工艺标准化联系起来,在充分利用零部件的工艺继承性和工艺相似性的基础上归并同类相似零部件,达到简化生产技术准备工作,有效扩大生产批量,经济而合理地发展零件专业化生产的目的。其本质是利用相似原理建立具有快速响应能力的柔性连续生产模式,以适应市场多变的需求。

3. 成组技术的应用

1)在产品设计方面

产品设计不仅影响生产准备和产品成本,而且还影响产品投放市场后的经济效益。大规模定制要求企业对客户个性化需求做出快速反应,如果对客户的多品种、小批量的产品进行重新设计会浪费大量的成本和时间。使用成组技术指导设计,赋予各类零件以更大的相似类,就为在制造管理方面实施成组技术奠定良好的基础,使之取得更好的效果。

此外,由于新产品具有继承性,使往年累积并经过考验的有关设计和制造经验再次应用,有利于保证产品质量的稳定。以成组技术为指导的设计合理化和标准化工作将为实现计算机辅助设计(CAD)奠定良好的基础;为设计信息最大限度地重复使用,加快设计速度,节约时间和成本做出贡献。

2)在制造工艺方面

成组技术最先应用于成组工序,即将加工方法、安装方式和机床调整相近的零件归结为零件组,设计出适用于全组零件加工的成组工序。这样,只要能按零件组安排生产调度计划,就可大大减少因零件品种更换所需要的机床调整时间。此外,由于零件组内诸零件的安装方式和尺寸相近,可设计出应用于成组工序的成组夹具(共用夹具),从而进一步减少了工序安装和调整时间。

成组技术亦可应用于零件加工的全工艺过程,为此,应将零件按工艺过程相似性分类以形成加工族,然后针对加工族设计成组工艺过程。成组工艺过程是成组工序的集合,能保证按标准化的工艺路线采用同一组机床加工全加工族的诸零件。

此外,成组加工可采用先进的生产工艺技术,以成组技术指导的工艺设计合理化和标准化为基础,容易实现计算机辅助工艺进程设计(CAPP)及计算机辅助成组夹具设计。

3)建立成组加工系统

可以根据企业实际情况,建立不同水平的成组加工系统。

(1)成组加工单机,是在一个工作地(或一台加工设备)上,用同一种加工方法加工一个相似零件系列的布置形式,意味着把相似零件集中在一台设备上进行加工。

(2)成组加工单元,是在一个生产运作单元内,配备各种不同类型的加工设备,完成一个或几个零件组的全部工艺过程的加工,而加工顺序可在单元内灵活安排。

(3)成组加工流水线,是将工作地(设备)按零件组的典型工艺过程的加工顺序进行布置,使之具有流水生产的特征。成组流水线要求零件组内各零件必须具有很高的工艺相似性,而且生产批量很大。

4)在生产运作管理方面

成组生产系统要求按模块化原理组织生产,即采取成组生产单元的生产组织形式。在一个生产单元内有一组工人操作一组设备,生产一个或若干个相近的加工族,在此生产单元内可完成诸零件全部或部分的生产加工。可见,成组生产单元是以加工族为生产对象的产品专业化或工艺专业化(如热处理等)的生产基层单位。

成组技术是计算机辅助管理系统的技术基础之一。运用成组技术基本原理可以将大量信息分类成组,并使之规格化、标准化,有助于建立结构合理的生产系统公用数据库,可大量压缩信息的储存量;由于不再是分别针对一个工程问题和任务设计程序,因此可使程序设计更加优化。此外采用编码技术是计算机辅助管理系统得以顺利实施的关键性基础技术工作,成组技术恰好具有能满足相似类产品及分类的编码。

8.4.3 敏捷制造

敏捷制造(AM)是美国为重振其在制造业中的领导地位而提出的一种新的制造模式。制造业是一个国家的支柱产业,制造技术已成为一个国家在市场竞争中获胜的支柱,也是衡量一个国家综合实力和科技发展水平的重要标志之一。

20世纪80年代后期,美国向日本学习精益生产方式,试图夺回在制造业上的优势,保持在国际上的领先地位。受美国国会的委托,美国国防部投入500万美元,由里海大学的亚科卡研究所主持,建立了以13家大公司为核心的、有100多家公司参加的联合项目组,于1994年底完成了《21世纪制造企业战略》报告,提出了

“敏捷制造”的概念,描绘了未来信息社会工业生产方式的蓝图。

1.敏捷制造的概念

所谓敏捷制造是指制造业采用现代通信手段,通过快速配置各种资源(包括技术、管理和人),以有效、协调的方式响应用户的需求,实现制造的敏捷性。

敏捷制造的核心是企业在不断变化、不可预测的经营环境中的快速重构能力,具体表现为多个企业的核心制造能力构成的动态联盟或虚拟企业,或者单个企业系统对外部变化的需求的响应和满足能力。

2. 敏捷制造的原理

必须采用标准化和专业化的计算机网络和信息集成基础结构,以分布式结构连接各企业,构成虚拟制造环境。以竞争合作为原则,在虚拟制造环境中动态选择、择优录用成员,组成面向任务的虚拟企业,进行快速生产。敏捷制造由基础结构和虚拟企业两部分组成,是不断循环动态结合的过程。基础机构为虚拟企业提供环境和条件,虚拟企业实现对市场变化的快速响应,它的创建与解散依市场机遇而定。

3. 敏捷制造的特点

(1)具有快速开发满足市场需求的新产品的能力。

(2)具有发展通过编程可重组的、模块化的加工单元的能力。

(3)具有按订单生产,以合适的价格满足顾客定制产品或顾客个性产品要求的能力。

(4)具有企业间动态合作的能力。

(5)具有持续创新能力。

(6)具有与用户建立一种完全崭新的“战略”依存关系的能力。

4. 推行敏捷制造管理模式的开发手段

1)虚拟企业

竞争环境快速变化,要求企业及时做出快速反应。而现在产品越来越复杂,对某些产品一个企业已不可能快速、经济地独立开发和制造其全部。因此,根据任务,由一个公司内部某些部门或不同公司按照资源、技术和人员的最优配置,快速组成临时性企业即虚拟企业,才有可能迅速完成既定目标。这种基于动态联盟的虚拟企业可以降低风险,使生产能力前所未有地提高,从而缩短产品的上市时间,减少相关的开发工作量,降低生产成本。

2)拟实制造

拟实制造综合运用仿真、建模、虚拟现实等技术,提供三维可视交互环境,对从产品概念产生、设计到制造全过程进行模拟实现,以期在真实制造之前,预估产品的功能及可制造性,获取产品的实现方法,从而大大缩短产品上市时间,降低产品开发、制造成本。

拟实制造的组织方式是由从事产品设计、分析、仿真、制造和支持等方面的人员组成“虚拟”产品设计小组，通过网络合作并行工作，运用数字技术“虚拟”地创造产品，即完全在计算机上建立产品数字模型，并在计算机上对这一模型产生的形式、配合和功能进行评审、修改。这样常常只需制作一次最终的实物原形，并可使新产品开发一次获得成功。

8.5 项目管理

8.5.1 项目的概念

1.项目的定义

人类有组织的活动可以分为两种类型：一类是连续不断、周而复始的活动，人们称之为“运作”；另一类是临时性、一次性的活动，人们称之为“项目”。项目是为提供某项独特产品、服务或成果所做的临时性努力。

2.项目的构成要素

为满足预期的需求，一个项目一般由5个要素构成：质量、成本、进度、范围和资源。其中，范围和资源属于基本要素，而质量、成本、进度属于约束要素。5个要素相互影响，并在一定条件下可以相互转化。任何的项目都是在特定的范围内，用有限的资源，在特定时间和预算内，达成特定的质量目标。

8.5.2 项目管理体系

1.项目管理的概念

项目管理就是把各种知识、技能、手段和技术应用于项目活动之中，以达到项目的要求。它是以项目为对象的系统管理方法，通过一个临时性的专门的柔性组织，对项目进行高效率的计划、组织、指导和控制，以实现项目全过程的动态管理和项目目标的综合协调与优化。

项目管理的本质是一种运用既有规律又经济的方法对项目开展高效率的管理活动，并在时间、费用和技术效果上达到预定目标。

在今天，项目管理这个术语有时用来说明管理日常运作的一种组织手段。这时可以理解为“以项目为手段进行管理”，它把日常运作的许多方面作为项目对待，并确保应用的是经过实践证明的项目管理技术。

2.项目管理的内容

项目管理的主要内容可以概括为4个阶段、5个过程、9个领域、42个要素。

1)4个阶段

(1)概念阶段，包括机会研究、方案策划、可行性研究、项目评估、项目申请书编写等。

(2)规划阶段，包括目标确定、范围规划、工作分解、进度安排、资源规划、费用预算、质量规划等。

(3)实施阶段，包括采购规划及实施，合同管理，实施计划，进度、费用、质量、安全、变更控制，生产要素管理，现场管理与环境保护等。

(4)收尾阶段，包括范围确认、质量验收、费用决算与审计、资料验收、项目交接与清算、项目审计、项目后评价等。

2)5个过程

(1)启动过程，包括项目发起、项目核准和立项、项目启动等。

(2)计划过程，包括确立项目目标、制定项目计划、确定项目预算、进行资源配置等。

(3)执行过程，包括项目各项任务的具体执行等。

(4)控制过程，包括项目进度、质量、成本、安全、变更等控制活动。

(5)结束过程，包括验收、交接、审计、清算、后评价等活动。

3)9个领域

(1)范围管理，包括背景描述、目标确定、范围规划、工作分解、工作排序、范围变更控制、范围确认、项目资料与验收、项目交接与清算等。

(2)时间管理，包括工作延续时间估计、进度安排、实施计划、项目进展报告、进度控制等。

(3)费用管理，包括资源计划、费用估计、费用预算、费用控制、费用决算与审计、项目审计等。

(4)质量管理，包括质量计划、质量保证、质量控制、质量验收等。

(5)人力资源管理，包括组织规划、团队建设等。

(6)风险管理，包括风险管理规划、风险识别、风险评估、风险量化、风险应对计划、风险监控等。

(7)沟通管理，包括冲突管理、沟通规划、信息分发、信息管理等。

(8)采购管理，包括采购规划、招标采购的实施、合同管理基础、合同履行和收尾等。

(9)综合管理，包括安全计划、安全控制、生产要素管理、现场管理与环境保护、项目经理、项目监理、行政监督、新经济项目管理、法律法规等。

4)42个要素(表8-1)。

表 8-1 项目管理要素

序号	知识要素	序号	知识要素	序号	知识要素
1	项目与项目管理	15	资源	29	项目信息学
2	项目管理的运行	16	项目费用和财务	30	标准与规则
3	通过项目进行管理	17	状态与变化	31	问题解决
4	系统方法与综合	18	项目风险	32	会谈与磋商
5	项目背景	19	效果衡量	33	固定的组织
6	项目阶段与生命周期	20	项目控制	34	业务过程
7	项目开发与评估	21	信息、文档与报告	35	人力开发
8	项目目标与策略	22	项目组织	36	组织学习
9	项目成功与失败的标准	23	协作(团队工作)	37	变化管理
10	项目启动	24	领导	38	行销、产品管理
11	项目收尾	25	沟通	39	系统管理
12	项目的结构	26	冲突与危机	40	安全、见行与环境
13	内容、范围	27	采购、合同	41	法律方面
14	时间进度	28	项目质量	42	财务会计

3. 项目管理过程

每个项目都要经历从开始到结束的时间过程，这一过程构成了项目的生命周期性。对项目生命周期的管理也构成了项目管理的全过程。

项目的生命周期依次分为 4 个阶段，即概念阶段、项目的规划阶段、项目的实施阶段、项目的结束阶段。在不同的阶段中，项目管理的内容和重点各不相同，如表 8-2 所示。

表 8-2 项目生命周期及其核心工作

C—概念阶段	D—规划阶段	E—实施阶段	F—结束阶段
明确需求	确定项目团队成员	建立项目组织	完成最终产品
调查研究，资料收集	明确项目范围	建立项目沟通机制	项目评估与验收
项目识别	确定项目质量标准	实施项目激励机制	项目结算/清算
项目构思	研究项目实施方案	建立项目工作包	项目审计
明确项目目标	项目工作分解结构	细化各项技术要求	项目文档总结与移交
项目可行性研究	制定项目主计划	建立项目信息系统	资源清理
提出项目申请书	制定项目经费计划	执行 WBS 各项工作	项目后评价
明确合作关系	制定项目资源计划	获得订购物品和服务	转换产品责任者

续表

C—概念阶段	D—规划阶段	E—实施阶段	F—结束阶段
提出项目团队组建方案	制定项目实施政策与程序	指导/监控/预测范围、质量、进度、成本	解散项目组
项目风险研究	项目风险评估	解决实施中实际问题	
获准进入下一阶段	提出项目概要报告，获准进入下一阶段	提交各类项目进展报告，获准进入下阶段	

8.6　质量管理

在激烈的市场竞争中，产品或服务质量是影响企业竞争力的重要因素之一。美国著名质量管理专家费根堡姆认为："质量在全球经济中处于领导地位。"随着时代的发展，企业越来越认识到质量的重要。而质量管理的概念也从原有的企业质量管理演化成为全社会范围的质量管理。

8.6.1　质量管理的概念

1. 质量的概念

1)符合性质量

传统质量的概念是"符合性"，即"产品符合规定要求的程度"。在这种观念下，产品质量的好坏取决于与标准的接近程度，这从生产者角度是无可挑剔的。但是在市场经济条件下，竞争越来越激烈，人们的出发点逐步由生产者转向了顾客。符合性质量显得不合时宜了。

2)适用性质量

质量管理大师 J. M. 朱兰把质量定义为"适用性"，即以用户对质量的评价因素来评判质量的优劣。他的这一思想得到了广泛的认同。

3)顾客满意质量

随着时代的发展，考虑到顾客需求的个性化等要求，企业的质量观又发展成为以"顾客满意"为目标，即用顾客是否满意来评判产品或服务质量的优劣。

4)全面满意质量

首先，质量体现在产品整个生命周期中用户的满意；其次，质量应体现为生产者本身的满意；最后，质量应使得所有利益相关者，如所有者、管理者、员工、社会成员等的满意，即全面满意的质量观。

5)ISO9000—2000 的定义

国际标准化组织(International Organization for Standardization，ISO)制定了

质量管理体系的系列标准——ISO9000 系列标准。其中，对质量的定义如下：

质量是“一组固有特性满足要求的程度”。

其中，“固有特性”不仅指功能、特色、可服务性、可靠性、寿命、安全性、经济性、可感知性等明确的要求，还包含顾客期望等隐含的质量要求，极大地丰富了质量的定义。

2. 质量管理的概念

质量管理是指“在质量方面指挥和控制组织的协调的活动”。通常包括制定质量方针和质量目标，以及质量策划、质量控制、质量保证和质量改进等活动。质量管理既是一种管理思想，也是一种管理实践，是一种全体员工参加的永无止境的持续改进活动。

3. 全面质量管理的基本思想

1)全面质量管理的特点

在经历了质量检验、统计质量控制阶段之后，企业的质量管理进入到全面质量管理阶段。全面质量管理是以企业全体员工参与为基础的全过程质量管理形式。具有如下特点。

(1)以顾客为关注焦点。顾客有内外之分。企业要树立“人人为顾客”，“下道工序即顾客”的思想。

(2)全过程质量管理。即把质量形成全过程的各个环节或所有相关因素控制起来，形成一个有效的质量管理体系。

(3)全员参与。即企业全体员工参与质量管理，通过工作质量确保产品或服务质量。

(4)预防为主，持续改进。实行预防为主的方针，把不合格产品消灭在形成过程之中；持续改进过程，不断提高质量水平。

(5)综合运用多种科学方法。质量管理中广泛使用各种管理方法，常用的方法有因果图、排列图、直方图、控制图、散布图、分层图、调查表等老 7 种工具。还有关联图、KJ 法、系统图、矩阵图、矩阵数据分析、PDCA 循环、矢线图等新 7 种工具。近年来，包括质量功能展开、田口方法、故障模式和影响分析、业务流程再造等方法在企业质量管理中也得到了广泛的应用。

2)PDCA 循环

PDCA 循环是质量体系活动应遵循的科学工作程序，也是全面质量管理的基本活动方法。它最早由美国著名质量管理学家戴明提出的，所以又称“戴明循环”。PDCA 循环把质量管理分为 4 个阶段：计划(plan)、执行(do)、检查(check)、处理(action)，这 4 个阶段不断循环往复，促进质量不断改进提高。

PDCA 循环的 4 个环节的主要工作如下。

(1)计划阶段。通过分析诊断，制定改进的目标，确定达到这些目标的具体措施和方法。

(2)执行阶段。按预定计划、目标、措施及分工安排,分头实施。

(3)检查阶段。对照计划要求,检查、验证执行的效果,及时发现执行过程中的经验和问题。

(4)处理阶段。总结执行计划过程中成功的经验,并转化为标准加以巩固;将执行计划过程中的不成功或遗留问题转到下一个 PDCA 循环解决。

8.6.2　质量管理体系

1. 质量管理体系的概念

ISO9000 系列标准将质量管理体系定义为:“在质量方面指挥和控制组织的管理体系”。

一般,企业的质量管理体系由组织结构、程序、过程和资源组成。其中,组织结构是指“组织为行使其职能按照某种方式建立起来的职责、权限及其相互关系”,如领导职责、权限与质量管理职能,质量管理机构设置,各个机构的职责、权限及关系等。程序是指“为进行某项活动所规定的途径”。程序应形成文件,规定质量活动的目的和范围,如做什么、谁来做、何时做、何地做、怎么做、过程步骤如何、需要什么资源、如何控制和记录等。

2. 质量管理体系的结构

ISO9000 系列标准提出了以过程为基础的质量管理体系模式,如图 8-7 所示。

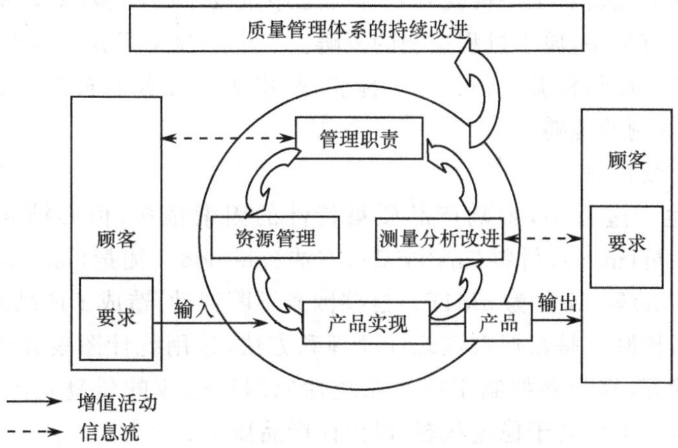

图 8-7　以过程为基础的质量管理体系模式

(1)企业的质量管理体系应以顾客为关注焦点,努力满足顾客明确的和隐含的要求。

(2)企业的最高管理者通过制定质量方针和质量目标,进行管理评审、分配管理权责、促进有效沟通和确保资源等管理职责，明确对顾客的质量承诺。

(3)资源管理主要包括质量活动所需要的人力资源、基础设施和工作环境。

(4)产品实现是指产品实现的过程，包括产品质量策划、顾客沟通、设计开发、采购、生产和服务提供、生产和服务提供过程的确认、监视和测量装置的控制等。

(5)测量、分析和改进的出发点是顾客满意，包括内部审核、过程监视和测量、产品监视和测量、不合格品控制、数据分析、持续改进、预防措施、纠正措施等。

(6)企业应通过质量方针、质量目标、审核结果、数据分析、纠正和预防措施、管理评审等手段，持续改进其质量管理体系的有效性。

3. 常见的质量管理活动

1)质量检验

质量检验的主要任务是鉴别产品(或零部件、外购物料等)的质量水平，确定其符合程度或能否接受。

(1)按检验的数量特征划分，质量检验可分为全数检验和抽样检验。全数检验是对待检产品批100%地进行检验，工作量大、成本高、周期长。抽样检验是依据数理统计原理设计抽样方案，对待检产品批进行随机抽样，通过对样本的检验推断总体质量，适用于全数检验不必要、不经济，或者无法实施的场合。

(2)按检验对象不同划分，质量检验可分为进料检验、工序检验和成品检验。进料检验是对外购的原材料、辅料、外购件、外协件、配套件等入库前的接受检验，属于事前控制的范畴。工序检验是对加工工序过程中的检验，主要是为了防止不合格品流入下道工序，属于过程控制的范畴。工序检验又可分为首件检验、巡回检验和末件检验。成品检验又称为完工检验，是指成品或者半成品完工后对其的检验，属于事后控制的范畴。

2)工序质量控制

在产品生产过程中，影响产品质量特性的因素很多，但归结起来包括机器(machine)、人员(man)、材料(material)、方法(method)、测量(measurement)和环境(environment)等，又称为5M1E。这些因素不断变动，造成了产品质量的差异。

工序质量控制就是根据数理统计原理和方法，运用统计图表分析并掌握工序质量的波动状态，判明和控制工序中系统性原因所造成的质量变异，从而辞去措施，调整工艺，使工序处于稳定状态，以保证产品质量。

3)质量成本分析与控制

经济性是质量管理的重要组成部分。产品质量经济性包含质量收益和质量成本两个部分。质量收益来自于顾客对产品质量的认可及其支付行为。质量成本是为了确保和保证满意的质量而发生的费用及没有达到满意的质量所造成的损失。由于质量收益难以精确计量，所以企业质量经济性的分析主要以质量成本为主。

(1)质量成本构成。质量成本主要由内部运行质量成本和外部质量保证成本构成。其中内部运行质量成本又包括预防成本、鉴定成本、内部损失成本和外部损失成本。外部质量保证成本则是指根据用户要求,企业为提供客观证据而发生的各种费用。

(2)质量成本分析。质量成本分析即对质量成本总额、质量成本构成、内外损失成本及其产生原因等进行数量分析,目的是发现质量管理中的不足,找出改进质量、提高经济性的途径。质量成本分析的常用方法有指标分析法、质量成本趋势分析法和排列图法等。

(3)质量成本控制。质量管理大师朱兰经过系统研究发现,随着质量水平的提高预防和鉴定成本不断上升,内外损失成本不断下降,两者之和形成了总质量成本。它是一条 U 形曲线。在特定时期,存在一个质量适宜区,即质量总成本较小的区域,如图 8-8 所示。质量成本控制的目的就是要制定质量成本计划,使总质量成本处于质量适宜区,从而提高产品的质量经济性。

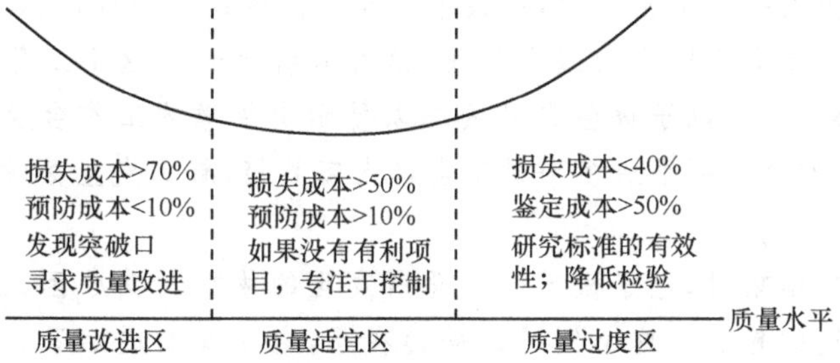

图 8-8　质量适宜区

复习思考题

1. 企业生产运作管理的目标有哪些?如何才能实现这些目标?

2. 现代企业生产运作管理的理念与方法主要有哪些?各自有何特点?

3. 制造型企业的生产类型有哪些?各自有何特点?

4. 服务型企业的运作类型有哪些?各自有何特点?

5. 生产过程组织主要包含哪些方面?其基本要求是什么?

6. JIT、GT、AM 的基本含义和基本思想是什么?其实现要点是什么?

7. 与运作相比,项目有何特点?项目管理的主要内容有哪些?

8. 什么是产品质量?如何确保稳定的产品质量?企业的质量管理体系如何建立和有效运行?

案例分析

丰田汽车公司的生产运作管理

在丰田市附近的丰田汽车公司的主机组装厂是一个生产多种小型客车的现代化大型工厂,丰田公司一直引以为豪,每年都有许多来自世界各地的人前来参观。

给人留下深刻印象之一的是流水线中各项任务的工作量出奇的均衡。一般情况下,一项任务由于比其他工位的任务稍微有点难或漫长,为了赶上生产的进度,一些员工必须多做些工作,或是一些员工早于他人就完成了自己的任务,因此他们可能会无事可做,或故意放慢工作的步调,这种不均衡的现象是常见的,也是在人们预料之中的。

但在丰田公司的组装工厂里,各项任务在时间和工作量上都是同等的,因此每个人都在用同样一个步调工作。一项任务完成时,其上下工序的员工也同时完成他们的任务。当某一环节出错时,如某个操作人员遇到了困难,反应过程也十分快速。这个操作人员会立即启动报警系统,这种系统会开动这个工作台上方的警报器和黄色旋转灯,一个电子板会自动闪亮以显示出故障的工作台及克服故障所用的时间,其他工作台的一个或多个员工会拿上工具箱,赶到发生故障的工作台帮助同事恢复正常工作。

在一班工作结束时,电子板就会汇总所发生的故障及其原因,然后,这些问题就成了项目改进的焦点。这个例子的关键在于,它向我们展示了日本公司的一个十分明显的特征:通过工程改进来追求工程的不间断性,每一个误差都得仔细检查、诊断和修正。任何事情都不能任其自然,任何缺陷,无论多么罕见,都不会被看做可忽略的纯随机事件。这种精神是实现真正JIT所必不可少的!所有精力都集中于保持工作的持续、不间断性,就像流水一般。仅在1986年一年内,只有6万员工的丰田工厂竟收到了260万条改进建议!其中96%都由管理层或员工自己所采纳实施。

从丰田经验所得到的与JIT有关的事情更令人难以忘记。工厂里,除了在组装线上正在组装的汽车外,根本没有任何库存,正常情况下人们预料会在这里看到成堆的车门板、保险杠、座位、挡风玻璃、发动机、离合器、转动轴等。但在丰田工厂,除了一些价值较低的零部件外,其他什么都没有,在那儿,装运卡车不断地开到导轨上,一个一个地卸下零件之后,另一辆会取代它的位置,而这辆车则返回供应厂去装下一批货。这对于那些熟悉汽车生产的人已够难以相信了,更惊人的是导轨上的汽车并不都一样,有着不同发动机的轿车、旅行车等按交叉的顺序排列在导轨上。由于提前通知部件供应商有关信息,其装运车就相应地按顺序装载。

以组装发动机的那一段生产线为例,一辆敞口装运车开到它的导轨上,一个装卸扳手将左边的发动机取下，回摆，在操作员的引导下把发动机放到汽车主体的相应位置，接着操作员把汽车沿其导轨移到下一站，又由下一工作台把发动机固定。而装卸扳手则回到下一辆装运车前，把发动机从支架上取下，回摆，再把它放到导轨的下一辆汽车主体上，如此等等。导轨上的汽车类型不同，而供应厂商将会按丰田公司组装线的要求顺序装载不同的发动机。

思考题

1. 上述案例给你的启示是什么？
2. 实现 JIT 有哪些基本的手段？
3. 谈谈您自己对 JIT 的认识和看法？

第9章

企业物流子系统及其管理

本章提要

在本章中,您将学习到以下主要内容:

1. 物流的基本概念、现代物流的分类;
2. 现代企业物流的活动构成;
3. 企业物流管理系统的基本特征、组织构架及合理化途径;
4. 企业物流系统基本模式及过程;
5. 企业物流服务战略选择;
6. 供应链管理基本内涵。

9.1 物流概述

9.1.1 传统物流的概念

物流(distribution)的概念最早于1921年产生在美国,指“物料经过时间或空间的转移”。

1935年,美国销售协会将物流(physical distribution)定义为“包含于销售之中的物质资料和服务在从生产场所向消费场所的流动过程中所伴随的种种经济活动。”

1963年,物流的概念被引入日本。物流被理解为“在连接生产和消费间的,对物资履行保管、运输、装卸、包装、加工等功能,以及作为支撑这些功能的物流信息功能,它在物资销售中起到桥梁作用”。

可见,早期的物流概念是局限于销售活动中的子活动,是销售活动的一部分,完全是为了完成销售活动的一种支撑作业。

9.1.2 现代物流的概念

1986 年,美国物流管理协会(Council of Logistics Management)对物流进行了重新定义:"物流(logistics)是为满足消费者需求而进行的对原材料、中间库存、最终产品及其相关信息从起始点到消费地的有效流动,以及为实现这一流动而进行的计划、管理和控制过程。"

我国《物流术语国家标准》将物流(logistics)定义为"以最小的总费用,按用户要求,将物质资料(注:包括原材料、半成品、产成品、商品等)从供给地向需要地转移的过程,主要包括运输、储存、包装、装卸、配送、流通加工、信息处理等活动"。

可见,现代物流(logistics)的概念更加宽广,它包含了产品从"生"到"死"的整个物理性的流转全过程。

9.1.3 现代物流的分类

1. 按照物流活动的范围分类

按照物流活动覆盖的范围,物流可以被划分为国际物流、国民经济物流和区域物流。

1)国际物流

国际物流是经济全球化及国际分工日益深化的产物,它是现代物流领域发展很快、规模最大的分支,它和国际经济交往及贸易活动相互支撑、彼此促进,是现代物流研究的热点领域之一。

2)国民经济物流

国民经济物流是指在一国范围内(通常是指独立关税区),由国家统一计划、组织或指导下的物流。它是从宏观角度观察国民经济物流的过程。国民经济物流研究的重点是产业的布局、物流基础设施系统的规划与构建等内容。

3)区域物流

一个地区、城市或更小的经济体内的物流活动都处于同一法律、规章、制度之下,受相同文化及社会因素影响,都处于基本相同的科技水平之下,因而具有鲜明的地域特色。

2. 按照物流在供应链中的环节分类

供应链是在生产及流通过程中,为将货物或服务提供给最终消费者创造价值,连接上游与下游而形成的组织网络。在供应链的不同环节,现代物流有如下不同类型的物流。

1)供应物流

为生产企业、流通企业或消费者购入原材料、零部件或商品的物流过程称为供应物流。

2)生产物流

从工厂的原材料购进入库起,到工厂产品库的产品发送为止,这一全过程的物流活动称为生产物流。

3)销售物流

销售物流是指企业为保证自身的经营利润,伴随销售活动将产品所有权转让给客户的物流活动。

4)回收物流

企业在生产、供应及销售活动中总会产生各种衍生产品及废料,对它们的处理就是回收物流。

5)废弃物物流

废弃物物流是指对企业排放的无用物进行运输、装卸和处理的物流活动。

3. 按照物流活动的主体分类

按照物流活动的承担主体,现代物流可分为企业自营物流,专业子公司物流和第三方物流。

1)企业自营物流

传统企业大部分采用了"以产带销"的经营模式,企业自备车队、仓库、场地、人员,自给自足的自营物流方式成为传统企业物流的主体。

2)专业子公司物流

专业子公司物流指从企业传统物流运作功能中剥离出来的,一个独立运作的专业化实体,它实现了从企业的成本中心演变为利润中心的过程。

3)第三方物流

第三方物流(third-party logistics,3PL或TPL)是相对"第一方"发货人和"第二方"收货人而言的,它通过与第一方或第二方的合作来提供其专业化的物流服务,它不拥有商品,不参与商品买卖,而是为顾客提供以合同为约束、以结盟为基础,系列化、个性化、信息化的物流代理服务。

第三方物流体现了专业化分工协作的思想,已成为现代物流的主流模式。第三方物流主要包括设计物流系统、EDI能力、报表管理、货物集运、选择承运人、货代人、海关代理、信息管理、仓储、咨询、运费支付和谈判等。

9.1.4 企业物流活动的构成

企业物流的基本机能包括运输、保管、包装、装卸、流通加工、配送及物流信息管理等,这些功能的有效组合可以合理高效地实现企业物流活动的总目标。

1. 运输

运输是使物品发生场所、空间移动的一种物流活动。由于其具有十分重要的意义和可见成本，运输已得到管理部门的大量关注。

运输的具体方式有：公路运输、铁路运输、水路运输、航空运输和管道运输等。实现物流活动的运输机能首先要考虑三个最为重要的因素的一致性，即成本、速度和作业。

2. 保管

保管是将物品临时储藏、管理的一种物流作业，保管这一机能的实现可以填补生产和消费之间的时间间隔，使生产活动能够正常地展开，保管的主要设施是仓库。

存货总是会占用流动资金，因此企业都在努力降低库存，这促进了"零库存"理论的出现。可见，保管机能的内涵已经从"储藏物品"向"为出库做准备"的理念转移了。

3. 包装

包装是为保护商品、提高物流作业效率而运用一定的技术方法，采用容器、材料及辅助物等将物品封装并予以适当标志的活动总称。

从机能上来讲，包装可以分为以下两类：为保持商品的品质而进行的工业包装；为使商品顺利抵达消费者手中、提高商品价值、传递产品和企业信息等以促销为目的的商业包装。

4. 装卸

装卸是为了加快商品在物流过程中的流通速度所必须具备的一项机能，包括对运输、储存、包装、流通加工等物流活动进行衔接的活动，以及在储存中为进行检验、维护和保养所进行的装卸活动等。

装卸作业在整个物流活动中是十分重要的一环，装卸方式的选择对于确保产品质量，提高装卸速度，降低装卸成本都具有十分重要的作用。例如，"马斯特箱"(Master carton)的使用将各种罐装、瓶装或盒装的产品进一步结合成更大的搬运单元，再辅助以适当的机械装置如叉车。这样，不仅充分保护了商品，而且可以大大提高装卸效率，方便运输作业。"马斯特箱"组合的常见形式是托盘、薄衬纸及各种类型的集装箱。

值得注意的是，产品装卸的次数、时间越少，产品损坏的可能性也就越小。所以，在设计物流作业时要尽可能地减少装卸次数。

5. 流通加工

流通加工是为便于商品销售而在流通阶段所附属的加工活动，具体包括钻孔、切割、组装等轻微的生产活动，除此之外还包括分装、贴标签、商品检验等方便商品流通的辅助作业。

流通加工能够提高商品附加值，对于专门的物流公司来说还可以减少顾客作业负担、形成服务的差别化，起到提升企业竞争力的作用。

6. 配送

配送是物流进入最终阶段,以配货,送货形式将商品送到最终用户手中实现资源配置的活动。

配送是物流的一个缩影,它集装卸、包装、保管、运输于一身,通过这一系列的活动完成将货物送达的目的。特殊的配送则还要以加工活动为支撑,包括的方面更广。

配送是"配"和"送"的有机结合。它利用有效的分拣、配货等理货工作,使送货达到一定的规模,利用规模优势取得较低的送货成本。这对于追求整个配送的优化是必不可少的。

7. 物流信息

物流信息管理机能包括进行与上述各项活动有关的计划和预测,以及对物流动态信息及其有关的费用、生产、市场信息的收集、加工、整理和提炼等活动。

对物流信息活动的管理,要求物流公司建立信息系统和信息渠道,正确地选定信息点和内容及信息的收集、汇总、统计和使用方式,以确保信息的可靠性和及时性。

现代物流正是建立在运用先进的信息技术对整个物流活动进行信息管理的基础之上的。以网络和计算机为核心的信息系统将所有物流作业连接成为一个有机的系统,大大地提高了物流活动的效率和效益。

9.2 企业物流管理

9.2.1 企业物流系统

1. 物流系统的目的

物流系统的目的是以最低的物流总成本实现企业既定的物流服务水平,创造顾客价值,并最终支持企业的职能战略及总体发展战略。

实践中,物流运作的目的包含服务目标和成本目标两个方面。

1)服务水平

通常,物流服务水平可以从3个方面去衡量:可得性、交付速度和交货一致性。可得性意味着拥有存货,能够始终如一地满足顾客需求;交付速度是对顾客需求的响应能力,而交货一致性则反映了服务质量的持续能力。

2)物流成本

物流成本是指提供物流服务的成本,它与物流服务水平呈现出一定的正相关关系。物流系统运转的结果就是要将物流成本与服务水平保持在一种恰当的比例关系。

2.物流系统的构成

现代物流系统包含以下相互作用、相互影响的子系统。

1)物流设施网络子系统

典型的物流设施包括制造工厂、仓库、配送中心、码头及零售商店等。一个良好的物流系统首先必须有一个设计良好的物流设施网络，用来确定各种设施的数量、地理位置及各自的职责等。

2)物流作业子系统

物流作业子系统主要包括运输、装卸、保管、流通加工、包装等机能，通过这些要素之间的协调配合，利用必要的资源，高效、有效地完成物流服务。

3)物流信息子系统

物流信息子系统的功能是通过对物流作业子系统所需要及产生的信息的管理来实现及时地运输配送、库存管理、出货管理等机能。物流信息子系统的良好运作对于整个物流系统的正常运行具有至关重要的作用。

4)物流组织子系统

物流组织子系统包括物流体系的组织结构、物流作业流程，以及各种管理制度、法律法规等。

组织结构对于物流系统的运作和发展具有直观重要的作用。随着物流概念的不断发展，其组织结构也从直线职能制到事业部制、矩阵制不断演变，每一次变革都大大地促进了物流系统的运作效果与效率。

物流作业流程指的是装卸、加工、保管、备货、分拣、运输等具体物流活动的实施方式。物流作业流程是实现物流系统高效率和低成本的基础，它比单纯强调自动化、机械化更加重要。因此很多企业的业务流程再造(BPR)都将物流流程再造视为重中之重。

管理是企业效益的重要源泉，而对于管理来说，其优劣的重要表现在于管理制度的合理性。对于一个复杂的物流系统来说，完善的管理制度是非常必要的。

9.2.2 企业物流系统组织创新

1.传统物流系统

在传统的组织结构体系下，物流机能分散于不同的部门之间，各个职能部门的管理者都会从本部门的利益出发选择其物流策略。而且，很多物流机能分散在不同部门，而这些部门又分属于不同的上级主管负责，从而导致了物流系统运行中的协调困难和诸多矛盾与冲突。

2.集中物流系统

集中物流系统是将凌乱分散的物流职能进行集中，围绕企业的核心能力，对组织实行业务流程再造，改造组织结构，实现物流的优化集成。不同业务单位和职能部门的联系可以通过建立交叉职能小组，参与计划和执行项目等方式来完成。

与传统物流组织相比，集中物流系统可以有效地将采购及物料仓储集成为物料管理功能，为制造系统服务。这样，制造系统就与供应商联系起来，而物资配送专门负责物流运作，市场营销主要承担与顾客的沟通，初步实现了供应链的基本框架。

集中物流系统的一个明显的缺陷表现在市场预测的准确性问题上。对于分销网，如果需求得不到准确的预测，分销的基础设施与制造没有进行有效的链接，计划就会不准确和业务联系的效率也会降低。

3. 一体化物流系统

如果统一所有的物流功能和企业运作，在高层经理的领导下，以订单为核心展开各种活动，企业的生产也由依赖于预测为主向依赖于实时信息为主转化，物流经理在更高的层面上把握全局，就可以实现各种职能的进一步融合。各种物流功能由部门分割、侧重于独立活动的特点向无间隙运作、侧重于过程的特征转化，进而实现总成本的最优配置。

一体化物流系统首先需要信息技术的支持。企业的组织结构及物流运作流程改造之后需要大量的实时信息来支持企业运作，因而建立高效的物流管理信息系统成为必要的任务。其次要统一认识，围绕顾客的需求，弱化部门意识，以总成本最优为目标完成各种作业。

4. 建立物流业务单位

建立物流业务单位即通过组建物流总部或物流公司对物流机能进行整合。物流总部代表企业与原材料、零部件供应商、批发商等供应链成员进行协调联系，集中处理企业的采购物流和销售物流，并负责管理企业的库存等工作。物流总部的管理模式有助于实现规模经济和整体优化。

物流总部或物流公司所起的作用大体一致，但是由于物流公司具有对外营业功能，因此，需要平衡内部需求和外部业务之间的关系。

9.2.3 企业物流系统优化

企业物流系统优化主要包含空间定位合理化、物流标准化、信息化和组织管理合理化等方面。

1. 空间定位合理化

企业内部物流空间定位的合理化涉及厂址选择、车间及库房的规划位置、车间内部设备的位置等，其目标是：最短距离、最小次数、顺序流动及均匀连续等。

1）最短距离

一般来讲，物流费用与流动距离成正比，合理确定物料的流动距离，综合考虑物流次数和距离使总物流费用的最少，从而达到空间定位合理化的目标。减少放空和返空的现象也可以优化空间定位，前者是指空车去装运物料，后者是指卸载后返回，两者都只利用了单程。

2)最少次数

在生产过程中，使物流次数尽量减少，减少搬运次数，减少中间储存，简化入库手续，亦即减少不必要的损耗。

3)顺序流动

按照一定的秩序和规则确定物流的方向，尽量减少逆流、混流、紊流，是提高效率的关键。按照物流的实施范围，可将企业的物流顺序方向分为主流向和副流向。从原材料进厂到出厂，企业各生产单位和部门之间的流向为主流向；各生产单位和部门内部工序和工种之间的流向为副流向。科学制定流向，要做到不交叉、不倒流、不重复，使企业的物流有序的流动。

4)均匀连续

均匀是指每次物流的数量一定，不可忽多忽少；连续是指每次物流时间的间隔相同，不可忽密忽疏。均匀连续要求物流人员克服随意性和盲目性，及时准确地向受料单位提供所需的物料，做到既满足生产要求，又避免过多的积压和贮存。

因此，选择厂址要考虑的因素有企业的供应物流及销售物流的状态，如供货商的供应状况、原材料及产成品的运输距离、周边交通的便利情况、物流的综合费用等。

此外，车间、仓库的规划设置原则上以物流为中心，合理设置生产点、设备、临时储存点、装卸运送线路亦即通道等，保证物料在各个工序运行中间，流程快、流程短，减少迂回线路，消除逆流、混流、紊流，避免瓶颈现象，从而达到生产均衡、物流畅通、连续运行、时间最省、空间占用最少。

2. 企业物流标准化

目前，国际物流标准化委员会已经制定了统一的国际物流标准，我国标准化组织也制定了与其相适应的国家标准。实施物流统一性标准、各物流分系统的技术标准和物流作业规范标准，可以使企业物流内外各环节有机地结合起来，从而实现物流系统的全面贯通。

3. 企业物流信息化

物流是一个动态过程，它不仅体现物料实体的运动，而且由许多部门、人员共同参与，加之内外环境的不断变化，物流系统也需要在动态中求平衡、求协调、求合理。这就需要依靠信息的传递与交流。

物流信息化表现为物流信息的商品化、物流信息收集的数据库化和代码化、物流信息处理的电子化和计算机化、物流信息传递的标准化和实时化、物流信息存储的数字化等。因此，条形码技术、数据库技术、电子订货系统(EOS)、电子数据交换(EDI)及快速反应(QR)、有效的顾客反应(ECR)等技术在未来的物流中将会得到普遍应用。

4.组织管理合理化

组织管理就是对整个物流活动进行计划、实施、评价与调整，如此反复进行，不断使企业物流系统合理化，增进企业物流的综合效益。

1)物流管理机构

企业必须有一个明确的物流管理机构及规程。物流管理机构建立的过程是：

(1)确定物流组织定位，明确物流管理机构的形式；

(2)规范物流管理机构工作职责和权限；

(3)制定物流管理各项工作流程；

(4)制定相应激励政策等。

2)物流人才

物流人才除了要有专业知识和技术以外，还需要具有前瞻性，具备开拓未知领域的先驱者的气概。另外，由于物流较多地受其他因素的制约，物流人才必须具有系统思考、有效沟通和平衡协调等方面的能力。

9.3 企业物流系统运行模式与过程

9.3.1 企业物流的分类

企业物流可以划分为生产企业物流和流通企业物流。

1.生产企业物流

生产企业物流是以购进生产所需要的原材料、设备为始点，经过劳动加工，形成新的产品，然后供应给社会需要部门为止的全过程。要经过原材料及设备采购供应阶段、生产阶段、销售阶段，从而使其形成了纵向三个阶段的物流形式。

生产企业物流按企业性质不同可以分为工业生产企业物流和农业生产企业物流。

1)工业生产企业物流

工业生产企业物流是对应生产经营活动的物流，包含4个子系统，即供应物流子系统、生产物流子系统、销售物流子系统及废弃物物流子系统。

工业生产企业的物流系统按主体物流活动区别，可大体分为4种。

(1)供应物流突出的类型，即供应物流突出而其他物流较为简单。如汽车制造工业，飞机制造工业等，企业多采取外协方式生产，成千上万甚至上百万个零部件来自全国各地甚至世界各地。这种物流的特点是：物流范围大、组织难度大、运行成本高，但生产成一个大件产品以后，其销售物流便很简单。

(2)生产物流突出的类型，即生产物流突出而供应、销售物流较为简单。例如生产冶金产品的工业企业，供应的是大宗矿石，销售的是大宗冶金产品，而从原料转化为产品的生产过程及伴随物流过程都很复杂,有些化工企业(如化肥企业)也具有这样的特点。

(3)销售物流突出的类型,即大宗原材料进货,加工不复杂,但销售却要遍及全国或很大的地域范围,如小商品、小五金等。此外,如水泥、玻璃、化工危险品等,虽然生产物流也较为复杂,但其销售时物流更加复杂,因而也可以包含在销售物流突出的类型中。

(4)废弃物物流突出的类型,如制糖、选煤、造纸、印染等工业企业,其废弃物的处理非常重要。随着环境保护的标准的提高,废弃物物流的成本也随之提高,废弃物流组织的好坏甚至会影响企业生存。

2)农业生产企业物流

农业生产企业中农产品加工企业的性质及对应的物流与工业生产企业相同。农业种植企业物流是农业生产企业物流的代表,这种类型企业的四个物流系统的特殊性是。

(1)供应物流。以组织农业生产资料(化肥、种子、农药、农业机具)的物流为主要内容,除了物流对象不同外,这种物流和工业企业供应物流类似。

(2)生产物流。种植业的生产物流与工业企业生产物流的区别如下。①种植业生产对象在种植时不发生生产过程位移,而工业企业生产对象要不断位移。因此,农业种植业生产物流的对象不需要反复搬运、装放、暂存,而进行上述物流活动的是劳动手段,如肥、水、药等。②种植业是一个周期性的生产物流活动,停滞时间长而运动时间短;而工业企业生产物流几乎是不停滞的。③生产物流周期长短不同,一般工业企业生产物流周期较短,而种植业生产物流周期长且有季节性。

(3)销售物流。以组织农业产品(粮食、棉花等)的物流为主要内容。其销售物流的重要特点是在诸功能要素中,其储存功能的需求较高,储存量较大,且储存时间长,"蓄水池"功能要求较高。

(4)废弃物物流。种植生产的废弃物物流的特殊性主要表现在其以重量计算,废弃物物流的重量远高于销售物流。

2. 流通企业物流

我国的商品流通活动由生活资料的商品流通和生产资料的商品流通两大类构成。在生活资料和生产资料的流通中存在衔接产需双方的商业部门和物资供销部门。流通企业的物流也可分为采购物流,流通企业内部物流和销售物流三种形式。

9.3.2 生产企业物流系统的过程

1. 原材料及设备采购供应物流

这是企业为组织生产所需要的各种物资供应而进行的物流活动。它包括组织物料生产者送达本企业的企业外部物流和本企业仓库将物料送达生产线的企业内部物流，如生产企业从物料供应部门进货，则外部物流表现为物料供应企业到本企业仓库间这个过程的物流。

2. 生产阶段的物流

这是企业按生产流程的要求，组织和安排物资在各生产环节之间进行的内部物流。

生产阶段的物流管理主要包括物流速度，即物资停顿的时间尽可能的短，周转尽可能地加快；物流质量，即物资损耗少，搬运效率高；物流运量，即物资的运距短，无效劳动少等方面的内容。

随着生产制造系统规模不断扩大、生产柔性和自动化水平日益提高，现代生产物流的发展主要体现在以下几个方面。

1）现代化的物流设备

（1）自动化立体仓库。改平面堆放为立体、空间堆放，既有利于物料的周转，有利于自动化的管理，又节约了库房面积。

（2）自动导引运输车（AGV）。快速、准确地运输，运输路径柔性化，便于计算机的管理与调度。

（3）自动上下料机器。装卸料采用机器人，与加工设备同步协调。安全、快捷、便于计算机管理与控制。

（4）其他上下料及中转运输设备。如集放链、传送带等。

2）计算机管理

与现代化生产制造相适应的物流系统，一般都具有结构复杂、物流节奏快、物流路线复杂、信息量大、实时性要求高等特点。采用计算机可以对物流系统进行动态管理与优化，可以使物流系统与生产制造、销售等系统有机地联系，从而大幅提高物流系统的效率和效益。

3）系统化与集成化

现代生产物流是把物流系统有机地联系起来，形成一个整体，从系统化、集成化的概念出发去设计、分析、研究和改进生产物流系统，不追求系统内个别系统的高效和优化，而是力求整体系统的优化和高效。

3. 销售阶段的物流

销售阶段的物流是企业为实现产品销售，组织产品送达用户或市场供应点的外部物流。对于双方互需产品的工厂企业，一方的销售物流便是另一方的外部供应物流。商品生产的目的在于销售，能否顺利实现销售物流是关系到企业经营成果的大问题。

9.3.3 流通企业物流系统的过程

流通企业的物流可分为采购物流、流通企业内部物流和销售物流三种形式。

1. 采购物流

采购物流是流通企业组织货源，将物资从生产厂家集中到流通部门的物流，这部分物流活动与生产企业的部分销售物流合为一体。

2. 流通企业内部物流

流通企业内部物流，包括储存、保管、装卸、运送、加工等各项物流活动。

3. 销售物流

销售物流是流通企业将物资转移到消费者手中的物流活动，这部分物流与生产企业的部分采购物流合为一体。

9.4 供应链管理概述

9.4.1 供应链及其管理的含义

在生产某种产品并向最终消费者交货的过程中，要涉及若干相互独立的企业，包括资源生产型企业、零部件生产企业、组装企业、流通中介企业(如批发商、分销商等)、零售商等，最后由零售商交到消费者手里。物料流经的这一组企业可视为一条供应链，如图9-1所示。虽然链上的每个企业都开展内部物流管理，但通过对整个供应链的总的物流实行一体化的物流管理，仍会产生很大潜力来增加整条供应链的综合效率与效益。

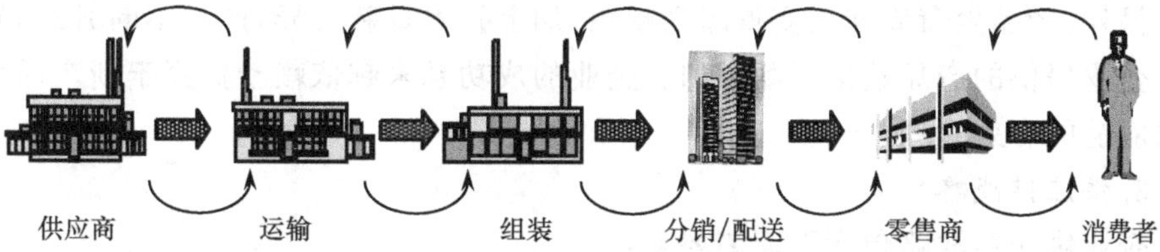

图9-1 供应链示意图

1. 供应链的概念

供应链是指生产及流通过程中，涉及将产品或服务提供给最终用户活动的上游与下游企业，所形成的网链结构。

供应链包含了那些与转移货物从原材料阶段到最终用户的相关联的所有活动，它包括供应来源与采办、产品设计、生产计划、物料处理、订货处理、存货管理、运输、仓储和顾客服务等。同时，它也包含了对供应链成员之间的沟通起重要作用的信息系统。

2. 供应链管理的概念

供应链管理是利用计算机网络技术全面规划供应链中的商流、物流、信息流、资金流等，并进行计划、组织、协调与控制的活动过程。

供应链管理包括贯穿于整个渠道来管理供应与需求、原材料与零部件采购、制造与装配、仓储与存货跟踪、订单录入与管理、分销及向顾客交货等各类环节。

供应链管理包含对由顾客、供应商、制造商与分销商组成的网络中物料、信息和资金的流动地管理。物流包括经由供应链从供应商到顾客的实际产品流，以及通过退货、维修、再利用与处理产生的反向流。信息流包含市场需求、订单受理与交货情况等信息。资金流包括信用证条款、付款时间和托收等。这些流贯穿企业内部众多职能与环节，并跨企业、跨行业间地流动着。在企业内部及其之间的这些流的协调与整合对有效地供应链管理是至关重要的。成功的供应链管理就是要把所有这些活动协调与整合为一个无缝的过程。

供应链管理的复杂性主要体现在两个方面。一是规模对供应链管理的影响。大型跨国公司的产品或服务的供应链通常由世界各地的众多企业组成，而且，这些企业中的每一个都涉及订货履行、国际采购和使用新的信息技术等一系列广泛的供应链活动。二是供应链成员企业之间的关系，往往是众多的供应商同时服务于众多的顾客，形成了复杂的“供应网络”。

在今天激烈的全球竞争环境中，企业需要不断把新的定制品引入市场来满足不同细分群体的特定需要。为满足众多国家、顾客群体和分销通路而导致的产品种类的增加也给需求预测、库存管理、生产计划和售后服务等供应链管理工作带来了巨大的挑战。

另外，产品生命周期正变得越来越短，加上技术日新月异，产品不断升级，导致一个企业提供的产品数量不断增加。企业的成功越来越依赖于贯穿于新产品引进的供应链的有效管理。

3. 供应链战略

企业供应链战略包含下面诸要素：

(1)供应链成员企业及其数量；

(2)成员企业的信任与合作关系；

(3)物流的一体化活动；

(4)供应链的有效性和灵活性；

(5)链中成员的利益共享机制等。

有效的供应链战略会影响经营效率、服务及组织结构，在时间、速度、效率及团队合作上夺得先机，引导企业在激烈的竞争环境中赢得市场的领先地位，增加获利能力，提高客户忠诚度，从而获得持续的竞争优势。

9.4.2 供应链一体化管理

供应链一体化是指跨行业、跨地域的“横向一体化”协作生产模式，业务伙伴之间的活动由供应链管理来保证。供应链成员企业突出自己的核心业务能力，而把非核心业务转移给合作伙伴。

供应链一体化主要通过信息集成、相互协调和组织连接三个方面来实现。

1. 信息集成

信息集成是供应链一体化的基础，涉及供应链成员之间信息和知识的共享，包括需求、存货情况、生产能力计划、生产进度、促销计划、需求预测和装运进度等各方面的信息与知识。通过集成机制由供应链成员共享这些信息，进行知识交换等。信息集成为供应链成员企业的计划制定和供应链整体的优化提供了基础。

2. 相互协调

随着信息与知识的实时共享，供应链成员将朝着进一步一体化的方向发展。他们通过决策权、工作与资源的交换开始协调其工作。协调涉及决策权、运作和资源向处于最适宜地位的供应链成员转移的过程。在交换决策权上，成员不仅需要以信息集成为基础，也需要高度的信任与配合，这是提高整个供应链效率的条件。

工作重组是指供应链成员之间的实际活动以最有利于供应链整体的方式重新分配。为了提高整个供应链的效率，成员企业也可把其工作转移给最适合做该工作的其他成员。例如，个人计算机行业传统上由制造商完成并存储成品，由分销商和零售商向制造商订购产品，然后卖给最终顾客。但今天，个人计算机制造商允许分销商完成产品成型，并为消费者进行测试。另一方面，制造商利用网络销售承担了传统上由分销商和零售商扮演的角色，加快了工作重组的速度。

此外，供应链成员可以共同协调并分享其资源，如实现仓库共享、库存集中等。这种资源重新配置、合并或分享，可以为供应链中的众多成员带来协同的价值，导致供应链各成员企业和供应链整体获利能力的提高。

3. 组织联接

单个企业自己的信息集成与相互协调无法完全确保整个供应链的一体化，因此供应链各部分的组织构成也需要适当地调整。没有企业之间的紧密组织关系，一体化便无法完成。供应链伙伴成员需要确定组织连接关系，维系沟通渠道、制定相应规则，为供应链有效运行提供组织保障。

在动态环境中，供应链一体化体系中各成员的职责可能根据顾客需求的变化而动态变化。伙伴企业能够在进入和退出供应链网络的同时，最低限度减少对供应链网络的破坏与供应链的成本，从而使供应联网络实现更高的效率和更强的反应能力。

9.4.3 供应链竞争

新的世纪，市场竞争将不再是企业和企业之间的竞争，而是供应链和供应链之间的竞争，任何一个企业只有与别的企业结成供应链才有可能取得竞争的主动权。

越来越多的企业开始认识到增加整个供应链提供给消费者的价值及减少整个供应链的成本,才是增强自己持续竞争力的关键途径。

复习思考题

1. 什么是物流?构成企业物流的基本活动有哪些?传统物流和现代物流的区别如何?
2. 简述现代物流系统的基本目标、基本构成及其相互之间的关系。
3. 企业物流合理化包含哪些内容?其基本含义是什么?
4. 企业物流系统的基本模式有哪些?各自有何特点?
5. 什么是第三方物流?其在现代物流系统中的地位如何?
6. 简述供应链管理的基本含义及供应链一体化的内容与意义。
7. 如何进行物流服务战略选择?有哪些基本的物流服务战略模式?

案例分析

开拓第三利润源:东大化工的物流管理

山东东大化工集团主营产品的生产能力和原材料用量,近些年每隔2~3年要翻一番,但原材料及产成品的运输费用、车辆数量、库存成本不仅没有增加,反而大幅度下降。这一切得益于企业着力构建了现代物流管理系统。

他们在被管理学家称为"黑暗大陆"的采购、仓储、运输等物流环节,创出了不凡的业绩,开拓了第三利润源。

一、思路洞开缘于车辆拍卖

前身为张店化工厂的东大化工集团,建企40年来,原材料运输一直由公司自营车队承担。车队26名员工,18辆大货车,附加一个修理厂,运转费用不菲,效率却不高。司机上班拖拖拉拉,不想出车就推说车子有毛病;跑一趟上海按说五六天能打个来回,但哪辆车跑一趟都得十七八天。公司知道司机借机跑了私活,一趟能赚回台彩电,但想追究,一句"车在路上出了毛病",就堵得你哑口无言。

法子想了不少,成效甚微。公司决定向内部招标拍卖,18辆车卖了12辆,收回75万元,14名司机中标,其余车辆报废,人员分流。拍卖车辆想承担公司运输任务,吨公里运价先是与公司以前平均运价持平;过渡两个月后降低二分,与市场价持平;紧接着又比市场价降低三分钱。

车成了自己的,每辆车运行里程比拍卖前多出两倍。半年公司节约运输费用184万元,人员工资、运输规费、车辆维修费公司一概不用负担,合计节约费用354万元。随着拍卖车辆逐渐进入报废期,公司开始将运输推向社会,先是面向社会公开竞价招标，年节约运费390万元；然后又对运量相对集中的几条线路公开招标买断，吨公里运价由0.44元降到0.2元，前后节约开支1431万元。

二、库存、信息、采购

东大化工开始有意识地导入物流管理这一全新理念。东大化工是大型化工企业，使用原材料多达2万多种，平均库存占用资金528万元。具备了运输环节的优化控制这个前提，企业开始向物流管理的下一个目标——合理库存挺进。

过去由于运力、运输效率有限，原材料采购需提前一个星期，产品到客户手中需一个星期以上。现在运力、运输效率大为提高，原材料购进最多只需提前2天；国内市场送货一般不超过2天。可以就近采购的物资，坚决保持“零库存”。对不易采购的，采购计划批准前必须先经仓库保管员审核签字，确认库里没有存货和替代物品。1998年企业库存比上年降低2/3，减少资金占用1800万元。现在仅去掉危险品仓库，让危险品直接进入生产装置这一项就减少资金占用2200万元。

要实现合理库存，信息有效流动是关键。由于能及时掌握国内外市场的大量信息，东大化工在库存的控制上始终处于主动地位。1998年二季度，预测到丙烯价格将有大的回落，东大化工厂提前压缩库存，等回落到最低点又大量购进，仅此增加效益100多万元。2003年国家加大打私力度，东大化工分析到国内化工原料市场将有大的波动，加大产品库存，待价格上扬后集中促销，一举增收200万元。

信息的有效流动，对采购环节的优化控制产生了深刻影响。由于众多原材料的供求信息通过互联网等渠道，在企业有关部门间实现了快捷采集传递，东大化工建立起供应公司集中采购：技术、财务、审计、设备4部门随时检查监督的高效物资采购体系，采购由暗箱操作走向彻底透明，仅1998年采购成本就降低了1910万元，生产部门提报的采购计划最迟半天就能得到落实。

三、提出一个新课题

物流管理在发达国家并不新鲜，如日本丰田公司早在20世纪70年代就广泛采用物流管理，到20世纪90年代初日本制造业已普遍采用。

可惜的是，目前国内大多数企业对物流管理的概念还相当陌生。一提降低成本，就知道盯着生产环节。其实随着生产工艺水平的不断提高，这个环节的挖潜空间已日趋有限。以东大为例，主导产品环氧丙烷、聚醚均系引进日本先进技术，全过程计算机控制。仅盯着生产环节降成本，企业显然无路可走。

市场竞争不断加剧，生产越来越趋向多品种、小批量发展，营销区也越来越宽。随之而来的是，采购成本、仓储费用在企业全部成本中所占的比例越来越高（东大已超80%），但众多企业忽视的恰恰是这一块，有些企业采购、运输、仓储不计成本，一概包揽，难怪这一领域被管理学家称为“黑暗大陆”。

东大化工在向人们展现管理创新的无穷潜力的同时，也向国企提出了一个强化管理的全新课题，那就是依托社会化、专业化的服务体系，克服“大而全”、“小而全”的通病，降低成本，提高水平和市场竞争力。

东大化工的实践证明，需求产生一切。推行物流管理以前，所在地张店区没有一家专业化的化工储运企业。但运输走向社会短短一两年时间，在企业巨大运量的刺激带动下，张店及周边一批专业化工储运公司迅速崛起(耐人寻味的是，私营企业占了绝大比例)，且在激烈的竞争中日渐走向成熟，专业优势发挥得越来越明显，最终受益的，还是东大化工自己。以青岛液氯运输线路的拍卖为例，运回1吨拍卖底价是190元，结果竞价竞到了90元。尽管明知谁也不会做赔本买卖，但东大化工还是有点心虚，因为怎么算中标企业都没有赚头。后来才知道，中标企业早已经对线路路况、坡度、收费进行了详细考察测算，据此改装加长了车厢，花钱不多，车辆没有增加，运输能力却增加近1倍，这样一来又有了赚头。账算到这个地步，有几个“大而全”、“小而全”的“国字号”能做得到？

思考题

1. 你认为东大降低成本的做法是否可取？请具体分析利弊。
2. 我国企业的物流要效益的潜力有多大？你认为哪些方面应深入掌握？
3. 对于青岛液氯运输线路的拍卖一例，你怎样评价和分析这一事实？
4. 如何理解现代物流是企业的“第三利润源”？

第10章

企业研究与开发子系统及其管理

本章提要

在本章中，您将学习到以下主要内容：

1. 研究与开发的意义、特征和流程；
2. 影响企业研究与开发的主要因素；
3. 研究与开发的发展趋向；
4. 研究与开发的主要模式；
5. 研究与开发的策略选择；
6. 企业研究与开发的方式选择；
7. 企业研究与开发的组织。

10.1 研究与开发概述

研究与开发(research and development，R&D)，简称研发，是指新产品、新技术构思、研制、生产和销售活动的全过程。新产品、新技术是现代企业赖以生存和发展的物质基础，在日益激烈的市场竞争中，企业之间的竞争在很大程度上就表现为产品之间的竞争。产品的竞争促进了新产品、新技术的研究与开发。

10.1.1 研究与开发的意义

研究与开发的重要性可以从二个层面去理解：一是从企业发展看，新技术、新产品给企业注入了新的生命力，产品研究与开发水平的高低，直接关系到企业的兴衰存亡；二是从社会进步看，产品开发的速度又关联整个社会的经济与技术的发展水平。

1.企业发展的需要是新产品、新技术研究与开发的动机

首先从产品的生命周期来看,任何一个产品都会经历成长、成熟到退出市场的过程。在今天,国内市场与国际市场融为一体,新的产品与技术层出不穷,产品的生命周期也越来越短,企业要应对这种环境的变化,就要把开发新产品与企业的发展密切地联系起来。

其次从企业的经济效益角度来看,企业的目标是利润最大化,而利润的获取要靠市场份额。研究表明,现代企业的获利中,新产品获利占有较大的比重,尤其是一些新兴的行业,新产品甚至成为获利的主要支柱。在激烈的竞争中,老产品或者技术含量较低的产品往往获利甚微,因而不断地开发新产品、提高产品技术含量就成为企业利润的源泉和占领市场的重要手段。

最后是不断地研究与开发新产品、新技术,有利于树立企业形象,提高企业在市场中的竞争优势和竞争地位。新产品的市场投放能激起市场的反应,影响利益相关者的观念,从而能够提高或损害企业在利益相关者心中的形象。所以,开发新产品是当今企业占领市场、获得成长、形成竞争力、提高知名度的重要手段和途径。

2.社会发展的需要推动新产品、新技术的研究与开发

社会发展必将伴随社会文明程度的提高、工作条件的不断改善和人们生活水平的逐步上升。这就要求工业等系统不断地提高产品的性能和增加产品的品种,不断地开发出新产品,用以增强综合国力;方便工作、提高工作质量和效率;方便生活与生存、提高生活质量,促进社会文明程度的不断提高。凡是社会所需要的产品,也一定会深受社会的欢迎。

10.1.2 研究与开发的特性

1.研究与开发的战略性

促使新产品开发的每一个商业机会或问题都会随着当时情况的不同而各不相同。时机、企业环境、消费者、竞争者、其他主要利益相关者及组织资源等代表了各种因素的集合,它们对一种新产品的环境具有很大的特质性。对各种环境情况下的新产品开发进行管理需要一种战略性的思维,以企业成长和获取持续竞争优势的目标作为新产品开发管理的指导原则。

2.研究与开发的动态性

新产品的研究与开发过程是持续的、动态的。因为环境、市场和组织始终是在不断变化的,因此它们对新产品的影响也是变化的。即便某一特定产品在推出的那一刻及推出以后,仍然在不断发生渐进式的变化。因此企业内对新产品研究与开发的持续变化性需要有一种清晰的认识,这样,就可能迅速地实施研究与开发计划并做出必要的调整,而这常常是研究与开发成功的关键。

3.研究与开发的互动性

当环境变化时,环境中各种利益相关者的需要也会变化。因此,为了跟上这些

变化，在整个研究与开发的过程中企业需要与市场的主要利益相关者建立和维持一种互动关系，以便不断地监视市场机会或市场问题。

4. 研究与开发的综合性

企业对新产品机会的反应方式决定了研究与开发过程的成功与否。企业内各职能部门的差别形成了部门子目标的差异，这就造成了各部门面对产品研究与开发机会时表现出的不同反应。激励企业各部门对各种机会（和问题）做出积极反应需要实行一体化的组织设计，以克服变革的阻力。实现这种一体化最通常的方法就是在企业内成立有效的设计、目的明确的跨职能部门的新产品研究与开发小组，实行必要的变革以获取开发机会或者解决存在的问题。

10.1.3　研究与开发的流程

通常，在新产品研究与开发方式中，大部分新产品可能只是在原来产品基础上的改进，只有极少数是真正创新的新产品。但是，创新的新产品即经过自主研究与开发方式得到的新产品仍是企业研究与开发的最高层次，这个过程也是最为系统与复杂的，一般应遵循如下流程（图 10-1）。

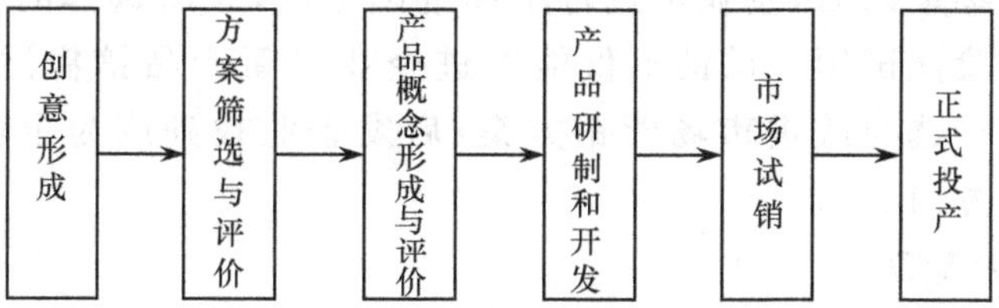

图 10-1　新产品研究与开发的过程

1. 创意形成

新产品始于创意，创意是新产品研究与开发的基础。创意来源于设想，设想在于创新。通常，新产品的创意是在市场调查研究的基础上，以市场需求为出发点，并考虑企业本身的条件来进行的。当技术进步诱发新产品创意时，企业对市场需求的敏感度是十分重要的。

2. 方案筛选与评价

在搜集到大量的创意方案以后，要进行筛选。方案筛选的原则就是以盈利为前提，将企业内部条件与市场环境因素综合起来考虑方案技术经济的可行性。在评价方案时，需要设立一些常规性的指标，如期望的销售量、期望的新生产线、新产品的目标顾客等。最后筛选出符合企业新产品策略的产品创意继续进行研究与开发。

3. 产品概念的形成与评价

在新产品创意的基础上进一步形成比较完整的产品概念，即把新产品的创意具体化，用文字、图像或制作模型等技术形式完成新产品的具体方案，说明产品的作用、功能、特点和使用方法。同时，在这个阶段还要从金融、财务的角度上研究新产品的开发，需要在目前和将来的一个时期对一个新产品潜在的销售收入、成本、价格、所需资源等进行评估，从而形成产品的研发方案，并进一步完成新产品研发的可行性研究。

4. 产品研制和开发阶段

新产品的研制是产品从概念转化为具体产品的阶段，它包括研究和试制两个步骤。研究就是把经过筛选选中的研究与开发方案进一步具体化，形成切实可行的具体实施方案，方案不仅包括产品性能的设计，还包括试验规范的拟订、测试方法的提出、应达到的指标及产品的规格等，试制就是根据研究所确定的方案制造成实体产品，研制的新产品必须通过产品鉴定。

在这个阶段，还要商议决定投入与产品研制相关的费用，如用来制造试验性新产品的设备，是自制还是购买与生产产品有关的机器设备；然后是批量生产设备；批量生产的能力决定了产品最终实现商业化生产的规模。

5. 市场试销阶段

在产品研发过程中，设计、开发、制造和市场之间的配合十分密切。新产品的样品经过鉴定以后，企业可进行小批量试生产，在所选择的有代表性的目标市场中做检验性试销。试销不仅能增进企业对新产品销售潜力的了解，而且有助于企业挑选与改进市场营销方案，启发企业找到或为企业指明改进市场营销策略的方向。

6. 正式投产阶段

新产品经过试销以后，根据来自市场的意见对产品修改定型，然后正式投入批量生产。一个产品批量规模的大小主要取决于产品自身和市场行为，在新产品商品化的过程中，市场是新产品研究与开发的落脚点，也是新产品研究与开发是否获得成功的最关键的一步。所以，此时应着重做好以下工作：正确选择投放市场的时间；正确选择目标市场；制定正确的营销组合策略等。

10.1.4 研究与开发的影响因素

影响企业新产品研究与开发战略选择的主要因素如下。

1. 机会

机会的大小和多少是影响企业选择新产品研究与开发战略的重要因素。在经济领域中，比较常见的机会有：可以预测到的某种潜在的市场需求；对正在迅速扩大的现有产品的需求；竞争者满足某种需求的能力明显不足；新技术的应用；新法规和新政策即将颁布等。

企业面对潜力大的机会，通常会选用进取战略甚至创业战略来进行一次较大的冒险。反之，会使企业在新产品研究与开发时小心翼翼，避免承受较大风险。

2.企业的总体战略规划

作为企业发展的总体性规划,企业总体战略指明了企业的战略竞争领域,决定了新产品战略的目标,并对产品研发战略在风险方面进行了指导或限制。此外,企业总体战略还对资源在企业现有产品与新产品之间做出了分配。因此,产品研发战略可从总体战略中取得大部分具体的环境参数,如产品质量水平、对获得专利可能性的要求、系统定义等。

3.企业文化

企业文化是企业在长期的生产经营过程中形成的,以企业为主体的、广义的、深层次的关于企业生产经营的价值观、道德规范、行为准则、传统作风、群体意识及整个企业人员的素质的文化。其中价值观是企业文化的核心,它不仅影响着决策者的经营理念,而且影响着企业总体战略的选择、产品研发战略的形成。在确定产品竞争的领域、新产品研究与开发的目标及实现目标的措施时,企业价值观会左右管理者选择不同的创新程度、风险偏好、竞争态度、应付环境变化的措施等。

4.资源

在确定企业新产品研究与开发战略时,资源是占支配地位的相关要素之一。与研究和开发有关的企业资源不仅包括企业人员的素质、技能、构成,企业的资产数量、技术水平和取得适当投资回报率的能力衡量的财力;还包括企业信誉、营销渠道和营销手段,企业有效的制造产品、迅速供货和适应需求变化的能力等众多的内容。

5.科技发展状况

科技进步会使社会对产品的需求发生重大变化。私人小型家用汽车的逐步成熟,将导致公交系统不同程度的萧条;轻巧易携带的超薄型笔记本电脑,将最终取代笨拙的台式电脑,这些都是技术进步促进市场发展的典型。企业竞争对手的技术进步可能使本企业产品的竞争力被削弱。由此可见,技术进步不仅可促进企业产品的不断创新、优化,而且对产品研发战略的选择同样有极为重要的影响。

6.研发规模和投资水平

在实际工作中,研发规模与投资水平的衡量均选用不同的计量指标。研发规模是以参加研发项目的科技人员的数量为基础的指标来衡量,它既可用绝对值表示,也可用相对值即科技人员占全部人员的百分数表示。投资水平则用研发费用占企业总销售额的百分比作为计量指标。企业采取不同的研发战略,就会有不同的研发规模及投资水平。企业在确定研发规模时,一定要尊重客观实际。规模过大,超过企业资金承受范围,不仅会浪费企业大量资源,而且最终会因资源不足而导致项目研究的半途而废。

7.研发组织体制

研发组织体制是研发战略得以正确落实的关键,其主要解决的是企业内研发部门应集中还是分散、科研人员与工程技术人员的构成比例等战略性资源配置问题。

10.2 研究与开发策略

10.2.1 研究与开发模式

企业研究与开发模式主要有以下几种。

1. 技术推动研发模式

技术推动研发模式指研发新的主体拥有新的科学技术或创新发明，并应用其进行设计、试制、生产、工艺和服务，最后转化为产品，走向市场。这种技术推动模式研发，在工业发展史上并不少见。例如，激光在实验室一被发现，经过若干年的研究，激光的使用价值被激发，因而导致了一个以激光为核心技术的产业的兴起。类似的例子还有尼龙、人造纤维、半导体等的技术创新都属这种模式。

由于科学研究是人们探索自然、认识世界和改造世界的过程，许多活动事先并不带有商业行为，但创新的成果却满足了市场需求。在实践中，这种模式的技术创新并不是轻而易举的。首先，此模式的源头是获得新的技术与发明；其次，从实验室到规模生产，中间会遇到工艺、生产制造、投入市场等一系列的技术问题和经营管理问题，还需要有大量的资金投入，因而企业承受的风险很大。

2. 需求拉动研发模式

需求拉动研发模式指市场存在需求，促使创新主体进行科技研究，并应用其成果从事技术及产品的研发模式。在工业发展史上，有些领域是产业需求在先，发明创新在后，如通信、化工、汽车等产业就是如此。企业采用这种创新模式，可以使创新时间缩短、收效加快，既缩短了技术创新的周期，又节约了大批科研费用。在消费者占主导地位的产业里，绝大部分是需求拉动创新模式。

3. 技术研发综合模式

技术研发综合模式指技术研发在技术推动和市场需求拉动的综合作用下，实现研发在技术上和经济上的可能性。这一模式可用图 10-2 表示。

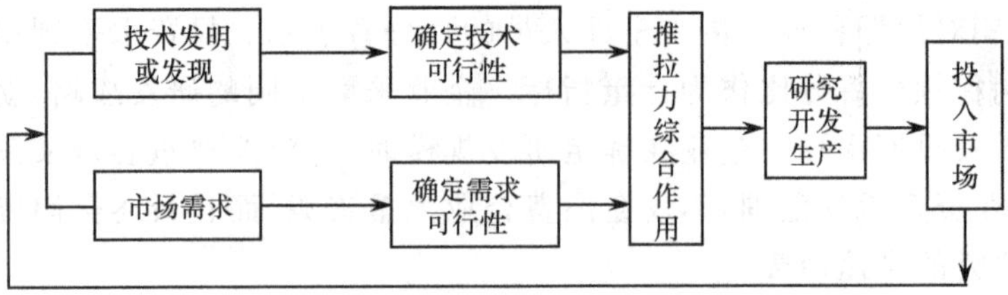

图 10-2 技术研发综合模式

技术及产品研发是一个非常复杂的过程,很难确定某一因素是技术创新的推动或拉动因素,成功的技术创新大多是科学技术与市场需求相结合的结果。在市场需求诱导下,结合科学技术的应用,综合研究与开发创新出全新的产品,不仅激活了一系列产业,也繁荣了市场。例如,微波炉和信用卡的研究与开发创新,导致了"厨房革命"和"电子货币"的产生,有较长的生命周期和广阔的市场前景,这种创新模式日益受到人们的重视。

4. 诱导型技术研发模式

诱导型技术研发模式是以诱导因素为契机进行技术创新的模式,如图 10-3 所示。一般能成为诱导原因的有技术发展不平衡、生产环节的不确定性、资源供给的不确定性等因素,这些因素是企业进一步发展的"瓶颈"。辩证地看待这些因素,它既是发展的障碍与压力,又是创新的机会与动力,像复合材料、人造材料就是诱导型技术创新模式的结果,再如能源的匮乏促进了太阳能的研究与开发,导致了太阳能新产品的诞生与发展。

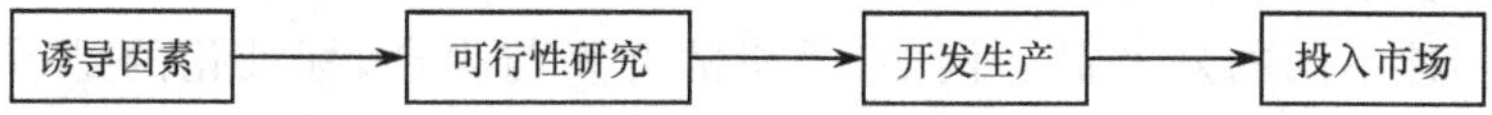

图 10-3　诱导型技术研发模式

10.2.2　研究与开发策略

1. 技术先行策略

技术先行策略就是要求被研发的新产品,不仅要求在技术上领先、质量上优异、成本上有优势,而且要求其产品能最先投放市场,获得较大的市场占有率。

实施这一策略,企业要拥有较强的科研能力和创新能力,能先发制人,保证企业始终处于技术领先地位,但这一策略在实施上由于投资经费较大,风险也大。

2. 紧跟技术先行策略

紧跟技术先行策略是指通过迅速模仿技术先行者的产品技术,在该产品成长期的初期将新产品投放市场的策略。

实施这一策略要求企业要有较强的研究与开发能力,拥有信息灵通的技术情报系统,能够及时了解其他企业的技术研究、开发、生产新产品的情况,同时,要善于分析发现各种新产品的优缺点,以便更好地继承和改进,从而研发出性能更好、质量更高、款式更新的产品。

3. 仿制技术策略

仿制技术策略是指企业仿制上市的新产品的策略。

采用这种策略能节省研究与开发的研究费用,以较低的成本生产新产品,并及时投放市场,以取得较好的经济效益。它要求企业的设计与工艺部门能迅速了解市场情况，树立成本观念，减少设计、制造费用。尽可能使仿制品和被仿制品共同进入成熟期，企业因产销量增加而取得经济效益。同时，要求企业的制造系统由原来的老产品生产迅速转向仿制品的生产。

4. 实用技术策略

实用技术策略是指将实用技术，专门用来为用户的特定需求而开发创新产品的策略。

采用这种策略的企业，要有较强的设计能力与工艺制造系统，能在较短的时间里，研究与开发生产出满足不同用户需求的新产品。这种新产品，要在产品的成长期投放市场。

5. 标准化与多样化策略

标准化是把同类事物两种以上的表现形态归并为一种或限定在一个范围内的形式。其目的是消除由于不必要的多样化而造成的混乱。多样性则是突出不同事物的差异性。

人们掌握了标准化与多样化策略之间的辩证关系之后，在产品创新中可研究与开发出各种不同的新产品。例如，手机的开发与生产，标准化的是手机内核技术，而规格、款式、色彩却是多样化的。再如，瑞士的欧勃里手表装配厂，职工不到100人，手表品种却有400多种，但作为基础的手表机芯只有2～3种。

6. 平台型与变型策略

所谓平台型，指的是一个产品系列中的代表品种，以它为基础、为典型，可以完成整个系列中各种规格产品的设计，并能保持结构的相同或相似，这类产品常称为平台型产品。以平台型为基础形成的产品系列叫做平台型系列。

平台型与变型产品创新策略最突出的优点是研发一种新产品，甚至一个新的产品系列，只需重新设计、制造很有限的专用零部件，并使新产品与老产品保持结构上的相似性、工艺上的继承性和零件的广泛通用性。

10.3 企业研究与开发管理

10.3.1 研究与开发的方式

企业要想提高产品研究与开发能力，选择适当的产品研究与开发方式是至关重要的。目前，常见的新产品研究与开发方式按其技术来源可分为自主研发方式和非自主研发方式。

1. 自主研发方式

所谓自主研发方式，是指企业完全依靠自身的力量，根据国内外市场的情况和用户的使用要求，或者针对现有产品存在的问题，探讨产品的原理与结构，开展有关新技术、新工艺、新材料等方面的研究，并在此基础上完成技术的商品化，获取商业利润，以实现企业预期的技术创新的目标。

自主研发方式具有收益性强、风险大、对企业资源和能力要求高等特点。一旦成功，可以促进企业的技术创新能力和市场竞争能力的增强，有助于企业形成自己的知识产权，生产他人难以模仿、有市场竞争力的产品，从而形成持续的竞争优势。

自主研究与开发方式可进一步分为独创方式和模仿方式。

1）独创方式

独创方式是指企业自行研制、自行设计新产品。采用这种方式研究与开发新产品，有利于产品的更新换代；有利于形成企业的技术优势；提高产品的独创性和企业的竞争能力。独创方式一般包括三种活动：基础研究、应用研究和研究与开发研究，如图 10-4 所示。

图 10-4　独创方式的创新过程

基础研究往往引发重大基础发现，从而奠定基于同一原理或相似原理的多种突破性产品研发的基础；应用研究是探索科学发展和新原理应用到生产实践中的可能性；开发研究具有研究周期短，实践性强，成功可能性大的特点，它可使产品在性能上、功能上都得到逐步提高，开发研究常常生成扩展性产品。这三种研究活动并不相互独立，而是相互交叉、相互联系、相互渗透。企业可以根据自身的研发能力和战略要求选择不同阶段的研究与开发。

2）模仿方式

所谓模仿，是指企业通过一定的手段，合法地仿制创新者的产品。由于一个创新产品并不能在瞬间完全占领一个市场，尤其是跨地域的占领要受到一定的时空限制，这就给模仿者创造了进入市场的机会。

但是，模仿方式并非简单的仿制，而应包含着渐进的创新，对原设计的不断改进。日本被认为是世界上最大的也是最成功的模仿者。例如，录像机是美国公司的创新，但日本通过模仿创新使录像机性能有了很大的提高，而且更便携、更家庭化，结果日本的录像机产品在很大程度上占领了世界市场。

模仿中，通常会涉及专利技术、技术秘密、商标、著作（含软件）等四类知识产权，模仿者不可以侵犯原创者的知识产权，但只要依相应的产权法办事，就不会构成侵权行为。

2. 非自主研发方式

非自主研发方式是相对于自主研发方式而言的，主要有以下几种形式。

1）技术引进

技术引进是研发新产品的一种常用方法，它是通过引进国内外现有的成熟的应用技术来实现新产品研究与开发的,发展新产品的一条有效途径。

技术引进多半是引进专有技术,其中往往包括产品设计、制造工艺、测试方法,以及必要的设备等。企业采用这种方式可以很快地掌握新产品的制造技术,减少研制经费和投入的技术力量,从而争取时间,缩短与国际先进水平企业的差距。

企业引进技术必须注意加以消化、吸收,只有经过消化、吸收的技术,才能在本企业真正生根,并且加以综合、创新,建立和纳入本企业的技术系统。因此,对于引进或转移的新技术,同样也存在着技术的继续研究与开发问题。

由于引进的技术绝大部分都是国外企业已经采用的技术,并且引进时还经常带有种种限制条件,因此企业不宜把新产品的研发长期建立在技术引进的基础上,而是应该利用引进技术,加强自身的技术力量,为自主研发奠定基础。

通常,技术引进的创新过程如图 10-5 所示。

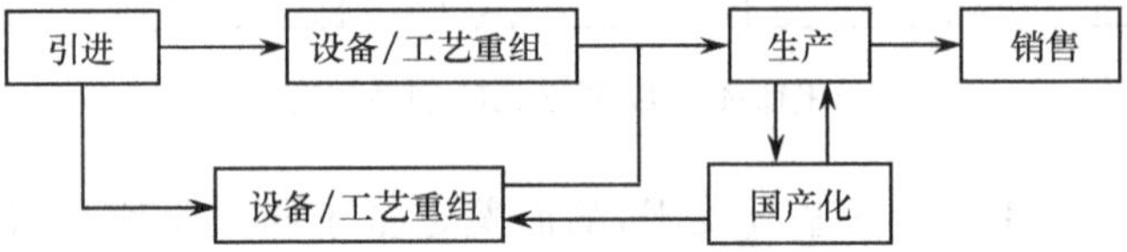

图 10-5　技术引进的创新过程

2)国内技术购买

通过国内技术市场购买技术来进行新产品研发是另一种非自主研发方式,它与技术引进方式的主要区别在于技术出售者是国内科研机构、高等院校或者工业企业、技术贸易机构和民间技术拥有者等。

国内技术购买可以充分利用我国高校和科研机构及越来越多的民间研究机构的技术优势,在企业技术实力不强但市场竞争压力较大的情况下,采取这种方式,往往能提高企业技术创新及产品研究与开发的水平和速度。它与技术引进相比,所需的费用较低,因此具有很大的研究与开发潜力。

国内技术购买的潜在风险在于目前我国技术交易市场发展不成熟,技术的价值难以测评,技术市场管理的相应法律法规不完善,技术转让利益分配不当等。这使得一些技术交易行为不够规范而导致交易失败。

3)联合研发方式

联合研发方式即与高等院校、科研机构和其他企业进行联合研究与开发活动。

面对动荡的市场或者一些较大规模的技术项目,有时候单凭一个企业的力量,往往难以承担在资金、技术、管理、人才、时间等方面的全部要求。而且产品研究与开发是一个涉及多个环节的过程,企业也不可能在所有环节上都有很强的能力。在这种情况下,进行技术创新、产品研究与开发的产学研合作、企业之间的合作、甚至国际合作就显得非常必要了。

按联合研究与开发合作形式来分类,有委托研究与开发和成果共享等形式。

(1)委托研发。企业委托有研究与开发能力的团体(通常是科研院所、高校等)在一定时间内研究与开发出满足市场需求及企业要求的新技术或新产品,然后企业通过购买或其他付酬方式,获得其所有权。企业负责商业实现,销售收入归企业所有。

(2)成果共享。企业提供全部或部分资金给被委托者进行技术创新或产品开发,企业也可以出部分科技人员参与研究。研究成果共同拥有,销售收入共同分成。

按联合研究与开发合作主体来分类,有产学研合作、企业联合、国际化合作等。

(1)产学研的合作。在技术创新过程中,企业与高等院校和研究所在风险共担,利益共享,优势互补,共同发展的原则下进行研究与开发合作,包括合作研究、合作研究与开发、共建新企业等。这种方式既有利于企业借助研究与开发实力很强的高校或科研单位的力量来提高企业的技术创新和产品研发的水平,又有助于高等院校或科研机构利用企业的规模生产和销售网络优势而使自己的科研成果尽快商业化。

(2)企业联合。由于信息技术的完善、产品生命周期的缩短、创新成本的增加,创新所伴随的高风险等因素推动了企业之间的创新研究与开发合作,原本甚至是竞争对手的企业也会在激烈的市场竞争中寻求合作,这种合作多是优势互补的联合研究与开发,即强-强合作,主要是分担技术创新、产品研究与开发的风险,加快创新和研究与开发的速度,扩大市场份额,提高经济效益,如摩托罗拉-东芝的联盟,摩托罗拉以半导体技术来换取日本的市场份额。

(3)国际化合作。是指企业在国外建立研究与开发创新机构,利用所在国的科研技术力量、人才优势实现创新,并实行科技成果共享,以提高创新能力和市场竞争能力。国际化合作在发达国家日益盛行,并取得了良好的经济效益和社会效益。

合作创新可以使合作方充分发挥各自的优势,实现资源共享、缩短创新周期、降低创新风险、提高成功率。当前,全球性技术竞争不断加剧,企业技术创新活动中的各种技术问题日趋复杂,单个企业依赖自身力量无法解决诸多重大技术难题。因此,建立国家创新体系,采用“产、学、研”合作创新的模式,合理分配和使用技术资源,实现优势互补,成果共享,是必然的趋势。

3.自主与非自主相结合的研发方式

实践中,多数企业选择自主与非自主研发方式相结合,主要有以下措施。

1)增强企业自主研究与开发能力

通过与高水平科研单位的整合,建立起具有较高水平和能力的研究与开发机构;通过集中、引进、培养优秀技术人才,充实试验、测试手段、增添试验设备,来对企业现有技术研究与开发机构进行重组,逐步建立企业技术中心,增强企业的研究与开发能力。

2)完善技术引进的措施

制定“引进、消化、吸收、创新”的技术政策。为此,企业必须加强对引进技术的管理,严格控制低水平重复引进,确定消化吸收的工作目标和重点;加强与其他科研单位的合作,以保证有消化吸收地引进技术所需要的技术人才;在此基础上还要创建创新队伍,提高创新能力,最终走上自主创新之路。

3)积极推进产学研合作

产学研联合体通常是以企业为主体,这是研究与开发能够有明确的应用目标,能够有持续的投入支持的根本保证。产学研联合体的各方可以共同投资,组建新型的科研生产一体化企业,形成一个产权清晰、风险共担、利益分享的规范的新型实体;也可以使产品研究与开发的研究机构进入大型企业集团,从而使产、研双方均获“新生”,既缓解研究机构科研资金匮乏的困境,又有效地解决了企业研究与开发力量较为薄弱的难题。

10.3.2 研究与开发的组织

在研究与开发新产品的过程中,组织和配备人员对研究与开发过程十分重要。企业研究与开发实践中主要有以下组织方式。

1.研究与开发小组

研究与开发小组是一种花费最少、集中度最大的临时性组织结构形式,主要适用于新产品研究与开发较少的企业或没有专门的新产品研究与开发组织的企业。这时,指导和组织新产品研究与开发的职能大都由最高领导人员直接掌握。

2.新产品委员会

新产品研究与开发委员会是一种专门的新产品研究与开发组织形式之一,也是矩阵组织形式的一种。该委员会通常由企业最高管理层加上各主要职能部门的代表组成,是一种高层次的新产品研究与开发的管理组织,其主要负责协调和指挥企业的新产品研究与开发活动,拟订和评价新产品计划,并确定相关的新产品研究与开发决策。

新产品委员会的优点在于可以汇集各部门的想法和意见;提高各部门的参与程度;增强部门之间的信息沟通和协调;提高决策的民主化和科学化程度。其缺点为委员会成员的权责不清,其工作容易受到日常工作的冲击;难以统一各部门目标、部门利益与总体目标之间的差异,容易发生互相推诿责任的现象;决策周期较长,因而难以做出及时、快速的反应等。

新产品委员会有三种类型:①决策型新产品委员会,主要负责制定新产品研究与开发的战略,构造新产品研究与开发组织,进行研究与开发项目的评估与选择,以及进行资源配置决策等,其领导人一般是企业最高层次的管理者;②协调型新产品委员会，主要负责处理新产品研究与开发活动的日常协调问题；其成员主要来自各职能部门中的第二、三层次的人员；③特别委员会，主要负责评价和筛选新产品的构思，进行新产品研究与开发的相关咨询，解决研究与开发中的各种障碍等，其成员主要是专家和有关职能部门的关键人物。

3. 矩阵小组

在新产品战略和计划项目确定之后，就需要确定项目实施的组织结构形式，矩阵小组是新产品研究与开发项目经常采用的一种组织形式。

矩阵小组成员一般来自不同的直线或职能部门，相关职能经理也可以参与小组工作。矩阵小组专门从事委员会或其他上级委派的与新产品研发相关的特定任务，当新产品任务完成后，小组便解散，各小组成员回归原单位。

矩阵小组的优点是小组成员来自直线或职能部门，可以带来积极有效的工作方法；有利于提高技术水平，便于知识和意见的交流；能促进新的观点和设想的产生；有利于部门之间的协调与沟通，彼此之间能够产生学习效应，能够共享专业化资源等。其缺点是存在多头领导的现象，成员在工作中容易产生临时观念等。

4. 产品经理结构

产品经理结构是一种特殊的矩阵结构形式。企业根据所实施的新产品项目的多少在产品管理经理下面设置若干新产品经理，一个新产品经理负责一个或一组新产品研发项目的计划、组织、实施和控制工作，包括构思新产品，制定产品目标和战略，进行市场机会预测、销售预测，组织样品研究与开发、市场试销和市场投放，并进行信息反馈等。

产品经理结构的优点是研究与开发新产品的功能专业化，新产品经理的责任和权力比较明确，提高了新产品研究与开发工作的效率。其缺点是容易导致资源的重复配置，使得研发成本增加。因此，产品经理结构主要适合于规模较大、资源比较丰富，新产品研究与开发任务比较多的企业，尤其适合高科技企业运用。

5. 新产品部

一些新产品研究与开发较多的大中型企业，为了便于对新产品研究与开发的工作进行统筹管理，从若干职能部门抽调专人组成一个固定的、独立性的、专门的新产品研究与开发部门，集中处理新产品研究与开发过程中的计划、组织、实施、协调和控制等工作。该部门的主管拥有实权并与高层管理者密切联系，该部门是新产品委员会最恰当的补充管理组织。

新产品部主要有自主型和协调型两种类型。自主型新产品研发部类似于事业部，拥有单独开展新产品研究与开发活动所需要的资源调配权，或者自己组织力量创新；或者拥有总体规划权和组织协调权，能够避免职能部门之间的矛盾，但需要大量的投资。协调型新产品部是新产品研究与开发矩阵小组的管理机构，企业中的一切新产品研究与开发小组都可以暂时由其管理，其主要工作是统筹新产品研究与开发的资源和协调矩阵小组的活动。

新产品部的优点是：权力集中、建议集中、管理独立，能全力投入新产品的研究与开发，有助于提高研发效率，并保持新产品研发工作的稳定性。其缺点是：需要支付大量的日常开支，增加投资和规模，各职能部门之间的矛盾不易协调等。

6. 外部研究与开发组织

外部研究与开发组织是指企业研发新产品的各种职能、任务或业务，可以委托给企业以外的专门机构去做，如科研机构、大专院校、咨询公司等。企业自身只需制定新产品战略，选择特定新产品计划项目，对研发成果进行评价、筛选和商业化，一般适用于中小企业。

利用外部研究与开发组织可以避免企业内部的各种干扰，转移研究与开发风险，充分利用外部人才优势，弥补企业内部人才资源的不足。其缺点是难以控制新产品研究与开发的进度和创新水平，需要较高的成本，新产品信息容易泄密等。

复习思考题

1. 企业进行新产品、新技术研究与开发的基本动因是什么？对于企业来说，为什么说研究与开发工作具有战略意义？

2. 简述研究与开发的基本流程，以及各阶段的主要工作。

3. 影响企业研究与开发的主要因素有哪些？

3. 企业研究与开发的基本策略有哪些？各自有何特点？

4. 企业研究与开发的主要模式有哪些？各种模式的主要内容和应用范围如何？

5. 企业研究与开发的基本方式有哪些？试比较其特点。

6. 企业研究与开发的组织方式有哪些？各自有何特点？

案例分析

麦隆公司的新产品研究与开发

麦隆公司生产调节天然气管道中气流量的控制阀，有 1400 多名员工，成功地生产了控制阀标准系列产品，产品价格在同行业中颇具竞争性。但每当需要研究与开发新型控制阀产品时，就会出现问题。由于电子学、金属学和流体控制原理的不断发展，每一年或两年都会有新型控制阀产品问世。麦隆公司在研究与开发新控制阀产品时总会引发相互依赖的各部门之间的冲突和矛盾。

以 CV305 产品为例，目前正处于研究与开发阶段。研究与开发部(R&D)已经完成了 CV305 的基本设计，工程部也依据基本设计制成了 CV305 模型。现在，材料采购部希望立即得到模型的零部件信息，以便为投入生产所需的零部件作采购计划。生产部和销售部也在为 CV305 的生产和销售做准备工作。采购部、生产部和销售部的经理认为关于 CV305 的后续工作应当同时进行，不该依然按先后顺序进行。销售部想给研究与开发部提供用户方面的信息和要求，从而使设计满足用户需要。生产部坚持认为设计应符合机器条件，应使生产成本降低，并且希望研究与开发部加快最终设计的步伐，以便生产部能尽快进行标准化生产。而工程部却希望研究与开发部降低 CV305 的研发速度，以使工程部确保新产品的工艺、技术规格和质量能接受全面测试。

CV305 研究与开发中出现的这些问题使得各部门的经理都很头疼，但相互之间缺乏沟通。研究与开发部和工程部对其研究计划保密，这引起了其他部门的不满，而且有几个部门经理都是新来的，对新产品研究与开发缺乏经验，在这种情况下更是不知所措。

麦隆公司副总经理王人杰负责 CV305 研发的有关事宜。王的特点是对组织控制比较紧密，各部门经理在做出各种决策之前必须征求他的意见。但是，由于其管理幅度过大，无暇过问 CV305 整个系统中的所有情况，导致他对研究与开发的状况不甚了解，造成了 CV305 研究与开发工作不能顺利进行。一天，王收到销售部经理的一份报告，

"CV305 必须立即进入市场，而且时间非常紧迫。因为 CV305 所提供的精确控制功能，竞争对手在新推出的产品中已经提供。据三个销售员报告，本公司的几家忠实用户已打算与竞争对手签订单。在这种情况下，如果本公司能在 30 天内将 CV305 投入生产，还可以保住市场，否则后果不堪设想"。

思考题

1. 分析麦隆公司 CV305 研究与开发不能顺利进行的主要原因。
2. 为使 CV305 在 30 天内投入生产，麦隆公司应该采取的措施是什么？
3. 为了建立良好的研究与开发的机制，麦隆公司应该采取的措施又是什么？

第11章

企业信息子系统及其管理

本章提要

在本章中，您将学习到以下主要内容：

1. 信息的基本概念；
2. 信息收集的原则及常用方法；
3. 管理信息系统开发的基本原则；
4. 管理信息系统的开发方法及步骤。

11.1 企业信息子系统概述

11.1.1 信息的概念与属性

1. 信息的定义

可以记录下来的，并能够识别的符号、光、声、图像等资料，经过处理并赋予一定意义后，都可以成为信息。企业经营中的大量数据、账单、文件等，是信息的主要形式。

信息与数据不同，数据只是一串字符或是未予说明的图案，是对人、事物或处理等基本事实的反映，包括日期、尺寸、质量、外形、数量、等级、名称和地点等内容。通常，数据不会对企业领导者的行动产生刺激作用，而只有加工成为信息的数据才能对领导者的决策产生影响。

2. 信息的属性

(1)目的。信息的目的包括形成、评价、说明或构成其他信息，这是信息的基本目的；其他目的包括产生新的概念，确定问题所在，解决问题，进行决策、计划、控制等。信息的这一属性可以用来指导企业的经营活动。

(2)传播形式。对于人来说,其所接受最多的信息形式是语言或文件,而机器则接受如能量、磁带、卡片、报表等各种类型的信息形式。

(3)冗余与效率。冗余是单位数据带有的多余信息。在通信过程中,冗余是防止错误发生的一种保护手段。数据语言的效率与冗余有互补关系,即"效率＝1－冗余"。因此,在数据准确性得到保证的基础上提高效率,就成为数据管理的主要内容之一。

(4)速率。即了解某种状态所需要的时间,可以用来作为衡量信息传播速度的尺度。

(5)频率。即单位时间内信息传送的次数,可以作为信息价值的量度。传送信息的频率越高,该信息所描述状态的变化就越小,因而其意义也较小;适当频率的信息传送,可以说明状态中的问题或状态变化的倾向,因而意义也就较大。当信息过于频繁时,则可能形成干扰和噪声,从而影响接受者的判断。

(6)确定性或随机性。历史信息具有确定性,有关将来的信息则具有随机性。通常有些信息存在一个单值,可称之为具有确定解答的信息。

(7)耗费。信息必须进行收集、存储、处理和维护等处理,这些活动的成本是估计和权衡信息价值的依据之一。

(8)价值。即信息可能带来的效益,或因缺乏信息可能带来的损失。信息价值很大程度上取决于其他属性,如信息的形式、速率、频率、确定性与随机性、可靠性和正确性等。

(9)可靠性和精确度。信息结果落在某一特定区间范围内的概率就是该信息测定的可靠性,该区间的大小(区间边界距中心均值的距离)称为范围的精确度。若该范围的精确度越高,信息测定结果的可靠性将越低,反之,若提高测量结果的可靠性,就必须降低范围的精确度。在成本方面,得到高精度和高可靠性的信息比得到低精度和低可靠性的信息的花费要大得多,因此在获得信息时,必须在成本和精确度与可靠性之间进行权衡。

(10)准确度。这是估计信息结果接近真实程度的量,即估计的偏差程度。

(11)正确性。这是表达状态的真实性的量度。在设计描述某一系统状态的指标时,要考虑它们正确描述系统的程度。

(12)流通。即信息的寿命。

(13)密度。指单位时间内传播的信息量。冗长、凌乱、重复的报告其信息密度较低;表格和图像的信息密度很高。

3. 信息的分类

根据信息不同的特性对信息进行分类:

(1)根据时间特性可分成历史的、现在的和未来的信息;

(2)根据信息结果的期望性可分成预知的信息和突发的信息；

(3)根据信息的来源可分为内部的和外部的信息；

(4)根据信息的发生频度可分成高频度信息和低频度信息；

(5)根据信息获得的精确程度可分为精确的和不精确的信息；

(6)根据信息获得的方式可分为精确信息、随机信息和模糊信息。

某一信息根据什么特性来分类，主要看它的应用需要。作为以辅助决策为目的之一的企业信息系统，对其内部信息的分类主要根据这些信息的服务种类做出决策。

11.1.2 企业管理信息系统

1. 管理信息系统的概念

管理信息系统是一个由人、计算机、通信设备等硬件和软件组成的能进行信息收集、传输、加工、保存、维护和使用的系统，是借助于计算机、现代通信设备和办公自动化设备对整个企业的信息实行全面管理的系统。它能实测企业的各种运行状况；能利用过去的数据预测未来；能从全局出发辅助决策；能利用信息控制企业的活动并帮助其实现规划目标。因此，管理信息系统可以简单理解成一个向企业提供信息，以支持其计划、控制和运行的集成系统。

概括起来管理信息系统具有以下三个主要特征：

(1)管理信息系统是以计算机为基础的；

(2)管理信息系统必须是在组织上将各个信息小系统连接起来所形成的一个集成系统；

(3)管理信息系统必须具备一定的预测和控制功能。

总的来说，一个完整的管理信息系统应是具有数据库、方法库、知识库和计算机通信网络的联机系统，并包括信息采集、传递、处理、加工全过程。

2. 管理信息系统的作用

为在激烈的市场竞争中求得生存，企业需要借助于现代信息技术对生产经营诸要素进行优化组合和合理配置，使生产和经营活动中的人流、物流、资金流、信息流处于最佳状态，达到以最少的投入获得最大的产出的效果，这就是管理信息系统的作用所在。

根据权威组织美国生产和库存管理协会(American Production and Inventory Control Society Icn，APICS)的统计，一个开发成功的管理信息系统如果应用得当，一般可以为企业降低库存35％，减少交货期拖延80％，缩短采购期50％，减少停工待料60％，降低生产成本12％，减少管理人员10％，提高生产能力10％～15％等。

此外，计算机化的管理信息系统保证了数据、信息的准确性和及时性，加快了企业对市场需求的反应。同时也提高了企业的决策质量，并促使企业向着效率更高的扁平化组织发展。这必将对企业管理水平的提高和构建企业的持续竞争优势产生更大的积极作用。

11.2 企业信息的管理

11.2.1 信息管理的主要内容

企业信息管理工作主要包括原始数据收集、信息加工、传递、储存、维护和输出等六大基本内容。

1. 信息的收集

原始数据收集是信息管理中关键的第一步，是后续工作的基础。全面、及时、准确地识别、遴选、收集原始数据是确保信息正确性与有效性的前提。

由于数据来源的广泛性，其收集方法多种多样，如有观察法、网上调查法、阅读查询法、口头或书面询问法、有偿购买法等。

原始数据收集通常包括数据的识别、整理、表达和录入。其中识别是指面对大量的数据，要选择那些有价值、能正确描述事件的数据；整理是指对识别获得的数据进行分类整理，便于对数据进行进一步加工；表达是指对整理后的数据采用一定的表达形式，如数字、文字、图形等；录入是指将数据输入系统中，要求避免出差错。

2. 信息加工

原始数据必须经过加工处理，才能成为有用的信息。信息加工一般须经过真伪鉴别、排错校验、分类整理、加工分析等四个步骤。真伪鉴别是通过对信息渠道、内容和时效的审查达到去伪存真目的的一项工作；排错校验是对原始数据的准确性进一步核实和纠正的一项工作；分类整理则是使零乱的原始数据系统化的一项工作；加工分析是信息加工最重要的一环，通过对企业内外原始数据与企业经营目标的综合分析，找出有关问题的规律和趋势，明确信息的价值所在。

信息加工的方法有：变换、排序、计算、合并、抽出、分配、生成等。在实际应用中，信息加工方法根据管理任务的要求进行选择。

3. 信息传递

信息传递又称为信息传输，是指采用一定的方法和装置，实现信息从发送方到接收方的流动。信息通过传递形成信息流，由于信息流具有双向流的特征，因而，信息传递包括正向传递和反馈两个方面。企业信息传递既有垂直传递（不同管理层之间的信息传递），又有横向传递（同一管理层各部门之间的信息传递）。信息的传输实现了系统内部各个组成部分之间的信息交换与共享，以及系统与外界的信息交流。

企业的组织机构是内部信息传递的基本渠道。为了提高传递速度和效率，企业应合理设置组织机构，明确规定信息传递的级别、流程、时限及接收方和发送方的职责。此外，应尽可能采用先进的传递工具，如电话、传真、计算机网络通信等，尽量减少人工传递。

4. 信息存储

信息存储指将获得的或加工后的数据暂时或长期地保存起来，以备随时调用。

信息存储主要考虑信息的物理存储和逻辑组织两个方面，物理存储是指寻找适当的方法把信息存储在磁盘、光盘、胶卷等介质中；逻辑组织是指按信息逻辑的内在联系和使用方式，把信息组织成合理的数据结构，以便快速存取。一般来说，凭证文件应当用纸介质存储；业务文件用纸或磁带存储；主文件，如企业的人事档案材料、库存账目等，用磁盘存储，以便于联机检索和查询。

5. 信息维护

信息维护就是要保持信息处于合用状态，也就是说，要经常更新存储器中的数据，使数据均保持合用状态。广义地说它包括系统建成后的全部数据管理工作，其目的是为了保证信息的准确、及时、安全和保密。保证信息的准确性，一要保证数据是最新的状态，二要使数据在合理的误差范围内；保证信息的及时性就是能及时地提供各种所需信息；保证信息的安全性要采取安全措施，防止信息受到破坏，万一被破坏也能容易恢复；信息的保密性是要采用各种先进技术和防范措施，防止信息被盗。

6. 信息输出

信息输出是指将处理后的信息按照工作要求的形式和习惯，将信息提供给使用者。

信息管理的目标是按管理职能的要求，定时定向、保质保量地输出信息。一般来说，衡量信息管理有效性的关键不在于信息收集、加工、存储、传递等环节，而在于信息输出的时效、精度、数量等能否充分满足管理的要求。可见，信息输出是信息管理的归宿。

常见的信息输出的内容主要有：各种计划、内部规章、核算报表、分析报告、技术文件及查询结果信息等。信息输出除了要保证数量、精度、时效等方面的要求外，还要根据不同信息的特点，选择合适的输出媒体、输出格式、输出方式，以确保信息传递的便捷准确、使用方便及保密需要等。

11.2.2 实现有效信息管理的途径

1. 信息管理标准化

信息管理标准化是提高信息管理水平，建立计算机管理信息系统的前提条件。它主要包括以下方面。

1）原始数据收集制度化

规定原始数据收集的对象、范围、时间、数量、周期、精度等，责任到人（岗），并与其经济利益挂钩，确保低成本、及时、有效地获取所需信息。

2)信息载体规范化

选择合理的信息载体，按规范要求统一设计和使用，有助于避免信息失真，便于二次加工利用。

3)信息加工程序化

根据信息的属性、来源、作用等的不同，分别规定其加工要求、加工方法和加工步骤，保证信息能够及时得到加工利用，避免信息失真现象。

4)信息传递工艺化

根据信息的作用和使用者的不同，明确规定不同信息正向传递与反馈的级别、路线、时间，按照工艺化要求设计信息流程，使信息传递时间缩短，错误传递和无效传递降至最低限度。

5)信息分类代码化

按照国家或行业信息管理标准，选择科学的分类体系和编码方法，对信息进行统一分类和编码，这样才能快速、准确地存储和检索信息。

2. 信息管理现代化

信息管理现代化是信息管理高效化的保证，其中包括：

(1)树立全员信息管理的观念，使每一名员工既是信息的利用者，又是信息的管理者。

(2)建立一支熟知信息科学的人才队伍，形成遍及企业内部各个岗位和企业外部相关领域的信息管理网络。

(3)建立一套适应信息管理需求的信息管理机构、信息传递网络及健全的信息管理机制。

(4)广泛采用先进的信息处理工具和方法，建立计算机管理信息系统，形成一个现代化的集数据采集、加工、存储、检索、输出于一体的数据处理中心及其配套的传输网络。

3. 信息管理高效化

高效率的信息管理既是信息管理工作的目标，也是贯穿于信息管理全过程的工作标准。它要求信息管理各环节必须做到以下方面。

1)及时

及时包含两层含义：一是原始数据采集要及时；二是对信息的加工、存储、传递、检索、输出与利用要快速，任何一个信息管理环节出现问题，信息的价值都无法实现。

2)准确

真实准确的信息是正确做出决策的前提。为确保信息的准确性，必须依靠严格的制度、运用先进的工具及科学的信息处理方法，使信息收集与处理的各环节保持其真实性，把误差控制在最小的范围之内。

3)适用

信息的价值贵在适用，针对性差、没有实用价值的信息不仅徒劳无益，而且会贻误宝贵时机。有目的、有计划地收集原始数据是保证信息适用性的关键。

4)经济

信息工作的准则是产出大于其投入。在信息管理的过程中，必须对信息的效用及其成本有着清晰的认识，及时排除那些不符合经济性原则的信息工作。

11.3 企业管理信息系统的开发与应用

11.3.1 建立管理信息系统的基本条件

1.要有一定的科学管理基础

计算机化的企业管理，是在科学管理的基础上发展起来的，只有在合理的管理体制，完善的管理规章制度，稳定的生产秩序，科学的管理方法和完整、准确的原始数据的基础上，才能考虑建立企业计算机管理信息系统的问题。为了适应计算机管理的要求，企业的管理工作必须逐步实现管理工作的程序化、管理业务的标准化、报表文件的统一化、数据资料的完整化和代码化。这几个方面的工作，既是应用计算机管理的必要条件之一，也是改进目前企业管理工作的重要内容。

2.进行必要的培训工作

企业建立管理信息系统，是一场新的变革，它要求企业的有关人员在认识水平、知识水平、管理水平、管理方法和管理体制等方面都要与之相适应，这就必须进行必要的培训。不仅要培训企业领导和各级管理干部，确保其会用管理信息系统，还要培训专职的系统开发人员、操作人员及硬件维护人员等，确保管理信息系统的有效运行。

3.要有一个全面而切合实际的总体规划

企业建立管理信息系统，是一个十分复杂的过程。因此，企业在建立管理信息系统之前，首先要进行全面而切合实际的总体规划，其次要考虑各阶段实现的步骤和要求，这样可避免人、财、物力的损失。

4.要有一个与管理信息系统相适应的技术平台

要有一个与管理信息系统相适应的技术平台，在这个技术平台中，主计算机是核心，承担对数据进行运算和逻辑比较的任务。除主机外，还应配备数据收集设备，数据传送设备、数据存储、检索和输出设备。选择技术平台时，应考虑本系统与其他系统的相互关系、所处理任务的特点、系统的信息量和完成任务的期限要求、信息处理工艺的特征、平台的运行能力和价格、技术能力扩充的可能性、设备安装所需的厂房面积、技术服务和运行人员的编制等。

11.3.2　开发管理信息系统的基本原则

1. 系统原则

管理信息系统是由一组相互关联的子系统组成。子系统在完成其各自的功能、目标的同时，彼此联系、配合，共同实现系统的总目标，并以整体最优为目标。因此在开发管理信息系统时必须从总体上进行规划，了解系统与环境之间的关系，在系统的总目标之下，设置各个子系统的分目标。开发各个子系统时，必须搞清楚该系统与其他子系统之间的信息输入、输出关系。

2. 面向用户的原则

管理人员是系统的用户，只有用户使用方便、满意的系统才能称得上是好系统。在系统开发过程中，技术人员必须跟管理人员经常沟通，赢得用户的理解和支持，了解系统的信息需求及信息处理的过程，纠正设计思想中与用户实际目标有偏差的地方。大量的企业实践经验证明，管理信息系统成败的最主要因素不是技术因素，而是非技术因素，其中最为关键的是用户。

3. 阶段性原则

在系统开发过程中，要科学筹划管理信息系统开发的各个阶段，明确各阶段的任务，建立相应的文档资料，作为下一阶段的依据。如果不严格按照阶段进行开发，将会给工作带来极大的混乱，以致返工或某些工作推倒重来，甚至系统开发的失败。

4.“一把手”原则

由于开发管理信息系统影响面大，涉及的人员多，甚至会带来管理观念上的飞跃，所以必须要由“一把手”负责。没有最高领导的参与和具体领导，不能协调各部门的要求与步调，只依靠基层管理和开发人员的参与，开发工作不可能顺利进行。更为重要的是，思想观念的转变，尤其是领导者思想的转变，又是一个决定系统开发成败的关键。

11.3.3　企业管理信息系统开发的方法

管理信息系统开发最常用的方法有 3 种：生命周期法、原型法和面向对象的开发方法。

1. 生命周期法

生命周期法也称结构化系统分析法。20 世纪 80 年代，以结构化分析与设计为核心的生命周期法在管理信息系统开发中占据主导地位。结构化系统开发方法的基本思想是用系统工程的思想和工程化的方法按用户至上的原则，结构化、模块化、自顶向下地对系统进行分析与设计。它将开发过程分为系统分析、系统设计、系统实施三大阶段，每个阶段又分成若干步骤。生命周期法的优点是理论基础严密，特别注重全面性、严密性和严格性。它的理论基础使任何系统都能在建立之前被充分理解，是一种高度规范化的开发方法。

2. 原型法

原型法是开发人员先凭借着对用户要求的理解和推测，在强有力的软件环境支持下，给出一个初步的系统原型，然后与用户反复协商修改，使之逐步完善，最终形成实际系统。原型法的优点是开发周期短，增加了用户满意度，加强了开发过程中的用户参与程度，降低系统开发中的风险、开发成本，易学易用从而减少对用户培训的时间，可产生正确的系统需要描述等。

3. 面向对象的开发方法

面向对象的开发方法认为软件开发是客观事物及其活动在计算机中的映射。把将要面临的具体问题及用户对系统开发的需求进行调查研究，然后在繁杂的问题中抽象地识别出对象及其行为、结构、属性、方法等，再对分析的结果做进一步的抽象、归类、整理，并最终以范式的形式将它们确定下来，最终直接映射为应用程序软件。面向对象的开发方法的优点是能正确地描述复杂的软件系统结构，更有利于软件甚至是整个设计的复用，对象模型相对于功能模型是更稳定的，对这样的系统进行修改具有更好的弹性，更能吸引人们对它产生关注与兴趣等。

4. 开发方法的选择

在开发管理信息系统时，究竟应选择哪一种方法，应进行多方位分析。选择信息系统开发方法时，可以考虑以下几点因素。

(1)开发人员的知识结构。无论哪种方法，只有在开发者对其深刻理解之后才能起到指导作用，所以，开发者理应选择自己熟悉的开发方法。

(2)信息系统项目的类型。信息系统项目从规模上可分为大、中、小型；从需求定义上可分为明确的和不明确的；从使用环境上可分为稳定的和灵活的；可以根据上述各个因素确定开发方法。

(3)现有的计算机辅助软件工程(computer aided software engineering, CASE)工具。在系统开发工具快速发展的今天，为提高项目的开发效率，认真选择CASE 工具至关重要，这可以大大加强开发过程的自动化程度。应尽可能使用开发者熟悉的、较先进的 CASE 工具。

上述 3 种开发法虽然对所有管理信息系统项目都是可行的，但也各具特点。其中，生命周期法是系统开发的理论基础和科学依据。原型法对较小的管理信息系统的开发较为适合。对于较复杂或较大的管理信息系统通常在生命周期法的指导下采用面向对象的开发方法。

11.3.4 管理信息系统的开发步骤

开发企业计算机管理信息系统，大致可按以下 3 个步骤进行。

1. 系统分析

系统分析是系统开发的重要阶段。系统分析是使系统设计达到合理、优化的重要步骤，这阶段的工作深入与否直接影响到将来系统设计的质量和经济性，是设计成败的关键所在。系统分析的主要任务是确定系统目标，进行可行性研究，掌握系统的全面情况，并在此基础上提出系统的初步模型和完成系统分析报告。系统分析工作步骤如图 11-1 所示。

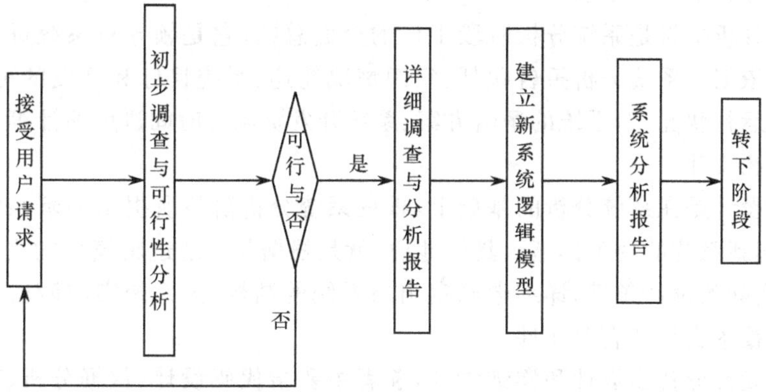

图 11-1　系统分析工作步骤

1）系统的调查和分析

系统调查是系统分析的基础。系统的调查和分析分初步调查分析和详细调查分析两个阶段。系统调查的方法有：案卷阅读法、问卷调查法、座谈会法、现场观察法、访谈法等。

初步调查分析的目的是论证建立计算机管理信息系统的必要性，提出初步设想，对实现该系统在技术上、经济上、资源上和行政上的可行性进行必要的分析。其主要任务是：尽量搞清用户要求，对选定对象进行调查与分析、明确系统目标、提出初步模型和完成系统分析报告。

详细调查分析是为了弄清原有管理信息系统的现状，查明执行效果。一旦在调查中发现薄弱环节，收集有关数据，为设计计算机管理信息系统提供必要的基础资料。调查分析的主要内容是：

(1)对用户的组织机构、管理业务流程、功能和处理特点的调查分析；

(2)收集各类原始凭证，了解其产生的时间、地点和向系统输入的方式，收集各种输出报表，分析其格式的合理程度及统计各类数据的平均值、最大值和变化率等特征；

(3)对系统环境及实现系统条件的调查。

2)提出计算机管理信息系统初步模型

从分析原系统的管理业务流程图开始,确定哪些单位的哪些工作由计算机处理,哪些环节由人工完成,画出初步的系统流程图。为了达到系统目标的优化,在决策性计算机管理信息系统流程图中还可列入各种数学模型。为完成同一系统目标而提出的系统模型往往不止一个,因此,有必要通过初步系统评价,选择最合适的方案。

3)撰写系统分析报告

系统分析报告是系统分析阶段工作的全面总结,它是领导对系统进入设计阶段的决策依据。系统分析报告包括:组织情况简述、系统目标和开发的可行性、现行系统的运行状况、新系统的逻辑方案、系统开发资源与时间进度估计等。

2. 系统设计

系统设计是在系统分析的基础上,根据系统分析阶段所提出的新系统逻辑模型,建立起新系统的物理模型。具体地说,就是根据新系统逻辑模型的主要功能要求,结合实际的设计条件,详细地确定出新系统的结构,为系统实施阶段准备好全部的必要技术资料和有关文件。

系统设计分初步设计和详细设计,前者主要指代码设计、数据分析、确定子系统和模块、设计计算机管理系统流程图、输入输出文件格式设计等;后者指输出格式的详细设计、记录工作表设计、详细的计算机管理系统流程图设计和程序设计说明书的编写等。系统设计的具体内容如下。

1)代码设计

代码设计是对计算机管理信息系统中的各种事物,如产品、原材料、设备等,设计出能代表它们的名称、属性及状态等的符号和记号,以保证它的唯一性并且便于计算机处理。设计得好的代码可以为计算机提供概要而又不含糊的认定,便于数据的存储和检索,节约存储时间和空间,提高处理的效率和精度。

2)数据分析

数据分析是对收集的数据进行静态和动态的特性分析。前者是指对大量的、分散在各处的数据加以有目的的组织,把数据归纳到其应有的类目中去,如把原材料、燃料、工资、废品损失、车间经费和企业管理费等各种费用数据组织在一起,形成成本文件;后者是根据数据变动率的资料把数据按属性分为固定值属性数据、固定个体流动属性数据和随机流动属性数据,这样做的目的是合理地确定数据和文件的关系,通常把具有固定值属性的数据放在主文件中,把具有固定个体流动属性的数据放在周转文件中,把具有随机流动属性的数据存放在处理文件中。

3)系统分解

系统分解是按逻辑功能把系统划分为若干个子系统,目的是简化设计工作。划分后的各子系统,无论是设计或者调试,基本上可以互不干扰地各自独立进行,即使将来修改或扩充系统，也可在有关系统的范围内独立进行。

4)管理系统流程图设计

流程图设计是初步模型的具体化和完善化，它是用统一的框图符号绘制而成，是整个系统设计的中心环节。

5)输入/输出设计

输入/输出设计主要是对各种输入输出报表格式的描述。输入设计的内容包括各种原始单据的格式设计、输入设备类型和介质的确定、检验方式的选择和确定出错后的修改方法。输出设计的内容有使用者、使用目的、报告量、使用周期、有效期、保管方法和复写份数、输出项目、位数、数据形式、采用的输出设备和输出介质等。另外，对人机对话格式的设计和输入输出装置的考虑也在这一步完成。

6)文件设计

文件设计主要是设计文件的记录，即具体确定记录中每一数据项的名称、字域长度、运算方式及有效位数等。此外，还包括文件保护措施和管理方式的设计。

7)数据库设计

根据系统分析中的数据流程分析和数据字典，确定出数据文件结构和数据库逻辑结构。就是数据库设计一个较好的数据库设计应使系统能在已有的条件下，具有处理速度快、占用存储空间少、操作处理过程简单、查找容易、系统开销和费用低等特点，这一切都建立在逻辑合理的前提下。

8)详细的计算机管理系统流程图设计

详细的计算机管理系统流程图设计指将系统流程图进一步具体化，详细地规定出实现其各个处理功能的全部程序、文件和处理步骤。

9)制定设计规范

设计规范包括整个系统的公用标准、文件名称和程序名称的统一格式、代码结构、统一的度量名称等。

10)编制程序设计说明书

编制程序设计说明书是由系统设计人员编写后交程序员作为设计程序所依据的设计任务书，内容包括：程序名称、所属系统及子系统名称、程序功能、程序的输入输出数据关系图、输入和输出文件的格式、使用的设备及程序处理过程说明等。

3. 系统实施

系统实施的内容主要包括程序设计、程序和系统调试、系统转换等工作。

1)程序设计

程序员根据系统流程图、程序设计说明书和有关的输入输出资料画出程序流程框图，然后再编写程序。选择良好的程序设计方法和工具是设计高质量程序的基础，但是必须明确程序设计的要求和标准才能保证程序设计工作的高质量。目前衡量程序设计的质量高一般通过以下几个方面:系统安全的可靠性和程序运行的可靠性强;系统功能的实用、灵活、方便;系统同功能的划分、书写的格式、变量的命名等都有统一的规范;设计的程序结构和命令语句清晰,使其他人容易看懂;系统程序的各个组成部分是相互独立的,没有牵一发而动全身的连锁反应。

2)程序调试

程序调试主要是对程序逐个进行功能调试、逻辑检查和语法调试。各程序功能的调试标准应以程序设计说明书为准。在程序逻辑检查之前,要编造测试数据。

3)系统调试和测试

系统的调试是在联合调试的基础上对整个系统的全部功能所进行的调试工作,包括对子系统之间的接口、数据通信、处理功能、资源共享及某系统遭到破坏后能否按要求恢复等问题的调试。系统测试是在假定系统中有错误的前提下进行的,通过测试来尽可能地发现在系统分析、系统设计和系统实施中存在的错误。系统测试的方法主要有黑箱法和白箱法两种。

4)系统转换

系统转换指计算机系统取代原系统的过程。通常采用并行转换方式,即新旧两系统同时运行,对照二者的输出,利用原系统检测计算机系统。并行运转时间的长短应视具体情况而定。转换不仅是机器的转换、程序的转换,更重要的是人工的转换。转换中可能发生各种各样的问题,工作人员都要及时详细记录和妥善处理。

系统运行中,程序和数据很少能一字不改地沿用下去,系统工作人员应根据情况的变更及时对系统进行维护,这包括对程序、数据文件、代码和计算机的维护。

11.3.5 管理信息系统的发展趋势

1. 网络化及集成化趋势

网络化及集成技术的出现迅速普及,使企业内部各部门之间、企业与合作伙伴之间、企业与最终客户之间进行信息共享与交换的需求越来越迫切,导致基于流程的企业管理信息系统的发展。其特点是面向各业务流程开展运作,支持基于全局供应链和建模及仿真优化基础上的商务协同,以客户持续满意为目标,以敏捷性为特征,最终实现企业间双赢或多赢的协作效果。集成化主要表现在从企业内部的信息集成、功能集成发展到过程集成、企业间的集成和网络集成。随着电子商务的发展,管理信息系统会发展成为一种融合了各种管理思想的面向产品生命周期的集成系统。

2. 智能化趋势

在管理信息系统的更广泛应用的、呈现行业化的趋势的同时,激烈的市场竞争迫使企业必须快速、准确地做出决策，面对这一情况，管理信息系统在深度上呈现出智能化的趋势。

20 世纪后期，计算机在管理中应用的重点逐渐由事务性处理转向企业管理的高层决策方面，出现了决策支持系统。随着决策支持系统与人工智能相结合，又出现了智能化决策支持系统。智能决策支持系统是将人工智能引入决策支持而形成的一种信息系统，它最初由专家系统和决策支持系统结合而成，在结构上比原来的决策支持系统增加了知识库与推理机能。另一种基于知识的智能技术是数据挖掘，它是提高管理决策支持能力的一种重要工具和手段，目的是从大量数据中提取事前未知的、对任务有用的信息，从中发现隐含在数据中对决策有帮助的规律和知识。

近年来，决策过程智能化的重要发展表现在智能体概念的出现上。智能体是一种在特定环境下能在感知环境后自治地工作去实现预定目标的程序。在管理中，它能对问题进行查询、决策并，与其他智能体协作或控制其他智能体。新一代的生产力是智能生产力，新一代的生产力系统是人机智能系统。管理信息系统的智能化必将是未来的发展方向。

3. 向平台式管理信息系统发展

随着企业建模思想的成熟，在面向企业功能、面向企业过程及面向产品寿命周期等方面积累大量的企业模型，在这些企业模型的基础上，对这些模型按照行业进行分类，然后再按照行业大类、行业小类逐步细化，最后可建立面向行业大类、面向行业小类的企业参考模型。在企业参考模型的基础上，按照软件复用的思想自上而下地对每部分程序化、构件化，并根据通用的目的进行参数化。这样随着各类模型库的丰富和面对特定对象的构件的完善及管理思想的日益成熟，就可构建出平台式的管理信息系统。它针对具体的企业，在参考模型的基础上，根据企业实际情况稍作修改，就能在大量的构件库中快速组装出具有个性化的企业管理信息系统。平台式管理信息系统的建立也将是管理信息系统发展的一个趋势。

复习思考题

1. 信息的含义是什么？
2. 什么是信息获取？
3. 信息收集的原则有哪些？
4. 信息管理与企业管理的联系是什么？
5. 管理信息系统的开发方法有哪些？各有什么特点？
6. 管理信息系统的开发步骤有哪些？各自的工作重点是什么？

案例分析

PHILIPS分销商管理信息系统应用案例

一、企业简介

PHILIPS(中国)投资有限公司是荷兰PHILIPS集团在中国设立的一家大型独资企业,主要从事照明、电子产品生产和销售,年营业额数十亿元人民币。

PHILIPS光源事业部负责照明产品在中国境内的组织生产和销售经营,其生产和销售网络包括两个联营生产企业及分布全国的约200家照明产品分销商。在分销商和联营生产企业之间,PHILIPS光源事业部扮演的角色是生产和销售环节之间的纽带,分销商采购订单的汇总和联营生产企业生产指令的制定均由PHILIPS光源事业部统一完成。

企业管理包括供应链在内的企业外延环境的管理,而供应链管理又涉及供应链各个环节的订单、库存、资金及信息的流转和分析,以方便企业决策。对PHILIPS光源事业部而言,供应链管理重点集中在分销系统,而分销系统的管理重点又在于了解分销商的业务、财务信息,合理组织联营生产企业的生产和供应,减少各个环节的库存积压,加速应收占用资金周转,以及客观评价和拓展分销商网络。

二、企业管理需求

大型企业为了更有效地组织产品生产和市场供应,往往会影响供应链各个环节的合作企业的生产和市场管理方式,将供应链各个环节集成管理,以合作联盟的方式建立广泛的供应链关系。PHILIPS光源事业部就要求各分销商建立统一的综合采购计划,规范各分销商的财务、业务信息系统,并且从各个层面考核分销商的管理水平、经营业绩,以保持总公司的经营业绩和企业形象。

管理信息系统的最基本的用途是信息的收集,而信息收集的意义又在于对财务、业务信息的定量分析,从而为企业的日常管理和科学决策提供依据。因此,管理信息系统的应定位为一个企业生产和销售的管理系统,其信息既应当包括生产、销售、库存等业务信息,也应当包括采购、应收等财务信息。

企业管理软件应当是财务与业务一体化的信息管理系统,只有财务、业务信息集成且实时采集,才能有效地进行业务控制和管理分析。PHILIPS光源事业部要实现对各分销商财务、业务的管理和控制,其信息收集就必须达到财务业务一体化水平。

PHILIPS公司聘请了普华永道(PWC)和伦敦REL咨询集团两家国际著名咨询公司,使其对PHILIPS公司和200多家分销商进行了调研分析。根据咨询结果,用友软件公司制定了分销系统解决方案。在该方案中,针对PHILIPS公司分销商的普通业务，各分销商将统一配置用友 V8.12ACCESS 版软件，以保证财务、业务信息的一致性；结合 PHILIPS 公司特殊的管理需求，用友公司可通过二次开发为各分销商定制外挂模块，并且在通用系统和外挂模块之间实现无缝连接。

三、信息化解决方案

用友 ERP/U8 网络分销系统网络应用部署图如下图 11-2 分销网络所示。

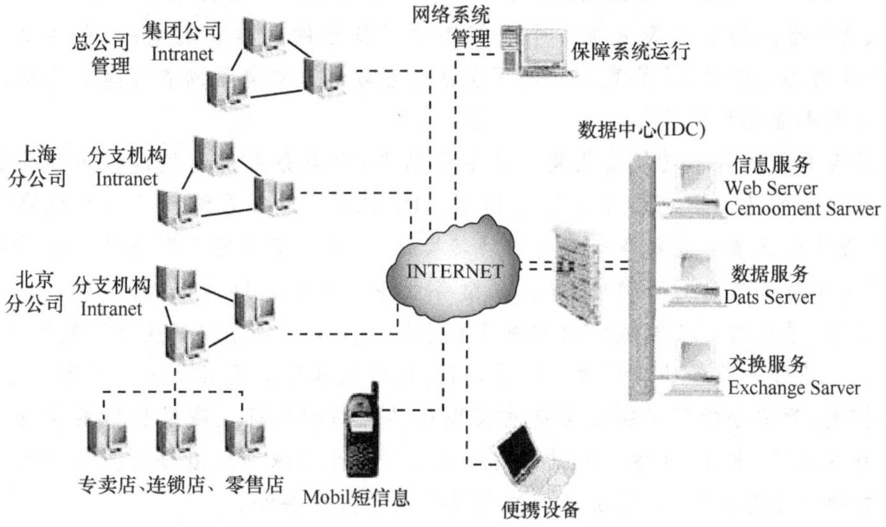

图 11-2　分销网络

用友 ERP/U8 网络分销系统通过采用最新的互联网技术，从根本上解决了企业跨地域分销而带来的异地业务协同和管理监控的难题。从技术特点上看，用友 ERP/U8 网络分销系统是一个完全基于 Web 的数据库应用程序。

它是一个应用程序：这个系统不是一个简单的页面，而是可以处理复杂商业逻辑的应用程序，而且具有传统应用程序使用上的一切优点。

它是一个数据库应用程序：这个系统具有大量的，不断增长的数据，强而有力的管理和强大的数据分析、挖掘能力。

它是一个基于 Web 的数据库应用程序：Web 应用（简单地说，Web 应用就是系统的处理集中于 Web 服务器，而用户只需要使用浏览器发出请求并得到服务器的处理结果）已经成熟，而且它是目前最为成熟的分布式应用方式。它使得这个系统拥有了传统应用程序所不可能拥有的全新特质——随时、随地的使用，低要求的客户端……这一切都来自于 Internet 的革命性，而这革命性就在于——只需要简单的工具（对终端要求很低），人们就可以随时、随地的得到和处理信息，从而控制事务进程。

PHILIPS 公司的分销管理系统包括了总账、应收应付等财务系统模块，又包括了采购管理、库存管理、存货核算和销售管理等购销存业务系统模块。通过二次开发，分销管理系统增加了报表系统作为基础软件的外挂模块，该报表系统主要包括供应链管理模块和应收款管理模块。

四、信息化成果

PHILIPS分销商管理信息系统的特点是财务业务协同管理，其重点是供应链管理和应收款管理。从PHILIPS分销商管理信息系统的数据流程可以看出，财务系统、购销存系统及报表系统三个系统实现了信息的共享和集成；企业实现了财务、业务的协同管理；这样真正实现了企业管理软件从核算型到管理型的飞跃。

1.财务业务协同

业务系统的基本功能是收集企业业务信息，而财务系统则是以货币作为计量单位将企业的业务信息转化为财务信息。PHILIPS财务系统和业务系统高度集成，实现了业务信息到财务信息的自动转换，解决了手工条件下财务信息的滞后问题，提高了财务信息的正确性，保证了财务业务信息的一致性，节约了人力资源成本。此外，系统内部各模块之间的财务业务信息共享为业务控制提供了软件基础。

从企业管理软件的应用效果来看，信息的收集和集成是其第一个层面的效用，业务控制、管理分析乃至决策支持的实现是其更高的目标。高层目标的实现必须以信息的及时、准确、详尽为基础。财务业务一体化为采用定量分析方法展开企业管理提供了信息基础，为高层目标的实现提供了前提条件。

2.供应链管理

供应链管理是利用管理信息系统提供的财务、业务数据，对采购、销售和库存进行管理。

在PHILIPS公司分销商管理信息系统的数据流程中，采购系统、销售系统、存货系统、应收应付系统及报表系统在企业的销售和采购之间形成一个闭循环，PHILIPS公司可根据历史销售情况和市场情况进行销售预测，然后利用财务、业务数据管理采购、销售和库存，编制采购计划。采购商品入库后，PHILIPS公司将根据商品销售的历史数据，制定下一个销售生产周期的销售预测。在此循环中，销售预测和采购计划是其中的关键因素。PHILIPS公司是在收集和分析来自分销商的销售渠道数据、历史销售记录、预计销售额、每种产品预计销售额等多方面信息的基础上生成销售预测的。而PHILIPS分销商的采购计划是在销售预测的基础上，综合考虑公司的库存战略，采用定量分析与定性分析相结合，人工与计算机相结合的方式编制出来的。

销售预测不仅为采购计划的编制提供了可靠依据，而且销售预测是对销售情况进行比较分析时的可比对象。在PHILIPS供应链管理模块中可以进行月销售预测误差分析：对所有的渠道的每月实际销售额和预测销售额进行对比，找出差异，并进一步查找形成差异的原因，针对原因采取相应的措施。

3. 应收账管理

应收账款在企业流动资产中往往占有很大的份额，应收账款虽然是企业资产的一部分，但是它具有很大的变现风险和信用风险。为了在加强应收管理的同时，避免对企业的销售情况造成不利影响，PHILIPS 公司分销商管理信息系统从事前、事中和事后对应收账款进行全面的管理，其中最重要的方式是客户的信用控制。

4. 信用控制

所谓信用控制，就是对每一个客户，PHILIPS 分销商将综合考虑其销售历史数据、销售预测数据、客户付款情况、企业销售策略及客户的赊销期等因素，采用定量分析的方法，为每个客户制定一个信用额度。在进行销售业务处理时，客户允许在信用额度范围内赊销，超出额度必须采用现销方式。对一些欠款数额大或者期限长的客户，PHILIPS 分销商需要对其欠款情况进行跟踪分析，对其超期欠款进行账龄分析，并查找超期的原因，针对不同原因采取不同的应收款管理措施。PHILIPS 公司采用信用控制方式对应收账款进行事前控制，可从源头控制应收数量、保证应收质量。

针对争议款项和拖欠时间过长的款项的存在，PHILIPS 公司分销商管理信息系统提供了有关辅助管理信息，主要包括争议款项管理和借款管理两种。争议款项管理，即针对发票退票和退货转采购等情况，PHILIPS 公司可以在销售发票备注处和采购发票列表中选择不同种争议原因（如发票错误、产品质量问题等），并统计每种争议的金额。对金额最大，次数最多的争议需要进一步进行核实，进行跟踪分析。催款管理，即针对不同的欠款期限给出客户不同的催款函，协助有关人员进行催款工作。

五、管理启示

PHILIPS 公司分销商管理信息系统融合了 PHILIPS 公司科学的管理方法、先进的软件开发技术和用友多年积累的国内财务操作的理解，在完成有关财务和业务核算功能的基础上，对企业的日常财务、业务给出了定量分析和定性分析相结合的管理方法，并为企业的高层决策工作提供了辅助信息。PHILIPS 公司分销商管理信息系统将企业管理和信息化建设融为一体，脱离了单一的财务软件范畴，构建了一个管理型的信息系统。

思考题

1. 用友公司对 PHILIPS 公司信息系统进行二次开发可以达到什么目的？
2. PHILIPS 公司实施信息化达到了哪些效果？
3. 本案例给你的启示是什么？

第12章

企业文化体系

本章提要

在本章中,您将学习到以下主要内容:

1. 企业文化的概念和特征;
2. 企业文化的功能和作用;
3. 塑造企业文化的途径和方法。

12.1 企业文化的概念和特征

12.1.1 企业文化的概念

1. 企业文化的概念

企业文化(corporate culture)是指企业在长期生产经营过程中形成的价值观念、行为准则、道德规范、风俗习惯,以及反映企业文化特质的规章制度、组织结构和物质实体,是企业在经营管理过程中创造的具有本企业特色的精神财富的总和。企业文化对企业成员有感召力和凝聚力,能把众多人的兴趣、目的、需要及由此产生的行为统一起来。

在我国,企业文化的定义可分为广义和狭义两种。广义的企业文化定义认为企业文化是在生产经营过程中形成的企业物质文化、制度文化和精神文化的总和。狭义的企业文化定义则认为企业文化是企业在长期的经营实践中形成的,并为本企业职工自觉遵守和奉行的共同的价值观念、经营哲学、精神支柱和道德规范的总和。

2. 企业文化的本质特征

1)企业文化以企业管理主体意识为主导

企业文化是以企业管理主体者的意识和观念形态作为核心和主导的。所以,一定意义上说,企业文化也就是企业管理的文化。正因为如此,国内许多学者对企业文化下定义时,几乎都与企业的管理哲学相联系,都强调企业文化的"软件"因素。

2)企业文化是一种组织文化

企业文化是由企业群体创造的文化。企业文化所包含的价值观念、行为准则等意识形态和物质形态均是企业群体共同认可的。因此,企业文化既不同于组织的个体文化也不同于超组织的民族文化和社会文化。

3)企业文化是一种"经济文化"

与其他组织的文化不同,企业文化作为一种经济组织的特殊文化,其中心是生产和经营的文化。企业文化是企业和企业职工在生产经营和管理活动中逐渐形成的。离开企业的生产经营等经济活动,就不可能有企业文化的形成;忽视企业经济实体主体性,也不可能形成优秀的企业文化。

12.1.2　企业文化的特征

企业文化首先是一种文化,所以必然带有一切文化都具备的特征。但是,企业文化作为一种管理理论,也有其特殊的文化特征。

1. 企业文化的文化特性

从文化角度看,企业文化与其他文化相比较,一般具有以下特征。

1)实践性

企业文化与一般的文化不同,企业文化是一种实践的文化,每个企业文化,都不是凭空产生的或依靠空洞的说教就能建设起来的。企业文化的形成必须是经过各种尝试来完成的。离开了企业的生产实践,企业文化就成了无源之水,无本之木。

2)差异性

世界上没有两种完全相同的企业文化。每个企业的企业文化都是在不同的社会历史条件和现实环境条件下形成的,都有自己的类型、性质、背景等,因而不可能完全相同。企业文化的差异性主要表现在以下方面:

(1)不同企业的企业文化具有不同的特点;

(2)同一企业的企业文化在不同历史阶段具有不同的特点;

(3)同一企业的不同单位、部门都有各自的亚文化等。

3)可塑性

企业文化的形成,固然要受到民族意识、传统文化、社会思潮、企业社会地位等因素的影响，但从根本上来说，它更易受现实的企业生产经营和管理活动的影响。任何一个企业只要从本企业的客观实际出发，就能摒弃原有企业文化中过时的旧东西，从而塑造出新的企业文化。主要表现在以下方面：

(1)企业的发展使企业文化得到不断的更新；

(2)企业领导人的变迁会影响企业文化的不断变化；

(3)外部环境的变化会诱发企业文化的变革。

4)系统性

企业文化是由企业内互相联系、互相依附、互相作用的不同层次、不同部分结合而成的有机整体。规范的企业文化系统包括理念意识系统(MI)、行为规范系统(BI)和视觉识别系统(VI)等组成部分。

(1)企业理念意识系统包括：企业目标、企业精神、企业理念、企业价值观经营思想和职业道德等内容。

(2)企业行为规范系统包括：规章制度、仪容仪表、言行举止、工作态度、环境卫生等内容。

(3)企业视觉识别系统包括：企业名称、企业标志、企业标准色、企业品牌、员工服装、企业印刷品和企业传媒形象等内容。

2. 企业文化的管理特性

从管理角度来看，企业文化与其他管理理论相比较，具有以下特征。

1)非强制性

现在人们对管理本质的认识已经从单纯的硬性的方法转化为软硬兼备且偏重于软的方法，强调人的自主意识和主动性。当然，这种非强制性也不是绝对的放任自由，毫无限制，即在一个企业中，一种主流文化一旦发挥作用，对于某些人来讲，即使他们未对这种文化达成共识，也同样会受到这种主流文化的非正式细则的约束。

2)人本性

所谓人本性，就是以人为本，就是尊重企业中人的存在、人的价值。企业文化的各个层面都是直接与企业中的人息息相关的。一方面，人置于企业一切活动的中心地位，是企业中最活跃的能动因素。另一方面，企业的一切活动都是为了人，对外部是为了满足人们对产品和服务的需要；对内部是为了满足员工发展的需要。因此，企业文化只有真正做到以人为本，才能更好地满足企业员工的精神需求和物质需求，才能成为深入人心的“向心文化”。

3)目的性

企业文化把企业的目标内化为企业的价值系统，强调全体员工的价值认同，把追求经济利益最大化上升为崇高的目标，具有明确的目的性。建设企业文化正是为了给企业提供实现其目标的土壤。

12.1.3　企业文化的构成

通常，企业文化由以下四个方面构成，如图12-1所示。

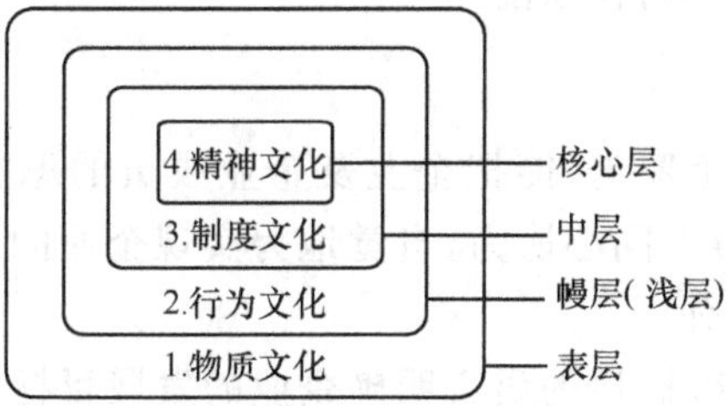

图12-1　企业文化系统图

1. 精神文化层

精神文化层体现的是企业在生产经营过程中，受一定的社会文化背景、意识形态影响而长期形成的一种精神成果和文化观念，具体包括企业的价值观念、经营哲学、企业道德、企业精神等内容，是与企业有关的企业意识形态的总和，也是整个企业文化系统的核心。

2. 制度文化层

制度文化层体现的是企业为实现自身目标对企业组织及企业员工的行为产生规范性影响的一种约束性文化，是企业行为文化能否得到彻底贯彻的重要保障。它主要包括三方面内容：企业领导体制、企业组织结构和企业各项管理制度。

3. 行为文化层

行为文化层体现的是企业在生产经营、教育宣传、人际关系活动、文娱体育中所产生的活动文化，是企业的经营作风、精神面貌和人际关系的动态体现。企业行为文化归根到底是以企业及其员工的活动行为为形态的中层企业文化，具体包括企业家行为文化、企业模范人物行为文化和企业职工的群体行为文化等。

4. 物质文化层

物质文化层体现的是企业职工创造的产品和各种物质设施等构成的器物文化，是企业行为文化和企业精神文化的显现和外化结晶。它包括企业生产的产品和提供的服务、与企业生产经营活动相关的各种物质设施、厂房建筑及职工的生活娱乐设施、企业形象标识等方面的内容。

12.2 企业文化的功能和作用

12.2.1 企业文化的内在功能

1.导向功能

企业文化就如同一个罗盘,能把企业及企业成员的思想和行为导向企业所确定的目标上来,使企业员工同心协力,自觉地为实现企业的共同目标而团结奋斗。

1)显示企业发展方向

企业文化一般以精辟概括的语言明确企业的发展目标和方向。这些理念经过长期地潜移默化,铭刻在广大员工的心中,成为其精神世界的一部分。例如,美国的 IBM 公司的宗旨是"为顾客提供世界上最优良的服务"。经过长期实践,"优良服务"几乎成了 IBM 公司的象征,它能保证做到"在 24 小时内对任何一个顾客的意见和要求做出满意的答复"。

2)引导企业行为方向

企业文化建立的价值目标是企业员工的共同目标,是员工共同行为的巨大诱因,使员工自觉地把行为统一到企业所期望的方向上去。在优秀的公司里,因为有鲜明的指导性价值观念,各级员工在大多数情况下都知道自己应该做什么、怎么做。

3)坚定企业员工信念

企业在遇到困难和危机时,强大的企业文化可以促使员工把困难当做动力,把挑战当做机会,更加坚定而执著地为既定的目标而奋斗。青岛双星集团总裁汪海曾自豪地说,"我们不怕困难,不怕挑战,我们经常讲危机,经常讲缺点,因为我们相信,'双星'精神会激励我们战胜危机"。

2.凝聚功能

企业文化具有极强的凝聚作用,它像一种无形的纽带把广大的员工和企业紧密的联系在一起,产生强大的凝聚力和向心力,使得每个员工的个人的意志和行为与企业所追求的目标相统一,使分散的力量团结为一个整体。简单地说就是通过企业文化建设,在企业中形成一种团结友爱、互相信任的和睦气氛,强化团体意识,激发起员工强烈的归属感和自豪感。

3.约束功能

虽然企业文化不是规章制度,没有固定的条文来进行约束,但是它却是一种相对稳定的、无形的精神力量,能促使良好的企业风气的形成。企业文化是一种无声的号令,更多的是通过一种约定俗成的东西,使得企业员工自觉地接受它的规范和约束,随时随地地依照文化的"潜规则"进行自我管理,以达到与企业整体行为与环境的协调一致。

4. 激励功能

企业员工作为社会人，既具有物质方面的需求，也具有精神方面的需求，其中自我价值的实现是人的最高精神需求的一种满足。企业文化主张理解人、尊重人及爱护人，并且强调员工是企业的主体等一系列的理念来满足人的这种心理需求，这必将对员工形成强大的激励力量。

5. 调适功能

企业文化强调文化因素在企业员工心理上的影响，重视从文化角度来教育和感染员工，对职工的各项业余文化生活具有一定的引导和调适作用。企业通过各种文娱活动来增进员工间的友谊与和谐，沟通员工的情感与理解，从而提高工人的工作热情，培养员工与企业同甘苦共命运的感情，以达到企业进行文化建设的设想。

12.2.2 企业文化的外在功能

1. 成就企业形象

企业形象是一个企业在社会公众及消费者心目中的总体印象，是企业文化的外在表现，也是企业巨大的无形资产。企业文化从根本上决定了企业形象，优秀的企业文化可以为企业塑造良好的整体形象，树立信誉、扩大影响。

在市场竞争日趋激烈的情况下，良好的企业形象有利于增强企业的积极进取心。例如，麦当劳食品公司，它的企业价值观表现为精益求精的服务质量和清洁舒爽的饮食环境。这种价值观是麦当劳已成为世界上最大的食品公司的重要原因之一。可以这样认为，麦当劳不仅靠其可口卫生的食品在赚钱，也靠其优秀的企业文化在赚钱。

2. 推进企业扩张

一个企业要想实现其不断做大做强的战略目标，光有资金是不行的，还得依赖于其文化和理念。在经济全球化的今天，企业要实现全球扩张，不仅要有雄厚的财务实力、精明的经营方式，还要有强有力的企业文化。麦当劳和海尔的成功扩张就有力地说明了这一点。

3. 辐射企业影响

企业文化不仅对本企业产生影响作用，一种企业文化一旦形成，就会通过其产品、服务、人员的行为等多种形式向外界传播和辐射，产生好的或者是坏的影响。有些强大的企业文化甚至会构成社会文化的一部分。例如，在法国，“皮尔·卡丹”服装等引导的服饰文化已成为法国文化的一部分；美国肯德基、麦当劳的快餐文化，好莱坞的影视文化等，已构成了美国人的生活方式和美国文化的一部分；在中国，尽人皆知的“大庆精抻”、“鞍钢精神”，其影响远非限于企业本体。这些都是企业文化辐射功能最强有力的体现。

12.3 塑造企业文化的途径和方式

当今时代是文化管理时代，企业文化将是企业的核心竞争力所在，是企业管理的最重要内容。因此，加强企业文化建设是企业的当务之急，也是企业发展的必然选择。

塑造企业文化的途径和方式有很多种，但都可归结为两种途径：一种是内在途径，即通过企业内部的各种活动，完善企业自身机制，在企业里形成有利于文化“生长”的土壤；另一种是外在途径，即通过企业对外的传播活动，向社会辐射企业的影响，为企业文化的创立提供良好的外部环境。

12.3.1 内在途径

创立企业文化要由企业自身来做。创立企业文化的内在途径主要包括设立组织机构、坚持以人为本、培育团体意识、开发企业素质和树立企业精神等方面。

1. 设立组织机构

设立相应的组织机构对发展企业文化是十分必要的。企业文化机构不同于企业的其他管理机构，它是为直接服务于企业文化建设而组建的专门机构。这类组织机构可以是职能性的，也可以是非职能性的；可以是固定形式的，也可以是流动性的，一切视企业的需要和可能的条件而决定。

2. 培育团体意识

团体意识即群体意识、群体观念。企业文化是企业所有成员对共同利益、目标追求的结果和体现，它产生在群体中、根植在群体中、发展在群体中。所以要塑造优良的企业文化，首先得培育良好的团体意识。

一个企业要想形成强烈的团体意识，首先必须富有成效地抓好以下几个要点。

1)基于企业基本价值观确定企业目标

团体意识的基本形态和主体内涵表现为企业的凝聚力或向心力，而这种凝聚力的聚光点是企业的价值观和企业精神。

2)结合企业的生产经营发展建设利益共同体

结合企业的生产经营发展建设利益共同体即应增大企业管理的透明度。凡是有关企业前途的大事要严格恪守“让群众都清楚”的信条，充分与员工沟通，以形成共同的远景和利益共同体。

3)通过实行民主管理培养主人翁意识

众所周知，日本人的团体意识和员工主人翁意识是比较强的。在日本人的观念中，一个人最基本的品德应该是对自己所属公司的忠诚，这种道德观念是日本企业中强烈的集体意识存在的重要根源之一。

3. 开发企业素质

企业素质,包括人的素质和物的素质两个方面。其中,物的素质相对稳定,而企业的潜在能力往往依赖于人的素质的提高。企业的人的素质的提高主要包含以下两个方面。

1)开发员工素质

员工作为企业生产经营的主体,也是企业文化建设的主体。他们素质的高低对企业文化的形成和发展具有决定作用。员工的素质一般包括思想意识、技术能力、文化程度等。对员工素质的开发主要集中于思想建设。结合企业的特点和发展情况,把企业文化建设融入员工的各项活动中,努力增强员工的使命感和责任感,为构筑一流的企业组建凝聚力极强的员工队伍。

2)提高管理者素质

企业领导是企业文化的倡导者、维护者和管理者,他们的思想意识、思维方式、价值观及经营理念等直接决定了企业的文化走向。管理者的素质包括组织管理能力、协调能力等。作为领导者,必须不停地学习新的理念、新的知识,不断提高个人水准,从战略高度认识企业文化建设的必要性,用自己的实际行动为员工作出表率,努力成为企业精神和企业形象的代言人。

4. 树立企业精神

企业精神是企业全体或多数员工共同一致,彼此共鸣的内心态度和思想境界,它可以激发企业员工的积极性,增强企业的活力,是企业文化的基石。一个企业在树立企业精神时,必须注意以下几点。

1)善于吸纳企业家和员工中的闪光点

企业精神是企业在长期实践积累中凝聚而成的,是企业精华在意识形态、管理范畴的客观反映。所以,在企业精神的培育过程中必须善于及时发现吸纳来自员工中的闪光点。此外,企业家是企业的重大决策的首创者和指挥实践者,企业精神在其身上体现得较为明显。所以,培育企业精神、塑造企业形象要非常注意企业家的言行举止。

2)把握时代性与继承性的统一

企业精神是时代精神的体现,是企业个性和时代精神相结合的具体化。优秀的企业精神应当能够把握时代的脉搏,感受到时代赋予的勃勃生机。为此,企业必须树立科学的发展观,继承和发扬一切先进的、适用的、优良的传统,扬弃落后的东西。在知识经济到来的新形势下,培育企业精神,把握时代性,立足总结自己的实践经验,借鉴吸收有益的文明成果,为我所用,再进行独立的创造,提炼具有时代特色的企业精神。

3)在共性中突显自己的个性

现代企业的企业精神有其共性,但每个企业的企业精神又具有其个性。因此,在培育企业自己的精神时,应在坚持共性的基础上,突出本企业的鲜明个性和特色。以钢铁企业为例,上海宝钢与鞍钢作为改革开放以来我国新建的第一座大型现代化钢铁企业,在创建企业精神方面紧紧围绕创世界一流企业上下工夫。鞍钢作为我国建成最早、规模最大、人数最多的老钢铁基地,其企业精神塑造的重点则是转变观念,振兴鞍钢。企业精神的培育就要抓住这些特点和个性塑造企业独特的形象,充分体现企业自我。

12.3.2 外在途径

1. 创造外部环境

企业的外部环境包括民族文化、政治经济环境和市场环境。企业要对各种环境因素进行系统分析,充分利用有利因素,摒弃或改造不利因素,为企业文化的创立提供良好的外部条件。

2. 塑造企业形象

企业形象是社会大众和全体员工对企业的总体评价。企业形象包括两部分内容:一方面包括企业给消费者可否信赖的印象、企业对社会的贡献为外界所肯定的程度;另一方面包括诸如企业员工在工作中产生和企业荣辱与共的意识的强弱,积极向上的气氛的浓淡等。

好的企业形象具有极大的号召力,是企业的无形资产。塑造良好的企业形象,是企业文化建设的重要内容。有效地塑造企业形象可以从提高企业知名度、弘扬企业价值观、构建企业形象体系、树立企业家形象等方面着手。

3. 重视载体建设

企业文化必须通过一定的物质实体和手段,在生产经营实践中表现出来。这种物质实体和手段即为企业文化的载体。

企业文化载体是企业文化的重要组成部分。一方面,优秀的企业文化和很好的企业文化载体,都是为了增强企业凝聚力和战斗力,提高员工生产积极性。另一方面,企业文化载体往往与企业经营性质直接相联系。例如,安全生产对供电企业来说显得尤其重要,因此,供电企业文化建设往往重点放在载体建设上,即将安全教育寓于各种各样的文化活动中,这既能培养出很好的企业精神,又能使企业做到安全生产。

复习思考题

1. 什么是企业文化?
2. 企业文化和其他的文化及管理手段有何区别?
3. 如何理解企业文化在企业发展中起的作用?
4. 什么是企业文化的导向功能? 如何理解企业文化的导向功能?
5. 如何才能正确地塑造一个企业的企业文化?
6. 如何才能有效地塑造企业形象?
7. 塑造企业文化时应该注意哪些事项?

案例分析

世界商业零售业巨头沃尔玛

沃尔玛百货有限公司由美国零售业的传奇人物山姆·沃尔顿于1962年在阿肯色州创立,经过四十余年的发展,已经成为世界首屈一指的零售业霸主。目前,沃尔玛在全球十个国家开设了超过4900家商场,员工总数150多万,每周光临沃尔玛的顾客近1.4亿人次。2003年沃尔玛全球的销售额达到2563亿美元。沃尔玛能够在短短的几十年内创造出这样一个零售业的奇迹,很大一部分原因在于其独特的企业文化。

一、沃尔玛的核心价值观

沃尔玛是在山姆·沃尔顿所倡导的原则上建立起来的,这些原则体现在员工每天的辛勤工作及待客服务中。沃尔玛企业文化的核心价值观可以用其倡导的三个基本信仰来表述。

1. 顾客服务

顾客才是真正的老板。每一个沃尔玛的员工都知道,顾客才是真正的老板,每个商场都在明显的地方写着沃尔玛顾客服务信条:第一条,顾客永远是对的;第二条,如有疑义,请参照第一条。我在第一次走进大同沃尔玛时就强烈地感受到了这一点。在店内最醒目的地方挂着沃尔玛的标志性语言。

2. 天天平价

在世界各地的沃尔玛商场大门口的招牌两边,必定张贴着醒目的几个字:“天天平价,保证满意”,这是沃尔玛企业的经营宗旨,也是对顾客的承诺。在经营中,沃尔玛坚持每种商品都要比其他商店便宜,并提倡低成本、低费用结构、低价格,让利给消费者的经营思想。

3. 保证满意

沃尔玛的最低价原则并不意味着商品质量或服务上存在任何偷工减料的情况。山姆·沃尔顿认为顾客应当从沃尔玛获得低价高质的服务，这是沃尔玛创立与发展之本。三米原则，使顾客感觉到他们很受欢迎。微笑，看着顾客的眼睛，向三米范围以内的顾客打招呼。通过为顾客提供盛情服务，超出顾客的期望，沃尔玛为此赢得了众多忠实的顾客。

二、以人为本的文化

山姆·沃尔顿曾总结出其事业成功的“十大法则”：忠诚你的事业；与同仁建立合伙关系；激励你的同仁；凡事与同仁沟通；感激同仁对公司的贡献；成功要大力庆祝，失败亦保持乐观；倾听同仁的意见；超越顾客的期望；控制成本，低于竞争对手；逆流而上，放弃传统观念。这“十大法则”中有七条与员工有关，可见，沃尔玛把员工关系放到了多么重要的位置。山姆·沃尔顿曾有句名言，“对员工要像对待花园中的花草树木，需要用精神上的鼓励、职务晋升和优厚的待遇来浇灌他们，适时移植以保证最佳的搭配，必要时还要细心除去园内的杂草以利于他们的成长”，这段话道出了沃尔玛企业文化中以人为本的精髓。

1. 合伙人

在沃尔玛，员工有一个著名的称谓——“合伙人”。沃尔玛一方面把公司领导称为“公仆”，而另一方面又把员工称为“合伙人”，这与许多企业强调管理者的领导地位的理念迥然不同。把员工当做沃尔玛的合伙人，正是沃尔玛留住人、发展人、吸引人的指针。沃尔玛员工的工资一直被认为不是同行业中最高的，但公司的员工却以在沃尔玛工作为快乐，因为他们在沃尔玛是“合伙人”。零售业是一个非常重视服务细节的行业，它要求每一个员工在工作中都能充分体现出自己的主人翁精神，因为没有主人翁精神，要做到细节化的管理根本不可能。所以公司强调员工就是沃尔玛的“合伙人”，强调沃尔玛是所有员工的沃尔玛。

2. 公仆领导

沃尔玛内部很少有等级森严的气氛，创始人山姆·沃尔顿本人就乐意和员工在一起，谈论一些问题或发表演讲，把自己所倡导的价值观念传输给员工。到今天，沃尔玛的各级管理人员依然贯彻着企业的传统文化，经理人员被认为是“公仆领导”。在沃尔玛有许多影响深远的观念和做法，如“培训同仁是我们成功的关键”、“与同仁沟通，几句真心感谢的话，不花一块钱却价值连城”、“委付责任，提升主意，需要聆听同仁的心声”、“像对待顾客一样对待我们的同仁”等。“公仆领导”始终把与员工沟通放在首要位置。他们为每一个员工服务、指导、并帮助和鼓励他们，为他们的成功创造机会。因此，“公仆”们并不是坐在办公桌后发号施令，而是走出来和员工直接交流、沟通，并及时处理有关问题，实行“走动式管理”。

3.门户开放

“门户开放”指任何时间、地点，任何员工都有机会发言，都可以口头或书面形式与管理人员乃至总裁进行沟通，提出自己的建议和关心的事情，包括对不公平待遇的投诉。这一点在沃尔玛的店面体现得非常明显，在店内显眼的位置都有这样的标识。

在沃尔玛，经常有一些各地的基层员工来到总部要求见董事长。董事长山姆·沃尔顿先生总是耐心地接待他们，并做到将他们要说的话听完。如果员工是正确的，他就会认真地解决有关的问题。他要求公司每一位经理人员认真贯彻公司的这一思想，把员工当成合作伙伴，而不要只做表面文章。

思考题

试对上述案例中沃尔玛的企业文化进行评析。

第13章

企业管理控制子系统

本章提要

在本章中，您将学习到以下主要内容：

1. 企业管理控制的定义和目标；
2. 企业管理控制系统的构成和控制步骤；
3. 预算的定义、作用和预算控制的基本过程；
4. 审计控制的目标、过程与程序；
5. 管理报酬系统的构成及作用；
6. 管理者行为控制的主要途径。

13.1 企业管理控制子系统概述

企业作为一个有目的和目标的“人-机-环境”开放系统，在运行中面临着如何有效地实现企业目标这一核心问题。从内部看，企业面临如何规范不同业务单位、职能部门和员工的行为问题，使企业内部每个部门、每一名员工为了企业目标的实现而共同努力；从外部看，企业面临如何适应环境变化的问题，使企业的整体行为能够满足环境变化的要求。这就要求企业要有一个良好的管理控制系统，有效地规范企业行为和员工行为。

13.1.1 管理控制的定义和目标

1. 管理控制的定义

在企业管理学中，管理控制的定义分为狭义和广义两种。狭义的管理控制定义是指企业的内部会计控制，即与企业财务记录发生关系的控制活动，如会计、统计、经营报告、财务分析等。广义的管理控制是指企业借助于一定的行政权力分配所形成的组织层次结构，引导并激励组织成员的行为方式，不断适应内外部环境变化，并通过内部制度设计使得各组成部分有机配合，共同完成组织目标的过程。

2. 管理控制的目标

1）经营活动的有效性

经营活动的有效性是管理控制的最基本目标，也是企业的基本目标。所谓有效性包含效率和效果两个方面的内容。效率是指用最少的投入获得最大的产出；效果是指实现目标的程度。管理控制的基本目标就是要实现企业价值的最大化。

2）财务报告的可靠性

财务报告的可靠性是企业内部控制的基本要求。随着现代企业规模的不断扩大，所有者与管理者逐步分离，形成了所有者与管理者之间的委托－代理关系。所有者与管理者所掌握的有关企业经营的信息的不对称，可能产生管理者的机会主义行为，从而导致其所出具的财务报告是不可靠的。因此，管理控制系统必须要确保企业各类管理报告，尤其是财务报告的真实性、可靠性。

3）行为的合法性

这里的行为是指企业的行为、各部门的行为、管理者的行为和普通员工的行为；合法性是指符合国家法律法规的规定，以及企业规章制度、程序、标准的规定。为了保证行为的可预测性，任何企业在遵守国家各项法律法规的前提下，还要制定自己的规章制度、标准程序，以确保企业各项工作的有序进行。

13.1.2　企业管理控制系统

企业管理控制系统如图 13-1 所示。

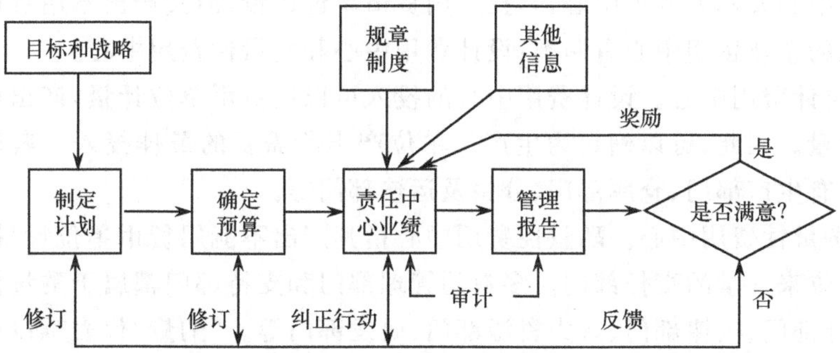

图 13-1　管理控制系统

1. 目标和战略

在一个企业中，正式的管理控制系统的输入是企业的目标和战略。在目标和战略的指导下，企业制定年度计划，以此作为管理控制系统的控制基线。

2. 年度计划

年度计划是企业执行战略，实现企业目标的基础。年度计划确定之后，所有的企业行为将围绕如何实现年度计划展开。因此，年度计划是一个企业管理控制系统中最重要的控制依据。

3. 确定预算

预算是企业计划的重要组成部分，同时也是管理控制系统的重要组成部分。从计划工作看，预算是一种资源分配；从管理控制来看，预算是一种控制标准。预算一旦被批准，就成为企业财务行为的一个标准，它是责任中心的管理者对收入和费用的一种管理承诺；从这一点上看，预算还可以被认为是一种责任分配，即给予预算的单位要承担预算中所包含的责任，如销售收入、成本费用控制、利润指标等。

4. 责任中心业绩

责任中心业绩是指责任中心根据年度计划的规定和预算的约束，经过努力所获得的产出。所谓责任中心是指企业的组织单元，它承担着预算所规定的财务责任和其他管理责任。责任中心的行为一方面受到财务预算的限制，另一方面受到企业规章制度的制约。

企业中责任中心的类别主要有以下几种。

1）收入中心

在收入中心，产出用货币进行度量，但是并没有把投入（即成本费用）与产出联系起来。通常，收入中心既没有权力制定销售价格，也不为所销售的商品支付费用。收入中心的管理者仅对收入指标的完成负有责任。企业的销售部门就是典型的收入中心。

2）费用中心

费用中心又称为成本中心，其投入用货币单位计量，但其产出不用货币进行计量。常见的企业费用中心有两类：设计费用中心和酌量性费用中心。

（1）设计费用中心。设计费用中心的投入可以用货币单位计量，产出可以用物理单位计量。因此，可以确定为生产一单位产出所需要的最佳投入。典型的设计费用中心有生产部门、仓库部门、分销及运输部门等。

（2）酌量性费用中心。酌量性费用中心指其产出不能用货币单位计量，又很难用物理单位来计量的责任部门。多数的管理部门和支持部门都属于酌量性费用中心，如会计部门、法律部门、人力资源部门、研发部门等。“酌量”代表难以确定最佳的费用配置。在企业实践中，通常用总费用或者费用率来确定其费用预算，但是预算不作为衡量该中心业绩的标准。

（3）利润中心。当一个责任中心的财务绩效按利润来度量时，这个责任中心就是利润中心。与收入中心和费用中心相比较，利润中心对财务责任的要求更加全面，既考虑投入，又考虑收入，这使得责任中心更加讲求效率。同时，利润中心意味着将更多的权力下放给责任单位，从而促进了决策质量的提高。而高层管理者则可以从繁重的事务性工作中解脱出来，集中精力考虑战略事宜，典型的利润中心有事业部等。

(4)投资中心。利润中心对获取利润负责，但无权对外进行非经营性投资。当一个责任中心有权对外进行投资时，就是投资中心，如集团公司下属的子公司在一定权限范围内就是投资中心。对投资中心的控制重点在于投资回报与投资效率。

5. 管理报告

企业正式的管理控制系统包含一个逐级汇报的报告系统。责任中心需要根据自己的预算、实际业绩和报告系统的规则向主管部门进行报告。管理报告围绕经营活动的有效性、财务报告的可靠性、行为的合法性展开。管理当局则根据责任中心的实际业绩对其管理报告进行分析、评估和确认。这一过程通常是通过双方的密切互动来完成的。

6. 业绩评价

在确定了管理报告的真实性之后，企业管理当局需要根据计划起初确定的目标、预算、规则等对责任中心完成任务的情况进行整体评价。如果其业绩令管理当局满意，则应对其行为进行奖励；如果结果不令人满意，则要分析其中的原因。

7. 修正行动

一般，造成不满意结果的原因分为两类：责任中心行为不当；计划和预算不合理。如果分析的结果表明是责任中心行为上出现了问题，则应通过反馈系统责成其修正行为。如果是由于计划制定，或者预算制定引发的问题，则要通过管理控制系统向计划管理部门提出修正计划，包括对计划本身的修正和对预算指标的修整。

8. 信息系统

在管理控制系统中，信息系统起着至关重要的作用。信息系统担负着收集、传递、使用所有与管理控制活动有关的信息的任务。如果信息不准确、不完备，或者提供得不及时，则管理控制系统的作用将无法正常发挥。

13.2　预算控制

13.2.1　预算的基本概念

1. 预算

所谓预算，就是用货币来表达的企业未来某一特定期间的有关现金收支、资金需求、资金融通、营业收入、成本费用等经营条件和经营成果的详细计划。依据预算，企业的管理当局可以对企业经营活动的全过程进行管理和控制。

2. 预算控制

预算控制是以预算目标制定的各项财务指标为依据，对企业经营活动的各项费用支出和经营成果进行有效的检查和监督，并通过预算计划目标与预算执行结果进行比较，及时发现和纠正偏差，确保预算目标的实现。

预算控制具有广义和狭义之分。广义的预算控制是指通过对预算的编制、执行、监控、分析和评价等环节来实施预算事前、事中和事后的控制，它贯穿于预算的编制、调整、实施、反馈等全过程。狭义的预算控制则是指利用预算对经营活动过程进行的控制，属于事中控制。

13.2.2 预算控制在企业中的作用

1. 计划作用

企业经营计划是企业根据其经营方针确定的方向所制定的为达成企业目标而采取的具体行动，而预算则是用数值表现的经营计划。根据市场预测周期，计划可分为长期计划、年度计划、综合计划及项目计划。所以相应地就存在长期预算、年度预算、综合预算和项目预算。

2. 协调作用

企业经营活动过程是产品价值的形成过程，也是各部门分工协作的过程。一方面，预算制定过程实际上就是明确各部门职责的过程，它利用财务指标把职责分配和资源配置联系起来，因而更具有操作性。另一方面，预算制度又有助于各部门努力探寻提高部门效率和效益的途径，而部门之间的密切合作是其中最为有效的途径。

3. 控制作用

预算是对计划实施结果的绩效衡量指标，它可以用来评价与分析结果与原因、权限与责任的关系。依据预算，各部门可以准确地理解目标，并制定相应的绩效评价标准，在执行过程中就可以随时进行自我控制和差异分析，并采取必要的改善措施，从而更好地发挥自身的主观能动性。所以，在预算开始的时候，就已经对有关责任人和各部门进行了事前控制；在实施过程中又起着事中控制的作用；在对结果进行评价时，又起着事后的控制作用。

13.2.3 企业预算控制过程

1. 预算的编制

企业预算编制主要是确立预算指标形成的方向和顺序。目前我国企业预算编制有两种典型的方式：强制性预算编制和参与性预算编制。

1）强制性预算编制方法

强制性预算编制方法又称为自上而下式预算，是由高层管理者确定预算目标和各部门的预算指标后，从上而下逐级下达落实执行的预算编制方法。预算指标的指令性强，必须强制执行。强制性预算编制方法的优点是战略导向性强，由专业人员主导，编制效率高。其缺点是参与性较差，从而影响执行的积极性，可能会偏离实际。这种预算编制方式主要用于企业实行集权式管理时或在企业初建阶段。

2)参与性预算编制方法

参与性预编制方法又称为自下而上式预算，是由基层管理人员首先提出预算，然后逐级汇报、协商，最终形成整个企业的预算。其优点是参与性强，利于对预算的理解和执行，也比较贴近实际。其缺点是可能导致短期行为，整体性差，基层的代理行为较多，沟通周期长、效率低等。

企业预算编制的过程包括初步预算方案的制订、协调预算、审核与批准、预算修正等步骤。预算编制的任务主要由企业预算部门（有时与计划、财务部门重叠）和预算编制委员会负责。其中，预算编制委员会是领导和审批机构；预算部门是工作机构。

2. 预算的执行

企业预算一经审核批准，就成为企业及其下属各部门执行的法定依据。在企业预算执行中，必须要有有效的监控措施，才能确保预算的严格执行。例如，企业年度营销费用预算确立之后，还需要制定详细的执行计划，并且规定监管措施。如果没有有效的方法监控执行，就可能会出现在最初几个月就将营销费用花完的情况，导致企业不得不在随后的月份里超出预算，或者调整预算。

3. 预算执行的评价

对各责任中心的预算执行情况的评价，主要是对其预算管理的过程和结果进行准确的计量，然后用一套指标或标准来进行度量和评价。通常，预算执行的考评有以下方法。

1)投入产出评价法

投入产出评价法即评价投入的资源和利用这些资源所获得的产出之间的比值或某种数值，主要有EVA方法、资产回报率计算、收入成本比值计算等。

2)标准预算评价法

标准预算评价法即将各责任中心的预算执行结果与标准预算进行比较，以评价预算执行情况，并对实际执行结果与标准值之间的差异进行分析，找出原因，得出评价结论。

3)组合评价法

当无法用投入产出法和科学、合理的预算标准来对各责任中心的预算管理业绩评价时，可采用趋近评价的方式进行判断。

值得注意的是，对各责任中心的预算执行考评一定要与奖惩相结合，合理和公正的奖惩才能起到推动预算管理工作良性发展的作用。

4. 预算的调整

预算的编制有赖于各预算执行组织之间的信息反馈，也有赖于各预算控制环节的不同反馈。预算调整、预算考评的对象是预算执行，所以预算调整、考评等职能的实现也依赖于预算执行过程中的反馈职能。当执行发生偏差，或者结果发生偏差，或者外部环境发生变化致使原预算难以执行时，就必须要对原预算进行调整。企业预算的调整必须要有相应的程序和规范。

13.3 审计控制

13.3.1 审计控制的概念

1.审计

审计是对反映企业资金运动过程及其结果的会计记录及财务报表进行审核、鉴定，以判断其真实性和可靠性，从而为控制和决策提供依据。

在企业控制系统中，审计是对合规性和效益性的一种控制。合规性是指行为主体的行为符合法律法规、标准规范和预算等的规定。效益性是指满足行为和结果有效性的标准和条件。

审计具有检查控制(揭露现象)、纠正控制(采取改正措施)和预防控制(采取措施防止重犯)的职能。在企业内部的审计领域，控制职能是其最基本的职能。

2.审计的类型

根据审查主体和内容的不同，可将审计分为三种类型:外部审计、内部审计和管理审计。

1)外部审计

外部审计是指由外部审计机构(如会计事务所)选派审计人员对企业财务报表及其反映的财务状况进行独立的评估。主要审查企业资产与负债的账面与实际是否符合、财务记录是否真实、财务记录是否符合会计准则等。

外部审计的本质是对企业内部虚假、欺骗行为的系统检查。其目的是鼓励诚实、杜绝做假。在我国，企业外部审计是强制性行为。

企业的外部审计部构成企业管理控制系统的组成部分。

2)内部审计

内部审计是指由企业内部审计机构或者专职审计人员对财务报表及其反映的经营状况进行的评估。内部审计提供了检查现有控制程序和方法能否有效地保证达成既定目标和执行既定政策的手段。

内部审计的本质是对现有控制系统有效性的检查，它不仅仅是针对会计和财务的，并且是对业务活动的一个控制或对业务控制的一个再控制；不仅要对结果进行评价，而且要对结果和结果产生的机制进行影响或控制，使之更加符合组织的目标。因此，在方式上，它不能是事后的，而应当是全过程的。

3)管理审计

管理审计是指利用公开记录信息,从反映企业管理绩效及其影响因素的若干方面将企业与同行业其他企业或者其他行业的著名企业进行比较,以判断企业经营与管理的有效性。与外部审计和内部审计相比,管理审计的范畴更加宽泛,不仅包含经济方面的评价,而且包含组织结构、业务结构、研究与开发、财务政策、生产效率、营销能力,以及对管理当局的评价等。

管理审计的本质是评估企业经营和管理系统的有效性,发现整个企业系统的问题和改进方向,以便健全企业的经营和管理系统。

可见,企业内部管理控制系统所包含的审计控制功能是指内部审计和管理审计。

13.3.2 审计控制的目标

企业内部审计控制的首要目的是找出妨碍经营效益的问题所在,采取改善措施,以测查、评价经营管理状况为其主要审计目标,以审查管理执行计划及业务控制为其主要内容,它不仅评价各项管理活动的效率性,还将重点审查各项管理的妥当性和有效性。

另外,现代内部审计控制还要检查和评估企业内部控制体系的有效性,包括规章制度的完备性,组织架构的合理性和制衡性,被审单位对规章制度执行的严肃性等。因此,内部审计控制应该是对整个管理过程的再控制,而不仅仅是对内部控制制度的审计。

13.3.3 审计控制的程序

企业内部审计控制的过程可分为计划阶段、内控制度审计阶段、实质性审计阶段和报告后续阶段等。

1. 计划阶段

1)搜集资料

在制定审计计划时,必须从内部和外部两个方面进行调查和资料搜集,为计划方案的选定奠定基础。

2)确定内容

审计计划主要内容有:

(1)审计任务的目标、范围和主要依据;

(2)被审计单位和被审计项目;

(3)各项目采用的审计程序、方法和技巧;

(4)各项目的人员安排、时间和经费预算;

(5)各项目应达到的质量标准和资源要求;

(6)审计任务管理、检查的安排；

(7)审计工作底稿的记录要求，审计报告草案的要求与责任分配等。

审计计划要通过充分讨论修改后，报经单位领导批准，计划经过批准后，才能据以向有关审计人员和被审单位下达审计任务书。

2. 内控制度审计阶段

内部控制制度审计阶段和实质性审计阶段均属于审计的中间过程，它们包括了审计实施的范围。这两个阶段，均需根据审计计划方案所确定的范围、要点、步骤和方法，进行检查、取证、分析、评价，用以形成审计结论，实现审计的目标。传统的审计是从个别项目的检查验证开始，而现代审计则从制度、系统审查开始，然后审查个别项目，以助于对整个系统进行有效性的证实和评价。因此，内部审计人员在实施审计时，应首先把内部控制系统作为测试、审核的对象并取得可靠的资料来修订审计计划所确定的范围和程序，以确定进一步审查管理的薄弱环节，促进和监督其改进、加强，以达到防止出现差错、弊端，减少损失浪费，增强工作效率，提高经济效益的目的。

3. 实质性审计阶段

在内控制度审计结束以后，就应该根据修改后的审计方案所确定的审计要点及其范围、重点、方法、进度和人员，实施实质性审计。对于内部控制审计来说，这个阶段尤为重要，因为在内控制度健全性测试和符合性测试阶段，只注意了控制体系的设计和业务经营活动的有限验证。而在实质性审计阶段，要对必要控制的重大缺陷和重要的低效率问题进行一定深度的检查，核实必要的控制是否正在按照设计运行和是否有效，重大的缺陷和重要的低效率存在的方面、原因和影响程度等。在这个阶段，主要通过实质性的检查(或叫真实性测试)，取得足够的审计证据，对查明的事实及其证据进行深入的分析，然后对照审计标准，进行合法性、真实性、效益性评价，得出最终意见。实质性审计包含检查、取证、判断和评价等四个环节。

1)检查

检查即要根据审计方案确定的要点，应用有效的抽样技术对有关记录资料和业务活动进行检查。例如，要对企业财务报表进行检查，就要验证报表上所反映的各项资产是否存在、完整；是否属企业所拥有；计价是否适当；报表填制与呈报是否正确等。再如，要对材料结存数进行检查，就要查明材料实存数量、账账相符性、账外材料结余数、在途材料数量等。在检查过程中，应灵活地使用各种审计技术。

2)取证

取证即在检查过程应用适当的审计技术，搜集充分的、可靠的、相关的审计证据，以证实应证事项。如要证明库存现金的结存数额的真实性，就要通过现金实地盘点取得账实相符的证据。

3)判断

判断即在取证以后，根据审计要点的要求，判断主要情节和问题的性质。

4)评价

评价即对照审计标准，做出评价，并提出合理的处理意见和改善管理的建议。

内部审计人员在进行审计时，均要详尽地记录审计工作底稿。工作底稿内容应包括：审计项目名称、填表日期、测试目的、检查范围、所得结果、检查结论、执行人签名、复核人签名等。此外，还应附上相关的原始结料。

4.报告与后续审计阶段

审计检查工作完成后，应整理审计工作底稿及其他审计资料，认真地进行审计工作总结，并写出审计工作报告。内部审计报告由审计小组编写，内部审计组织审定，报经企业领导人批准并做出审计决定，然后才能下达给被审计单位或分送给有关单位和领导。

审计决定下达后，审计人员应注意信息反馈，有权力和责任督促审计意见和建议的落实。内部审计部门应指定人员有目的地、经常地检查落实情况，并报告检查结果。

13.4 管理报酬与管理者行为控制

在企业的管理控制系统中，管理报酬是一种重要的控制机制，它能够激励管理者去实现企业的目标。通常，不同的管理报酬会导致企业管理者不同的管理行为。因此，设计一个有效的管理报酬是管理控制系统的重要组成部分。

13.4.1 管理报酬体系

管理者的报酬主要包括三个部分：工资、福利和奖金。这三个部分基本是相互独立的，其中第三部分与管理者行为控制直接相关，因此本节主要讨论奖金的作用。

1.短期激励计划

1)全部红利奖金

全部红利奖金指在特定年份支付给管理者的红利奖金总量。

在短期激励计划中，企业所有者需要对管理者达到经营目标的报酬方案进行表决。一般该方案与企业本年度的获利情况相关。此外，红利的竞争性也是考虑的重要因素。红利的确定主要有以下几种。

(1)利润的固定比例，其优点是简单，且可以激励管理者争取每一分利润。其缺点是企业即使在很低的利润水平下也要支付红利。

(2)标准投资收益率，即企业投资收益率达到标准值以上时，支付给管理者相应的红利；收益率水平越高，则奖励越高。其优点是刺激管理者提高收益水平，其缺点是没有考虑投资增加的问题。

2)移后留用额

移后留用额即不立即支付全部红利,而把部分红利转至下一年度。其好处是更具有灵活性。当本年度业绩好时,可以转结一部分红利至下一年度,以降低红利支付的过大变动。但其劣势是无法与本年度业绩直接联系。

3)递延报酬

递延报酬即红利按年度计算,但支付则跨越几个年度,通常为5年。其优点是使管理者的收入比较平稳且可预测;具有税收优势等。其缺点是管理者当年得不到应得的所有红利。

2. 长期激励计划

1)股票期权

股票期权指在未来某个特定日期(行权日)或者之后,按照约定价格购买一定数量公司股票的权利。其最主要的优点是把管理者的报酬和企业的长期、短期业绩联系起来。

2)抵押股票

抵押股票指把奖励给管理者的股票记在账上,在一定时期后,再支付给他们一定数额的奖励。奖励额为奖励日起股票市价的增值。与股票期权相比,抵押股票没有交易成本,而且不受股市风险的影响。

3)股票增值分红权

股票增值分红权指按照从奖励日到未来某一特定日期以股票价值的增长来取得一定报酬的权利。它具有股票期权的特点,存在市场不确定因素。

4)绩效股

当实现长期目标时,奖励给管理者一定数量股票称为绩效股。其中,长期目标通常是指3～5年中每股收益获得一定的增长率,因而不会受到股票价格的影响。其优点是奖励建立在管理者能够控制的业绩上;奖励基本固定。其缺点是管理者可能通过一定手段操控每股收益,从而对企业长期利益不利。

13.4.2 管理者行为控制

1. 代理理论

代理理论认为,当一方(委托人)雇用另一方(代理人)来执行某种任务,并且同时把决策权授予代理人时,则存在代理关系。在企业中,股东(所有者)是委托人,高级管理者是代理人。在多数情况下,委托人和代理人之间存在目标不一致和信息不对称的问题,从而导致代理人的代理行为,即管理者为自己谋利益,从而损害企业利益的行为。

2. 对管理者的控制机制

有两种基本方式来处理管理者的代理行为:监督和激励。

1)监督

监督即委托人设计一个控制系统来监督代理人的行为。例如,从组织上讲,董事会是监督企业高级管理者行为的机构;从方法上讲,第三方财务审计是对高管的监督;从制度上看,组织制度和纪律检查、行政监察也是对企业高管的监督。

2)激励性契约

激励性契约即委托人和代理人之间签署一份合适的激励性契约来限制代理人的不同偏好。实践证明,代理人的奖励对业绩指标的依赖程度越高,代理人改进业绩的激励效果越好。没有激励性契约则会导致严重的代理问题。因此,企业所有者对高层管理者的控制的重要工作是设计一个能够激励代理人按照委托人利益最大化目标而努力工作的契约,如期权计划等。

复习思考题

1. 企业管理控制与财务控制的异同点和联系是什么?

2. 企业管理控制系统的基本构成单元有哪些?它们各自发挥着怎样的作用?

3. 管理控制的基本步骤有哪些?各自的重点工作是什么?

4. 企业预算编制的方法有哪些?各自的特点是什么?

5. 企业预算控制的方法有哪些?各自的特点是什么?

6. 企业内部审计和管理审计有什么不同?对于企业的控制各自侧重什么方面?

7. 企业高层管理者的报酬系统包含哪些方面?各自的特点是什么?

8. 企业控制高层管理者行为的途径有哪些?各自有什么特点?

案例分析

光明电器公司

丁先生最近被聘为光明电器公司质量控制部的主任。该公司曾经是电加热器和小型电马达生产的领军者,但近年来由于产品质量问题致使公司声誉和市场份额逐年下降。公司之所以聘请丁先生是希望他能够尽快改进产品质量,在市场中重塑公司形象。

一天早上,丁先生去其上司——负责生产的副总裁吴先生的办公室汇报车间生产质量问题。质量控制部查出最近生产出的一批电热器风扇间隙过紧,将其标为不合格品。但制造部主任金先生却认为,重新返修这些产品需要花费太多的时间,因而他下令高速旋转电热器风扇,磨去垫片部分材料,使其达到规定间隙,销售部随后将该批产品运出公司。丁先生对此感到十分恼火。

吴先生听完汇报后说:“我们都面临很大的压力。如果不按时完成订单,公司就会失去更多的市场。”他要求丁先生进一步查明产品产生质量问题的原因,尽快采取修正措施。

从吴总办公室出来,丁先生立即对质量问题展开了深入的调查。研究表明,制造部总是面临即刻交付的压力。间隙过紧的原因之一是培训人员缺乏,新工人未经培训就上装配线干活。第二个原因是垫片的加工误差太大,导致其厚度不均。因此丁先生建议制造部让装配工人在线调整垫片。但金先生认为让工人在装配线上用百分表边测量边装配是不可能的,并暗示,或许丁先生手下的检验工应该先为其挑选垫片。

金先生说,制造部按时完成了95%的订单,而这正是公司得以持续经营的主要原因。如果不能按时完成订单,企业将面临严重的生存问题。因此,丁先生不应拘泥于细节,找制造部的麻烦。

对于金主任的抢白,丁先生陷入了深深的思考之中。

思考题

1. 光明电器公司的经营中存在什么问题?为什么其市场份额和声誉受损?

2. 面对质量问题,丁先生应该采取怎样的措施加以改进,以确保产品质量?

3. 光明电器公司的管理控制系统出现了哪些问题?如何才能加以较为彻底地解决?

主要参考文献

安东尼 R A,戈文达拉扬 V. 2004. 管理控制系统. 赵玉涛,刘寅龙,杜晓明译. 北京:机械工业出版社
巴尼 J. 2003. 获得与保持竞争优势. 王俊杰等译. 北京:清华大学出版社
曹湘洪. 2004. 工商管理简明读本. 北京:中国石化出版社
陈传明,周小虎. 2007. 管理学原理. 北京:机械工业出版社
陈继祥. 2008. 战略管理. 2 版. 上海:上海人民出版社
陈莞,倪德玲,裴云峰. 2003. 最卓越的管理理念. 北京:经济科学出版社
党凤兰. 2002. 生产与运作管理. 北京:中国林业出版社
德鲁克 P. 2006. 管理——任务、责任和实践. 余向华,陈雪娟,张正平译. 北京:华夏出版社
邓绍深等. 1988. 企业信息系统的设计与管理. 广州:广东科技出版社
丁慧平,俞明南. 1999. 现代生产运作管理. 北京:中国铁道出版社
方振邦. 2007. 管理思想百年脉络——影响世界管理进程的百名大师. 北京:中国人民大学出版社
高鹏举. 2001. 生产与运作管理. 上海:中国纺织大学出版社
葛树荣,徐培新. 1996. 现代企业管理. 青岛:青岛出版社
郭复初. 2001. 公司高级财务. 上海:立信会计出版社
国家质量技术监督局. 2001. 质量管理体系标准. 北京:中国标准出版社
哈默 M. 2008. 企业行动纲领. 赵学凯译. 北京:中信出版社
哈默 M,钱皮 J. 2007. 企业再造. 王珊珊等译. 上海:上海译文出版社
韩岫岚. 1992. 现代企业文化建设. 上海:上海人民出版社
胡正荣,黄新民,王宇. 1995. 企业文化——现代企业之魂. 北京:中国水利水电出版社
黄津浮. 1994. 现代组织与人力资源管理. 北京:人民日报出版社
黄瑛. 2002. 人力资源管理. 北京:中国财政经济出版社
黄中鼎,王晓玲. 1993. 企业文化教程. 上海:同济大学出版社
科特勒 F,凯勒 K L. 2006. 营销管理. 12 版. 梅清豪译. 上海:上海人民出版社
黎群. 2004. 企业文化建设 100 问. 北京:经济科学出版社
梁开卷. 2003. 盈利从预算开始——企业全面预算管理. 北京:经济管理出版社
刘永泽. 2007. 中级财务会计. 大连:东北财经大学出版社
戚安邦. 2006. 管理学. 北京:电子工业出版社
仇向洋,朱志坚. 2003. 营销管理. 北京:石油出版社
沈维涛等. 1997. 企业管理. 北京:科学出版社
孙海法. 2002. 现代人力资源管理. 广州:中山大学出版社
孙建廾,程爱学. 2002. 质量总监. 西安:西北大学出版社

孙健敏. 2002. 组织与人力资源管理. 北京:华夏出版社
汤谷良. 2006. 高级财务管理. 北京:中信出版社
腾铸,程华. 2001. 现代企业管理学. 杭州:浙江大学出版社
王方华,顾锋. 2003. 市场营销学. 上海:上海人民出版社
王化成. 2007. 公司财务管理. 北京:高等教育出版社
王世量. 2002. 生产运作管理教程:理论、方法、案例. 杭州:浙江大学出版社
吴淑芳,李树超. 2005. 企业管理学. 青岛:中国海洋出版社
谢军蓉. 2006. 西方财务管理. 北京:中国财政经济出版社
胥悦红. 2007. 管理学. 北京:经济管理出版社
许江华. 2005. 人力资源管理. 徐州:中国矿业大学出版社
杨林泉. 2004. 管理系统工程. 广州:暨南大学出版社
杨善林. 2004. 企业管理学. 北京:高等教育出版社
于秀芝. 2002. 人力资源管理. 北京:经济管理出版社
张木生. 1996. 企业文化与CI战略实务. 北京:中国民航出版社
张卓. 2005. 项目管理. 北京:科学出版社
中国注册会计师协会. 2007. 财务成本管理. 北京:经济科学出版社
周安伯. 1991. 企业文化手册. 南京:江苏人民出版社
周得孚. 1998. 管理控制. 上海:上海财经大学出版社
周国华,井润田,武振业等. 2002. 生产与运作管理. 成都:西南交通大学出版社
周三多,陈传明. 2005. 管理学. 2版. 北京:高等教育出版社
Certo S C. 1997. Modern Management . Englewood cliffs, NJ: Prentice Hall
Daft R L. 1991. Management. Orlando: The Dryden Press